读懂鬼谷子大智慧

鬼谷子智慧对读者的为人处世、遨游职场、搏击商海、闯荡人生都有很高的指导价值，仔细研读，一定可从中获得处世的灵感、生活的谋略。

读懂

鬼谷子

大智慧

敬卓 编著

研究出版社

图书在版编目（CIP）数据

读懂鬼谷子大智慧 / 敬卓编著.
— 北京：研究出版社，2013.1（2021.8重印）
ISBN 978-7-80168-744-9

Ⅰ.①读…

Ⅱ.①敬…

Ⅲ.①纵横家②《鬼谷子》－通俗读物

Ⅳ.①B228-49

中国版本图书馆CIP数据核字（2012）第307086号

责任编辑：之　眉　　**责任校对**：陈侠仁

出版发行：研究出版社

地　址：北京1723信箱（100017）

电　话：010-63097512（总编室）　010-64042001（发行部）

网址：www.yjcbs.com　E-mail: yjcbsfxb@126.com

经　销：新华书店

印　刷：北京一鑫印务有限公司

版　次：2013年4月第1版　2021年8月第2次印刷

规　格：710毫米×990毫米　1/16

印　张：14

字　数：205千字

书　号：ISBN 978-7-80168-744-9

定　价：38.00元

前 言
FOREWORD

　　鬼谷子，姓王名诩，战国时期著名的思想家、谋略家、兵家、教育家，更是纵横家的鼻祖。曾经入云梦山采药修道，因隐居清溪之鬼谷，故自称鬼谷先生。他长于修身养性，精于心理揣摩，深明刚柔之势，通晓捭阖之术，独具通天之智，是先秦最神秘的历史人物。由于他的出现，历史上才有了纵横家的深谋，兵家的锐利，法家的霸道，儒家的刚柔并济，道家的待机而动。他的弟子有兵家孙膑、庞涓；纵横家苏秦、张仪等。

　　鬼谷子灵活运用古老的阴阳学说，解释并驾驭战国时代激烈的社会矛盾，制定出一整套了解、干预社会的计谋权术，构建了纵横游说之术的系统理论。这个理论培养了众多杰出的军事将领和游说之士，他们在历史舞台上演出了"合纵""连横"的一幕幕风云变幻的戏剧场面，操纵战国政治、军事斗争形势约百年之久。鬼谷子的纵横理论影响深远，不仅在中国古代哲学、政治、思想领域独树一帜，还被宗教家、军事家等从不同的角度解读和运用。

　　《鬼谷子》着重于实践的方法，具有极完整的领导统御、智谋策略体系，堪称"中国第一奇书"，它以谋略为主，兼通军事，也是我国历史上第一部在充分探索人的心理特征和心理活动规律的基础上，论述劝谏、建议、协商、谈判和一般交际技巧的书。它讲授了不少政治斗争权术，其中最重要的是取宠术、制君术、交友术和制人术。"智用于众人之所不能知，而能用于众人之所不能"，潜谋于无形，常胜于不争不费，这是《鬼谷子》的精髓所在。

本书旨在挖掘《鬼谷子》的大智慧，撷取原著中的精华语句进行精简的解释，并精选了古今中外的经典案例，涵盖管理、商场、职场、处世等各个领域，用经典故事阐述鬼谷子的智慧谋略，使大众更容易地读懂鬼谷子智慧，为生活、工作、交际等社会活动服务。

在竞争日益激烈的当今社会，无论是竞争还是合作，无时无刻不在进行着较量，都在寻求自强制胜之道。一国的外交战术得益与否，关系到国家之生死存亡；一个人的生意谈判与竞争策略是否得当，关系到企业经营之成败得失；一个人在职场上的言谈举止，关系到他的升迁去留；即便是在日常生活中，一个人的言谈技巧运用如何，也关系到处世为人之得体与否，甚至是生死安危。在这样的时代背景下，《读懂鬼谷子大智慧》融古通今，古为今用的现实意义显露无遗。

通读全书，古代政治、外交、军事中的诡秘术和投机术你都将一览无余。本书教你以纵横家的恢宏气势，百战群雄激辩的商海；给你以无上的信心，从容应对不利局势，消解尴尬局面；教你以缜密的逻辑，合理分析现实，积极应对人生；教你以广博的心胸，跳出俗世羁绊，喜迎拨云见日的光景。

目 录
CONTENTS

抵巇术：别人的弱点就是突破点

飞箝术：发现愿意为你卖命的人才

忤合术：在进退中把握好尺度

揣摩术：探知别人心理，权衡利弊得失

权谋术：动用一切手段达成目的

决断术：关键时候进行正确的抉择

符言术：善于借用别人的智慧

捭阖术：
洞明世事、练达人情的处世技巧

　　捭为分开的意思，阖为闭合的意思。本篇所着重论述的就是如何根据时机、场合、对象等环境的不同，而适时地采取相对的应变之术。变阳为阴或变阴为阳，以静制动或以动制静，以柔克刚或刚柔并济，都可以说是捭阖之术的延伸与推广。

　　有句话叫"世事洞明皆学问，人情练达即文章"。意指把世间的事弄懂了处处都有学问，把人情世故摸透了处处都是文章。明世故，通人情，了解社会，才能左右逢源、应对自如。

1. 观阴阳之开阖，知存亡之门户

——聪明人懂得顺势，蠢人不懂得看势

◎**妙语赏析**◎

观阴阳之开阖以命物，知存亡之门户，筹策万类之终始，达人心之理，见变化之朕焉，而守司其门户。

◎**原文释义**◎

通过观察阴阳两类现象的变化来对事物作出判断，并进一步了解事物生存和死亡的途径。计算和预测事物的发展过程，通晓人们思想变化的规律，揭示事物变化的征兆，从而把握事物发展变化的关键。

◎**边读边悟**◎

春秋前期，齐国出了位大政治家管仲，他辅佐齐桓公，九合诸侯，一匡天下，使齐国成为五霸之首，鲁国也得听令于齐国。可是，自管仲死后，齐国却一蹶不振。直到春秋后期齐景公时，齐国又出了一位贤相晏婴，国势才又出现上升势头，才又呈现出压倒鲁国之势。

但在这时，鲁国却也出现了一位思想家孔丘，并逐渐得到鲁定公的任用。在齐鲁夹谷之会上，鲁国因有孔丘辅佐，齐国就没讨到便宜。为此，齐景公很是忧愁，便对大夫黎弥说："鲁国日见强盛，有压倒我国之势，如何是好？"黎弥说："这个容易。擒贼擒王，把关键人物制住，就不怕鲁国压倒我国了。只要把孔丘挤走，鲁国就强盛不起来。"齐景公说："这道理我也知道。可孔丘如今正得宠，怎能把他挤走呢？"黎弥说："这好办。俗话说：饱暖思淫欲，贫穷起盗心。鲁君本是好色之徒，其手下臣僚中亦不乏好色之辈。孔丘讲'政者正也'，强调国君要做表率的。我们送一队女乐给鲁君，让他沉迷其间。孔丘见国君如此，必定生气，觉得前途黯淡，就会自动离开。"景公说："好！"便依计而

行。令黎弥去挑选了八十名美女，教以歌舞，授以媚术。训练成熟之后，又选出120匹好马，特别修饰，配以雕鞍，连同美女，一起送到鲁国，暂时被安排到鲁都城南门外驿馆中。

鲁国重臣季斯本是好色之辈，抢先得到这一消息，心中乐不可支，便偷换便服，乘车去南门外偷看，以探虚实。只见齐国美女正在轻歌曼舞，妖声遏云，舞态弄风，直把季斯看得目瞪口呆，意乱神迷。自此之后，他天天微服去南门外欣赏，连朝见君主的事也忘了。直到定公三番五次宣召，才把他召进殿里。定公把齐国赠送美女、名马的信交与他看，商量定夺之策。他一口答应，并添油加醋地描述起齐女之美态，直把定公说得按捺不住，立刻换上便服，与季斯前去偷看。其实，齐使是认识这位定公的，见他偷偷来看，便知事情成了一半，于是暗中传令，让舞女使足媚劲，加力表演。舞女得令，摆臀摇胸，扬手亮腿，巧笑媚视，手引眼勾，直把定公看得神荡魂飘，齿酸涎流，立即回宫，传见齐使，接受美女和名马。自此，"春宵苦短日高起，君王从此不早朝"。鲁定公一心只在美女身上，早把国家大事抛在九霄云外。

孔丘闻说，连连叹气，子路便劝他离鲁周游，以求明君。孔丘并不甘心，说："不几天便是郊祭大典了，看国君的表现再说吧！"哪知郊祭那天，定公心不在焉，草草祭完，连祭肉都没顾上分割发送，便急急忙忙回宫享乐去了。孔丘长叹一声，终于下定了决心，离开鲁国，开始了他长达14年的周游。自此之后，鲁国一蹶不振，成了齐国的附属国。

"观阴阳之开阖以命物，知存亡之门户"，就是通过观察阴阳、分合等自然现象的变化，对世间万事万物的变化进行辨别，并进一步了解和掌握事物的本质属性，从而找到解决问题的关键所在。而在处理事件中最关键者莫过于去掉对方的关键人物，这就是"擒贼先擒王"的道理。齐国设美人计麻痹鲁国君臣，气走可使鲁国走向强盛的关键人物孔丘，鲁国从此一蹶不振，并沦为齐国的附属国，从而达到了制服鲁国的目的。

在鬼谷子看来，圣人之所以为圣人，最根本的就是要"守司其门户"。用现代话来说，就是顺应时代发展的潮流，遵循天下兴亡之道。

秦末项刘争霸之时，刘邦派韩信率兵攻下齐国，齐王田广狼狈逃窜，退至高密（今山东高密西）固守，并派人向项羽求救。项羽派大将龙且支援。龙且急于交战邀功，不听别人劝阻。于是，与齐楚联军在潍河两岸摆开了阵势。

开战前一天晚上，韩信派人先到上游，用一万只沙袋将潍河主流堵住，汹涌的河水顿时减缓了许多。第二天，韩信率领一半人马涉过潍河攻击龙且。

龙且亲率兵马迎战。交手不久，韩信佯装不敌，撤回河西岸。龙且一见大喜，立即挥兵涉河，追杀韩信。韩信命人扒开堵住河的沙袋，积蓄了半夜的河水卷着波涛，汹涌而下，一下子把涉河的龙且兵马截成两半，河中的兵士被冲走。

过了河的兵马一看后无援军，也无心恋战，被韩信返回头来杀得抱头鼠窜，龙且也被杀死。没过河的兵士失去了指挥，也像无头苍蝇般乱撞。河中水流过后，又恢复了平日的流量。韩信带兵渡过潍河，乘胜追杀，大获全胜。

火也是战争中的关键凭借物。火烧赤壁，大挫曹操大军的故事已为大家熟知。几十年后，东吴陆逊又用此计大破刘备。

刘备大将关羽目中无人，被东吴杀掉。刘备为替义弟报仇，不顾联吴大局，率20余万大军杀奔东吴。东吴求和不成，派镇西将军陆逊率5万人马迎战。两军相持了半年，未分胜负。时值盛夏，天气炎热，刘备便命大军沿江扎营。40余座大营相连，绵延700余里。陆逊见状，命人带上火种，顺风放火，隔一营烧一营，霎时，40余营皆被引燃，成了一条700余里长的大火龙。蜀军损兵折将，刘备也险些被俘，自此大伤元气。

"见变化之朕焉，而守司其门户"，就是及时发现事物发展变化的征兆，从而把握和利用事物发展变化的关键，以求因势利导。水也好，火也罢，作为战争中的关键之物，在于人去运用。两军相争，智者取胜。你若能根据天、地、时等具体情况，巧妙地运用它，你就可能取胜制敌；否则，被敌人运用，你便会惨败。

在现代商业领域，同样也要遵循兴亡之道。一个企业，如果能顺应时代发展的需要，洞悉商业先机，坚持自己的品牌战略，并由一个卓越的领袖带领，就大有可能迈向辉煌。中国香港白花油企业的创业者颜玉莹原是做糖果、面包等小生意的，结婚后，妻子刘氏从娘家带来一则祖传秘方白花油，这种药油由薄荷脑、冬季绿油、桉叶油、熏衣草和樟脑等天然草药配制而成，主治肚痛、感冒鼻塞、防治蚊虫叮咬等小毛病。原本这自制药只是家用，因药效特好，亲朋好友纷纷来讨用。有鉴于此，颜玉莹突发灵感，决定试销白花油。

为了打开白花油销路，使白花油家喻户晓，颜玉莹用出奇制胜的手法大肆进行宣传。他亲自和伙伴们一起，到香港、九龙、新界每个角落张贴街头广告，或钉上铸有白花油字样的铁皮商标以广招顾客。后来他又想法子把铁皮商标钉在流动船只上，以吸引市民注意，而每月付给船主的广告费仅一元或几角就够了。这种广告费用少，收效大。他最成功的一次宣传，也许要算1953年在香港的义卖救灾运动中，因捐钱最多而摘取慈善桂冠了，白花油因此销路直线上升。为了长期吸引人们使用白花油，他还在香港开设了白花油慈善会有限公司。凡报名成为会员的，只要每月购买一瓶白花油，此人去世后，其遗产继承人便可以领取一笔可观的抚恤金。这种做法很吸引人，该慈善会吸收会员最多时达一万人。白花油的声誉也随之鹊起，变得家喻户晓。

白花油所以能够长销不衰，除效果好、宣传有力外，以不变应万变的策略也是很重要的一个原因。该企业从开创至今，60年来，它的配方成分始终没变，就连玻璃瓶子的设计和外壳包装也一成不变。颜玉莹认为，一种为消费者欢迎的商品形象，是经过长年累月的经营才建立起来的，它的包装形象已深入消费者脑中，不应轻易改动。一种药能够风行几十年，是经过了用户的考验，认为确实有效才能生存下来的。既然它已被消费者所接受，贸然更改成分肯定是不明智的。

在商战中，树立商品的品牌形象，"守司其门户"，以不变应万变取得成功的不乏其例。白花油企业深谙变与不变的道理，60多年来不变的药油配方成分以及玻璃瓶子的设计和外壳包装，成功地维护了商品的质量品质和固有形象，使自己在激烈的市场竞争中立于不败之地。

纵观古今，可知圣人通过观察阴阳两类现象的变化来对事物作出判断，并进一步了解事物生存和灭亡的途径。计算和预测事物的发展过程，通晓人们思想变化的规律，揭示事物变化的征兆，从而把握事物发展变化的关键，顺势而为，就能克敌制胜。今天的我们，若能学习古时圣人之法，并将其正确地运用于各类所做之事中，定能使自己不断走向成功。

2. 变化无穷，各有所归
——做事之前要明白你想要的结果

◎**妙语赏析**◎

变化无穷，各有所归。或阴或阳，或柔或刚，或开或闭，或弛或张。

◎**原文释义**◎

事物的变化是无穷无尽的，然而都各有自己的归宿：或者属阴，或者归阳；或者柔弱，或者刚强；或者开放，或者封闭；或者松弛，或者紧张。

◎**边读边悟**◎

"变化无穷，各有所归"，让我们由此触及鬼谷子思想的精髓。鬼谷子告诉我们，在掌握兴亡之道的基础上，我们应树立正确的目标，充分认识自己的能力，采取灵活多变的处世之道。

战国时代，各诸侯国互相攻杀，争当霸主。后期，一度称雄天下的魏国国力渐衰，可是国君魏安釐王仍企图出兵攻伐赵国。魏国大臣季梁本已奉命出使邻邦，得知这个消息后，立刻半途折回，他还来不及整理一下衣帽，就赶紧去劝阻魏王。季梁对魏王说："我这次在路上遇到一件很奇怪的事情。"魏王就问他是什么事。季梁说："我在路上遇见一个人，正急匆匆地赶路。有个路人问他去哪里，那个人回答说去楚国。路人告诉他说：'到楚国去应往南走，你这是在往北走，方向错了，赶紧往回走吧。'那人却满不在乎，说他带了很多盘缠，雇了上好的车，驾的是骏马，车夫的驾车技术也很精湛。路人无奈，只好眼睁睁看他走远了。"讲完故事，季梁对魏王说："现在大王想要称霸中原，一举一动都应取信于天下，这样才能树立权威；如果仗着自己国大兵多，用武力攻打邻邦，就不能建立威信，离您的理想越来越远了。正像要到南方去的那个人驾着车子往北走一样！"安釐王听后，认为他说得有道理，于是就取消了攻打赵国的计划。

在中国，这个"南辕北辙"的典故可说是人人皆知，其道理十分浅显：无论做什么事，首先都要认清形势、看准方向。如果大方向是错的，再努力也是白费工夫，反而会离最初的目标越来越远。然而，大多数人读到这个故事都只是一笑了之。在人们看来，世界上根本不存在这样愚蠢的人。的确，"南辕北辙"反映的是一种极端的情况，那就是方法与目标背道而驰。而在现实生活中，我们遇到的更多的情形是做事方法不对头，在达到目标之后才发现走了很多弯路。

无论是在国家的政治、军事、经济、外交等领域里，还是个人的求学、创业、致富的过程中，方法与目标的统一都是首要问题。这个问题解决得好，便能为成功打下良好的基础。否则，就可能走很多弯路，甚至功败垂成。解决这个问题并非易事，需要具备远见卓识。然而，天下没有生来就具有远见卓识的人，都需要依靠后天的刻苦磨炼。《中庸》里说，"他人知道一件事，自己要知道一百件；他人了解十件事，自己要了解一千件"，意思就是要勉励自己多下苦功，正所谓"功到自然成"。

对于成功人士来说，他们在迈向成功的道路上，大都绞尽脑汁思考各种方法，而且不轻易放过任何机会。美国人哈德林25岁的时候还只是一名穷困的失业青年，但他梦想成为一位大富翁。于是，他尽可能地了解有关投资和不动产的知识，暗暗为自己定下目标：在30岁时成为百万富翁。有一次，哈德林从一位房地产中间商的口中得知，有个人急于以14500美元的价格卖掉自己的房子。哈德林立即行动，首先，他了解到这所房子坐落于中产阶级住宅区，房子状况极佳，数一流建筑。随后，他找到房主，经过讨价还价，双方以10000美元的价格成交。当时哈德林的银行存款不足500美元，但他不肯就此放弃机会。他和房主签完约后，返身直奔银行，以借款的方式得到了10000美元，付给了房主。接着，哈德林又来到另一家银行，以新购的房产为抵押，贷款10000美元还清了第一笔银行的借款。没过几年，他的承租人帮他还清了第二家银行的贷款。就这样，在"致富"这一目标的驱使下，哈德林开动大脑寻找正确的方法，很快成了一名百万富翁。

在通往成功的道路上，我们要看清方向，尽自己的一切能力，以灵活的方式向自己的目标"进军"。

3. 肖智愚勇怯，无为以牧之
——看人要看到对方的内心所想

◎**妙语赏析**◎

夫贤、不肖、智、愚、勇、怯有差，乃可捭，乃可阖；乃可进，乃可退；乃可贱，乃可贵，无为以牧之。

◎**原文释义**◎

至于贤良和不肖，智慧和愚蠢，勇敢和怯懦，都是有区别的。所有这些，可以开放，也可以封闭；可能进升，也可以辞退；可以轻视，也可以敬重，要靠无为来掌握这些。

◎**边读边悟**◎

春秋时期，子产担任郑国的宰相。他不但精通政治大事和治国之道，而且能够根据别人的优点和缺点，扬其长，避其短，挖掘出别人最大的潜能。

伯石是个很有才华的人，但唯一的缺点就是重利益和爱面子，可子产仍然很重用他。一次，子产想派遣伯石独自外出到别的国家办事。临行前，子产还没有交代任务，就问他："这次出去你任重而道远，要是完成得出色，我会重重赏赐你。你想要什么奖赏呢？"

伯石毕恭毕敬地回答说："为您做事是我应尽的义务，我愿意为您效忠。还谈什么赏赐呢？"

子产和蔼地笑着说："有功即可受禄。事成之后，你就搬到西城街上的那幢富丽堂皇的房子里去住吧！"

伯石已经心有所动，但表面上仍然露出一丝难色，答道："这样不太好吧，一来我还不知道能否完成任务，现在领赏别人会在背后议论；二来我现在的住处和那里相隔甚远，马上就要走了，一时也不能搬过去……"

子产打断他的话说："这些都是无关紧要的事，你放心去办事。这些事情我会安排妥当的。"

伯石高高兴兴地走了，一旁的门生不解地问子产："他身为大臣，为国家办事效劳是应该的，而且本身就拿了俸禄，您为何还要另外给他赏赐？更何况其他大臣从来没有这样的待遇，难道他有什么值得特别嘉奖的吗？"

子产回答说："每个人的性格都是不一样的，我明白伯石这个人，他很看重利益。虽然他表面上说得很好听，其实那都是虚伪之辞。每个人都有私欲，更何况是他！如果我给他一点利益，他肯定会尽心尽力地办事，而且我相信他有这个能力！"

"但是你不满足他的私欲也不会有什么坏结果，毕竟那是他分内的事情！"门生还是不解。

"你这样想就错了！"子产回答说，"那样他只是因为畏惧大王的威严去办事，就算完成了，他也会心怀嫉恨。时间长了，说不定会做出什么坏事来。对于这种人就是要利而诱之，才能引发他的能力，为己所用。"

伯石回来后，就住进了那所大房子里。子产又和郑王商量赐给他一座城邑。伯石乐不可支，但是又作势交回封地，子产也就故意收回。过了几天，又重新发布命令赏赐给他。如此这般三次，伯石才接受。

门生又好奇地问："第一次不要就算了，要么就一次赏给他，为何还要这样推来推去？"

"我是故意这样的。他这个人虚伪，这样既显得他谦虚礼让，又满足了他的私欲，一举两得。"

子产知人善任，不仅没有因为别人的欲望和虚伪弃而不用，还利用了其缺点，做到了人尽其用。由于子产对伯石的优点和缺点了如指掌，在他掌权时，伯石的地位始终没有超过他。

"夫贤、不肖、智、愚、勇、怯有差"意思是说人的性格各不相同，所以对待各色人等的态度和方法也应灵活掌握。子产成功用人之处便是抓住了伯石的虚伪与好利，从而以利诱之，使其忠心为己做事。

正如鬼谷子所说，世上之人有贤、不肖、智、愚、勇、怯等区别。而人们往往愿意展示自己的贤、智、勇，没有人愿意暴露自己的不肖、愚、怯。因此，我们需要练就一双辨人、识人的慧眼，以读懂人心。在倡导"以人为本"的现代社会里，这可以说是任何人成就事业的必备条件。

齐桓公拜管仲为相后，齐国在管仲的治理下日益富强，管仲也被尊称为"仲父"。

不幸的是，他年事日高，身患重病。齐桓公专程探望，见到管仲病中的凄惨模样，不禁在一旁垂泪。

"恐怕我不久就要离开人世，再也不能为您效劳了。您也应该考虑一下合适的人选来填补相国的空缺之位。"管仲说。

"我这些日子也想过，只是不知道把国政交给哪一个才放心！您看鲍叔牙怎么样？"

鲍叔牙是管仲多年的朋友，也是他的恩人。听完齐桓公的话，管仲立即回答说："鲍叔牙这个人德才兼备，但是他不适合做相国。他对别人的过错和缺点深恶痛绝，一旦牢记在心，就久久不忘。作为相国没有虚怀若谷的胸襟怎么能与其他大臣和睦相处呢？如果这一点都做不到，又怎么能处理好国政呢？"

"那易牙可以吗？"齐桓公又说出一个名字。

管仲马上摇头，说道："我正要提醒您呢，易牙、竖刁、开方这三个人千万不能用！"

桓公大吃一惊，问道："这是为什么？举国上下都知道他们三人对我忠心耿耿啊。"

"我也知道易牙曾经把自己的孩子杀了，蒸熟了饱您的口福。但是所谓'道是平常心'，他这样超乎常情常理的举动，恐怕不是什么好事！"

"但是他爱我胜于爱子，对我仁至义尽，这还有什么值得怀疑的吗？"齐桓公还是有些不解。

"'虎毒不食子'，今天他能对自己的亲生骨肉下毒手，明天对您还有什么做不出来的吗？"

桓公又问："那竖刁呢？为了能侍候寡人，他阉割进宫，拿自己的身体回报我。这应该没有什么可以怀疑的了吧！"

"这样的人如此狠心，连自己的身体都不爱惜，到关键时刻会不摧残君主您吗？"

桓公接着提起开方，问："他是堂堂卫国公子，却舍弃尊贵的地位，甘愿做寡人的臣子。人情莫亲于父母，他父母去世时，他忙于辅佐我竟然没有回去奔丧。他对我的忠心日月可鉴，对他，我没有半点怀疑！"

"他舍弃富贵必定是想得到更多的富贵。您想想，一个人对父母尚且如此，还能指望他一心一意地回报他人的恩情吗？您不要一味地为那些人特殊的言行感动，异于常情之举，必定暗藏企图！"

桓公觉得管仲所说很有道理，于是把他的嘱咐铭记在心，渐渐疏远了三人。

"乃可捭，乃可阖；乃可进，乃可退；乃可贱，乃可贵"意思是对所了解的人可以利用，可以废黜，可以使其低贱，可以使其富贵。管仲在以平常心洞察出隐藏在齐桓公身边小人的险恶时，力劝其切不可重用易牙、竖刁等人，所以后来桓公逐渐疏远了三人。

世间之人，有贤良与不肖，有聪明与愚蠢，有勇敢者与怯懦者，有仁人君子，也有苟且小人，总之是有差别的，因而针对不同的人品的态度和方法也就彼此不同。对于贤德之人可以迎为上宾，对不肖之人可以拒之门外；对聪明的人可以引进重用，对愚蠢的人可以废黜斥退；对怯懦的人可以使其卑贱，对勇敢的人可以使其尊贵。总之一句话，要顺应人的自然本性，遵循无为而治的原则加以控驭和掌握，可使人尽其才。

4. 善捭阖者，天地之道

——出招之前先确保自守门户

◎妙语赏析◎

皆见其权衡轻重，乃为之度数，圣人因而为之虑。其不中权衡度数，圣人因而自为之虑。……捭阖者，天地之道。捭阖者，以变动阴阳，四时开闭以化万物。

◎原文释义◎

使对方的实力和计谋全部暴露出来，以便探测出对方的程度和数量。圣人会因此而用心思索，假如不能探测出对方的程度和数量，圣人会为此而自责。因此，所谓开放，或者是要自己出去；或者是让别人进来。开放和封闭是世界上各种事物发展变化的规律。开放和封闭都是为了使事物内部对立的各方面发生变化，通过一年四季的开始和结束使万物发展变化。

◎边读边悟◎

鬼谷子强调应用捭阖之术要确保周详缜密，攻守兼备。若捭阖不当，反而会让自己门户大开，一败涂地。捭阖得好坏的最关键之处，在于应"闭"时确保能自守门户，韬光养晦，渡过难关，从而占据先机，一役而胜。在历史进程中，凡能建功立业者，无不深谙此道。

战国后期，楚国谋划出兵攻韩，韩国十分紧张，忙向已附属于自己的东周征调兵丁、粮草、武器。但东周此时自顾不暇，哪有多余的人力、物力支援韩国？再说东周也担心这样一来激怒了邻国楚国，楚国一怒之下会先把自己灭掉。故而，东周王接连好几日忧心忡忡，苏代见状，忙向东周王问原因。听东周王讲了前因后果之后，他笑了笑说："不必担忧。我到韩国走一趟，不但可使他们不再向我们征兵、征粮，还可让他们白送我们一块地盘。"东周王半信半疑地把苏代送走了。

苏代到了韩国，对韩相国公仲侈说："我来之前，曾听说楚国的大臣向楚王说：'韩国久战，已十分疲惫，国空民乏，粮食奇缺，无力持久坚守。我们出兵，不出一个月，定能攻下韩国都城。'但楚王没抓到真凭实据，对这些话将信将疑，没敢发令攻打。但在这样的紧要关头，您却向东周征兵、征粮，这不是正把自己的弊端暴露给敌人，让楚王下决心猛攻韩国吗？"公仲侈说："哎呀！我怎么没想到这一点！您说该怎么办？"苏代说："我为您打算，倒不如这么办：马上停止向东周征调兵丁、粮饷，再把米粮川高都送给东周，以显示自己的实力强大。"公仲侈说："我不征调东周人、粮，已够仁义了，岂能白白将高都奉送给东周？"苏代说："将高都送给东周，东周必然死心塌地跟随韩国。楚国一看，必与东周断交。以高都作代价，取得一个死心塌地的邻国，为什么不办呢？"公仲侈一听，连声叫好，于是依计而行。楚王见了，以为韩国国力强盛，难以攻下，也没敢发兵。而东周不仅没有被征调兵丁、粮草和武器，反而白白得到了米粮川高都，成为最大的赢家。

苏代从东周的立场出发，反对韩国向已附属于它的东周征调兵丁、粮草、武器，因此表面上是在为韩国（为人）谋划，实际却是在为东周（为己）效力。"其不中权衡度数，圣人因而自为之虑"，就是说圣人对对方的实力和计谋作出测度和分析，假如这些分析有失轻重之理、不合度量之数，那么圣人也只好舍弃不用，另谋良策了。

可见，捭阖之术用于政治斗争，能使强弱形势相互转化。弱者通过自守门户，能使强者不自觉地打开门户，放松警惕，从而达到以弱胜强的效果。在国家间的外交中，捭阖之术更能产生巨大的威力。

在现代商业领域，一个成熟而有谋略的企业，当它在面临同行的竞争时，往往能采取有效的措施加以应付，在加强自身实力的同时又能削弱对方。这也是捭阖之术可以发挥作用的地方。

在商战中，"迟人半步"的方法往往会收到奇妙的效果，其关键在于这条妙计将强大的进攻融入看似平静的防守之中了。

新产品的开发，国外许多大公司都有自己独到的手段，但"迟人半步"的方法更受人青睐，使采用者受益颇深，被奉为新产品开发的良策。

日本的日产汽车公司，为了开发生产"SANI"汽车，不惜动用大量的人力、物力在全国公开征求车牌，花大钱搞推销宣传，获得了极大成功。这一成功也使得丰田公司欣喜若狂。原因何在？因为"SANI"汽车的大宣传在日本全国激起了人们对汽车的兴趣。这对丰田公司来说，不啻为它铺了一条通向成功的康庄大道，凭借人们对汽车着迷的热潮，丰田公司充分研究了"SANI"汽车的优缺点，制造了比这种车更好的"科罗娜"车。

"科罗娜"投入市场后，使丰田公司获得比日产公司更佳的经济效益。

日本的松下电器公司，也是采用"迟人半步"方法的得益者。有人称它是一家模仿公司，对此，松下公司毫不介意，因为它从这种做法中得到了极大的益处。

美国国际商业机器公司，几乎从未首先在市场上推出过尖端新技术产品，它都是从比它领先的公司中得到教训，吸取经验。正如有些专家们分析说：国际商业机器公司的新产品经常比其他公司设计得好，都得益于比别人慢半步。数字计算机公司总结这方面经验时也说："我们有意在技术上落后两三年，我们让试用户如政府部门推着我们走，然后，我们研制出一种可靠的商品供最终用户使用。

休勒特–派克德公司更有自己的诀窍：凡是别的公司有新产品问世，他们公司的工程师就会在新产品使用者那里检查探寻该新产品的优、缺点。探寻用户有什么具体要求，用不了多久，他们的推销员就登门来推销完全符合用户自己要求的新产品了。结果是：用户满意，公司收益大增。

这些公司总是迟人半步，甘居第二，这并不是因为他们的技术能力差，而恰恰是在这迟迈的半步上做出了"好文章"。

在商战中，"迟人半步"的方法往往会收到转阴为阳，后发制人的奇妙效果。其关键在于，这条妙计将强大的进攻融入看似平静的防守之中，充分调动企业的主观能动性，积蓄力量，潜心研究，从领先自己的公司中得到教训，吸取经验，创造出设计更先进、更符合市场需求的产品，从而取得更好的经济效益和巨大的成功。

5. 阴阳其和，始终其义

——善识时务，懂得进退之道

◎**妙语赏析**◎

阴阳其和，始终其义。……阳动而行，阴止而藏；阳动而出，阴随而入。阳还终阴，阴极反阳。

◎**原文释义**◎

阴阳两方相谐调，开放与封闭才能有节度，才能善始善终。所以说长生、安乐、富贵、尊荣、显名、嗜好、财货、得意、情欲等，属于"阳"的一类事物，叫作"开始"。而死亡、忧患、贫贱、羞辱、毁弃、损伤、失意、灾害、刑戮、诛罚等，属于"阴"的一类事物，叫作"终止"。凡是那些遵循"阳道"的一派，都可以称为"新生派"，他们以谈论"善"来开始游说；凡是那些遵循"阴道"的一派，都可以称为"没落派"，他们以谈论"恶"来终止施展计谋。

关于开放和封闭的规律都要从阴阳两方面来试验。因此，给从阳的方面来游说的人以崇高的待遇，而给从阴的方面来游说的人以卑下的待遇。用卑下来求索微小，以崇高来求索博大。由此看来，没有什么不能出去，没有什么不能进来，没有什么办不成的。用这个道理，可以说服人，可以说服家，可以说服国，可以说服天下。要做小事的时候没有"内"的界限；要做大事的时候没有"外"的疆界。所有的损害和补益，离去和接近，背叛和归附等等行为，都是运用阴、阳的变化来实行的。阳的方面，运动前进；阴的方面，静止、隐藏。阳的方面，活动显出；阴的方面，随行潜入。阳的方面，环行于终点和开端；阴的方面，到了极点显就反归为阳。

◎**边读边悟**◎

春秋末年，正当各诸侯国争霸之际，吴、越两国兴起于现在的江苏南部和浙江一带，它们与楚国相邻。开始，吴国较强，越国较弱，两国素来不和。后来，晋国曾联吴制楚，而楚国则联越制吴，吴越两国更成了世仇。公元前496年，越王允常刚逝世，吴王阖闾乘机攻打越国，但由于时机不成熟，吴军被越国打败，吴王阖闾中箭受了重伤而死。

公元前494年，吴王夫差为了报杀父之仇，发动兵马，向越国进攻。吴军在梅山之战大获全胜，越军被打得落花流水，几乎全军覆没，退守在会稽山。越王勾践后悔当初没有听范蠡的劝告而导致了家破人亡，最后与众臣商议，决定跟吴王讲和。吴王提出了一个条件，他要越王夫妇到吴国给自己当仆人。夫差的大臣伍子胥极力反对，要求直接杀死勾践，以绝后患。但夫差有心要羞辱勾践，便拒绝了伍子胥的建议。勾践与大臣文种和范蠡经过一番谋划之后，答应携妻子心甘情愿侍奉夫差。从此以后他们天天侍奉吴王，处处安分守己，时时小心谨慎，为吴王打扫马厩，执鞭牵马，甚至亲口尝夫差的粪便，来观察夫差的病情。夫差叹息道："勾践今日如此对我，这些是我宠信的大臣和儿子都做不到的啊！勾践对我的确忠心耿耿！"感动之余，吴王决定放勾践夫妇回国。

勾践回国以后，发愤图强，暗地里笼络群臣，教养百姓。十年卧薪尝胆，国力大大增强，于是他便等待时机讨伐吴国，以雪耻辱。勾践虽然报仇心切，但并未鲁莽行事，他时常对众人说："两国交兵，除将士有必死之心，战马有一日千里之力外，后方补给也是很重要的，有许多国家征伐别国时，都是因为后方补给跟不上，才被迫撤离的。我军若与吴国交战，一战必胜还可，若成两军对峙，便不妙。所以欲灭其国，先灭其粮草，此乃上上之策啊！"于是，勾践趁吴使前来讨债要粮之际，命令百姓将粟米蒸熟，然后来官府换取两倍的生粟米。百姓们见有利可图，都日夜不停地蒸粟米。不几日，勾践便派人将十万斛熟粟米交给了吴王，并称这种粟米最适合播种之用。吴王见米粒大而饱满，便相信他，命人拿去播种。可百姓播种后却都不发芽，吴国因此大闹饥荒。再加上此时的夫差狂妄自大，连年用兵，总想凌驾于众人之上。而且他又迷恋酒色，贪图享乐。尤其是勾践把西施献给他以后，使他感到勾践对他仍是忠心不渝。当伍子胥向他提出忠告时，反而引起了他的憎恶。最后派人给伍子胥送去一把宝剑，逼得伍子胥自杀而亡。

公元前478年，越国发动了对吴国的战争，越军获胜。公元前475年，越军围困吴国都城姑苏，整整三年，使吴国军民无衣无食，纷纷逃离。吴王夫差见自己已是山穷水尽了，忽然想起了前几天伯嚭曾经对他说过的话："当年越王乞和存越，甚至不惜自身为奴，大圣何不仿效呢？"于是就派人向越求和。勾践就此事问各位大夫的意见。范蠡说："我请大王不要忘记越国的经历。20年来，我们日夜想念的是什么？世代争夺的是什么？请大王好好考虑！"勾践接着说："对，当年，老天爷把越国赐给吴国，吴国不取；如今，老天爷把吴国赐给了我们，我们岂能违抗天意而不取呢？请你转告吴王，我可以让他当个百户人的君主。"夫差绝望了。随即拔剑而起，仰天长叹："我实在没有脸面去见伍子胥啊！"说罢，伏剑自杀而死。称霸一时的吴国，最终被越所灭。此后，越国曾强盛一时，越、楚之间也有过激烈的争夺。到战国时期，越国逐渐衰弱了。在公元前306年，越国为楚国所灭。

从本篇的捭阖之术来看，勾践运用的也是阖术。他先是主动求和，保全了性命；而后忍气吞声在夫差膝下为卑为奴，在柔弱示之的情况下得到信任，被释放回国，从而取得了一雪前耻的最好机会；接着在暗中积蓄力量，又不露丝毫痕迹，以等待有利时机发动反击。在形势对自身有利后，便利用对方力量日渐削弱的时刻，以"捭"术主动出击，从而取得了大胜。

下面是一个我们熟悉的故事。公元前314年，齐宣王和楚怀王结成了联盟，声势很大。秦惠文王原计划打算去攻打齐国，但由于齐、楚联盟而无法得逞。苏秦死后，"合纵"的局势并未完全改观，要想实行张仪的"连横"策略，非把齐、楚联盟拆开不可。于是，秦相张仪来到了楚国。张仪聪明过人，更兼巧舌如簧。他先找到楚王最宠信的大臣靳尚，又是送礼又是许愿，极尽拉拢之能事，然后去见楚怀王，表示秦王愿同楚王交好。

楚王直言不讳地说："秦王一向霸道，总是向别人索取土地，不给就打，怎么交好？"

张仪说："现在天下就剩下七个国家，其中又数齐、秦、楚最为强大。如果秦、齐联盟，齐国就比楚国强大；如果秦、楚联盟，楚国就比齐国强大，这就看您怎样选择了。现在秦王愿同楚国交好，还愿把商于一带的600里土地送给楚国。你何乐而不为呢？"

楚王是个目光短浅而又刚愎自用的人，一听说能得到商于之地600里，就很高兴地说："如果能得到秦国的信任，削弱齐国的势力，更能得到600里的土地，我当然愿同齐国绝交。"

大臣们见风使舵，都纷纷拜贺，唯有客卿陈轸反对说："齐、楚联盟，才使得秦国不敢攻打齐国或是楚国。秦国愿送600里土地给楚国，目的就是要拆散齐、楚之间的联盟。如果楚国同齐国断了交，而张仪又背信弃义，不肯交出土地，那该怎么办？到那时，如果齐国和秦国再联合起来攻打楚国，楚国岂不是要灭亡了吗？大王不如先向秦国接受商于之地，再去同齐国绝交，这样才能万无一失。"

三闾大夫屈原则当庭斥责张仪是个反复无常的小人，劝楚王万不可信张仪的谎言。只有勒尚已被张仪收买，主张接受张仪的意见。

楚怀王不辨忠奸，被眼前的蝇头小利所蒙蔽，听信了张仪和勒尚的话，一边派人去同齐国绝交，一边派逢侯丑与张仪去秦国接收土地。

张仪工于心计，一路上同逢侯丑聊得火热，使他坚信不疑。等到了咸阳城外，张仪略使小计，装作喝醉了酒，从车上掉下来摔坏了腿，让手下赶紧将其抬到城里去。从此一连三月，逢侯丑怎样求见也见不到张仪。逢侯丑无计可施，只得写信给秦王。

秦王答复说丞相应允的事他一定照办，但他不知楚国是否同齐国完全绝交，所以不能兑现张仪许下的诺言。

逢侯丑把这些情况写信如实地报告给楚王。昏庸的楚王信以为真，居然派人去齐国大骂齐王。齐王十分恼怒，同秦王约定一起攻打楚国。

逢侯丑一直苦苦地守候在张仪上朝的必经之路上。一天，逢侯丑终于见到了张仪，张仪反而问道："你为什么还在这里，难道还没有得到那块土地吗？"

逢侯丑说："秦王说要等您病好了才能交割土地，现在请您和我一起见秦王，具体办理割地事宜。"

张仪这时才露出出尔反尔的真面目，他摆出一副若无其事的样子，吃惊地说："为什么要见秦王？我要把我自己的600里土地交给楚国，不必告诉秦王。"逢侯丑此时才恍然大悟，责问张仪为什么表里不一。

张仪坚决地说："秦国的土地都是靠将士的鲜血一寸寸地争夺过来的，岂可轻易送人，别说600里，就是10里也不行。我没有说过要把秦国的商于之地600里割让给楚国。"

逢侯丑一无所获地狼狈回家，把经过跟楚王一说，楚王恼羞成怒，立刻派屈阖为大将，逢侯丑为副将，率10万大军征讨秦国，发誓拿到张仪要食肉寝皮，以解心头之恨。

　　秦国听说楚国来犯，派魏章为大将进行抵抗。秦军本来军容整齐，军纪严明，战斗力强，又加上齐国派兵策应，轻而易举地打败了楚国。楚军伤亡惨重。连大将屈丐、副将逢侯丑都阵亡了，10万人马只剩下3万人逃回楚国。韩、魏等国一见楚国失败，也趁机侵掠楚国的土地。

　　楚王走投无路，只好让屈原去齐国赔罪，让陈轸去秦国求和，并万般无奈地献上两座城池，这件事情算告一段落。后来，楚怀王不顾群臣劝谏，逞匹夫之勇，一心想杀张仪。居然派人到秦国提出以黔中的土地来换张仪。秦国那些与张仪不和的人就鼓动秦王答应，认为以一个人换大片土地是占了绝大的便宜。秦王尚在犹豫不决，倒是张仪主动要求去楚国。张仪一到楚国就被扣押下来，楚怀王准备选个日子杀掉他祭祀祖宗。谁知张仪果然有通天之能，他竟然买通狱卒，与靳尚取得了联系，并千方百计拉拢楚怀王的宠后郑袖，一起去迷惑怀王，劝他释放张仪。

　　怀王心无主见，居然答应了他们的请求，释放了张仪。就这样，张仪平安地回到了秦国。后来，秦国在张仪的策划下再次攻楚，并最终灭了楚国。

　　"阳动而行，阴止而藏"就是说要抓住有利的形势积极运动前进，当遇到不利的形势时就停止行动而隐藏自身。张仪在此便做到了这一点。他不失时机地采取捭阖之术来游说各方：先是以600里土地使楚怀王与齐国绝交，接着拖延时间，直到齐、楚两国断交后才露出本来面目。这两步可以说都是采取了守势，即"阖"术，见机行事。最后，当时机成熟时，就主动出击，采取"捭"术，灭掉了楚国。

　　"阴阳其和，始终其义"就是说阴阳二气必须中和、协调，那么开放和封闭才会节制有度，阴阳才能各得其宜。用之于谈判，就是要把握"进攻和退却"的时机，及时进退。要根据谈判形势的细微变化，灵活地运用积极进取和消极防御这两种基本策略。

6. 阴阳相求，由捭阖也

—— 遇事不乱，情急之下才有良策

◎**妙语赏析**◎

以阳求阴，苞以德也；以阴结阳，施以力也；阴阳相求，由捭阖也。

◎**原文释义**◎

用阳气来追求阴气，要靠道德来包容；用阴气来接纳阳气，要用外力来约束。阴阳之气相追求，是依据开启和关闭的原则。

◎**边读边悟**◎

战国时期，齐国有一位公子名叫孟尝君，他以轻财好施、善待宾客而闻名天下。其他国家的人物都纷纷投奔到他的门下，他所供养的食客多达数千人，家中汇集了各个地方的人才。孟尝君之所以能将这些人才收于自己的麾下，最主要的一个原因就是：无论这些人出身多么尊贵或多么卑贱，他都一视同仁，和他们平等相处。

每当有一个新客人来拜访时，孟尝君总会亲自接见，盛情款待。他和来客坐在一起促膝谈心，亲切地询问客人家中的境况。这时，他会安排自己的侍从隐匿在屏风后，把他们谈话的内容一一记录下来。等客人离开后，孟尝君会派人到来客家中去，奉送丰厚的礼品，表示慰问，他的食客对孟尝君这种一视同仁的态度尤其感激。所有的客人都以为孟尝君对自己最好，和自己是最亲密的，因此每个人都想报答他的知遇之恩。

一天，有两个人先后前来拜访孟尝君。这两个人都不是什么正道中人，没有什么真本领。其中一个人善于学鸡叫，还有一个人竟然是个小偷，模仿起狗来惟妙惟肖。孟尝君打算接纳这两个人，但其他的宾客都反对说："虽然我们也有出身卑微的，但是这种鸡鸣狗盗之徒加入我们之中，实在是难以接受。"孟尝君却坚持收他们为自己的食客。

有一次，秦昭王把孟尝君囚禁起来，准备杀掉他，孟尝君赶紧派人向秦昭王的宠姬求救。那位宠姬说："孟尝君要是把他的那件狐白裘送给我，我就帮他的忙，保证他平安无事，化险为夷。"

孟尝君的确有一件狐白裘。这件狐白裘一袭雪白，一根杂色的毛都没有，价值连城，但他早就把它献给了秦昭王。现在这件衣服还收藏在秦宫之中，唯一的办法就是把这件衣服从宫中偷出来，他向门下的食客求助。那个小偷马上站出来说："偷，我是很在行的！我保证能取出来，而且万无一失。"当夜，他搬出了自己的拿手好戏，装扮成一只狗，潜入秦宫，轻而易举地就偷出了狐白裘。宠姬得到了梦寐以求的狐白裘后，果然在秦昭王面前为孟尝君说好话，最终，秦昭王答应释放了孟尝君。

孟尝君变更姓名，逃出了咸阳，后半夜到了函谷关。可是，秦昭王后来又后悔了，于是立即派人来追，形势危急，而这时城门紧闭。秦国有项规定，鸡叫时才能打开关门，如果等到天亮鸡鸣后再出城，恐怕逃跑就更难了。前有雄关挡路，后有秦军追赶，形势十分危急。孟尝君的门客中那个善学鸡叫的人得知公子的危险后，决定帮他脱险。他一声长鸣，远近村庄的鸡都跟着叫了起来。守关人虽然觉得天色尚早，但听得一片鸡叫，还以为天要亮了，马上开关，于是孟尝君趁机顺利逃出城外。

孟尝君供养的那几千食客，原来都同他素不相识。但他从不担心他们不为他效力，他对他们一律给以关怀和馈赠，不会计较什么小人、君子的地位和出身。结果正是这些"鸡鸣狗盗"之徒救了自己的性命。

"以阳求阴，苞以德也"的意思是欲想以阳势求助于阴势，需要用恩德去感召。孟尝君之所以能从秦国逃脱，依靠的正是不被人看好的鸡鸣狗盗之士。其中的主要原因就是：无论出身多么尊贵、多么卑贱的人，孟尝君都一视同仁，和他们平等相处，从而赢得了更多人的尊敬。

在为人处世中我们要以德服人，以阳求阴，而在军事上，同样也要善于用此种计谋。

四川益州自古是兵家必争之地，历朝历代都派能人去镇守。张方平曾奉朝廷之命调任益州太守。正准备起程上任时，突然传来一个很坏的消息：西南少数民族中的依部川的首领四处散播谣言，说壮族首领依智高在南诏正蓄积粮草，大队人马马上就要来侵犯四川。益州城内人心惶惶，一片混乱。

朝廷接到益州的急报，火速派兵前去支援。与此同时，朝廷又命令张方平尽快赴任，主持四川地区防御事务。张方平接到命令后，便连夜赶往四川。途中，他仔细打探消息，又经过几日仔细思考，总觉得事情有点蹊跷。他向其侍从说后，众侍从忙问原因，张方平说道："南诏离四川有两千余里，道路艰险，自古飞鸟难逾。并且南诏各族之间语言不通，又没有隶属关系，难以统一指挥。如此看来，定是有人在散布谣言。"侍从们都认同此理。

在考虑妥当后，张方平遣回了援军。进入四川境内后，他又发出命令，告诉四川的少数民族："如果南诏的依智高来犯，我定会派兵抵制的。只要是良民，朝廷都会给予保护，但若要胡说八道、乱造谣言，不论是谁，一律杀头！"接着，张方平把正在修筑城墙的士兵们全部遣回，然后秘密派人去邛部的少数民族里找一个能说汉文的人。恰好当地正逢上元节，张方平下令益州城四门大开，通宵不闭，任人自由进出，观看彩灯，不受任何盘查。百姓们见此情景，渐渐没有了当初的恐惧，安下心来，四川重又安定下来。

不久，派到邛部少数民族的人找到了一个懂汉语的人。张方平向其问明原因才得知，果然是有人故意制造混乱。于是张方平下令将最先散播谣言的人处斩。至此，益州之乱得到圆满解决。

从张方平处理事情的整个过程来看，他在听到那个坏消息后，并没有自乱阵脚，而是"以治待乱，以静待哗"，认真分析事情的原委，并遣回援军，大开城门，最终稳定了民心，平息了混乱局势。

以逸待劳、以静制动属于"以阴结阳，施以力也"，是我们常用的战略战术。在军事和政治上都有着很重要的意义。这与孙子所言的"以治待乱，以静待哗"，有异曲同工之妙，它警示我们在人际交往中，做事一定要稳住阵脚，不可急躁冒进。而运用"以静制动"的策略，就能更有效地观察和把握对方的动向，从而制订出相应的对策。

反应术：
要想捕鱼，就要先了解鱼的心理

反应术要求能够全面、辩证、历史地看问题，它需要运用者有更为灵活多变的头脑，要善于把握说话的技巧。明进退之道，当刚则刚，当柔则柔，能直能屈，能进能退，刚柔并济，进退自如，这些都可以说是反应术中技巧性的方法。

1. 以无形求有声

——要捕"大鱼"，必先精心设计好大网

◎妙语赏析◎

以无形求有声。其钓语合事，得人实也。其张置网而取兽也，多张其会而司之。道合其事，彼自出之。此钓人之网也。

◎原文释义◎

然后以无形的规律来探求有声的言辞。引诱对方说出的言辞，如果与事实相一致，就可以刺探到对方的实情。这就像张开网捕野兽一样，要多设一些网，汇集在一起来等待野兽落入。如果把捕野兽的这个办法也能应用到人事上，那么对方也会自己出来的，这是钓人的"网"。

◎边读边悟◎

战国时期，张仪以客卿的身份居留在楚国。起初楚王对他非常友好，但后来对他越来越冷淡。张仪心想：这样下去，恐怕自己有朝一日在楚国就没有立锥之地了。不久，张仪想出了一个计谋，于是他满怀信心地去拜见楚王。

张仪毕恭毕敬地对楚王说："最近，我在这儿没有什么用处，只是白白地浪费您赐予我的俸禄，我想到魏国去，不知大王意下如何？"

楚王听后，漫不经心地说："既然你主意已定，我也就不苦留你了。"

张仪见楚王并没有挽留之意，并不失望，于是接着说："为了答谢您对我的知遇之恩，等我到了魏国，只要您想要的东西，我会竭尽全力得到，之后给您送过来。"

"我各种宝物应有尽有，黄金、宝石、象牙也不足为奇，想必魏国也没有什么值得我羡慕的东西。"楚王傲慢地说。

"不过据我所知，中原美女如云，个个貌似天仙！"

楚王听了张仪的一番鼓动，不觉心有所动，于是靠近张仪说："我早就听说中原美女妙不可言，只是从未见过。好吧，我就要美女。"说完，赏赐张仪一箱黄金作为盘缠。

这个消息很快就传到楚王王后南后和侧室郑袖的耳中，她们非常担心中原美女来了之后和自己争宠。两个人正在着急，一时却又想不出好办法，于是派人给张仪送去一盒珠玉，说是张仪要离开楚国，王后送来的礼物。

临行前，楚王设宴款待张仪，大方地说："现在战乱纷纷，道途艰辛，今天特意为你饯行，还期望你能给我送回几个美女。"

在送别宴上，张仪见楚王有了几分醉意，突然说："王宫上下都说楚王您宠爱的两个女子姿态万千、貌若天仙，她们素日对我不薄，今日一别，不知什么时候才能回来，我想借您的美酒向她们表示我的敬意……"

楚王笑着说："这个好说！"随即让南后和郑袖进来。

张仪一见二位女子到来，就跪在楚王面前说："请饶恕我吧，我犯下了欺君之罪！我曾对您说中原多美女，现在一睹眼前两位美女，可见还是王宫美女多啊！我又怎么能找到比王后和郑袖更漂亮的女子呢？"

楚王听后，得意扬扬地说："无罪，无罪！起初我就料到肯定没有比她们更漂亮的女子。我想中原的女子也没什么过人之处，你也不用去为我找美女了。"

一旁的南后和郑袖听了张仪对自己的一番赞美，喜不自禁，极力在楚王面前为张仪说好话。最后张仪又在楚国王宫里留了下来，而且重新获得了楚王和两位美女的信任。

张仪不愧为战国时期最有名的说客之一，他反应之敏捷、头脑之灵活，实非常人可及。在这个故事中，张仪便成功地运用了钓语。先以离开楚国来观察楚王的态度，后以寻求美女把楚王"钓"到了自己张开的网中，接着在有利时机献上自己的奉承话，不仅博得了南后与郑袖的欢心，也最终得到了楚王的信任。真可谓一箭双雕。

要用巧妙无形的方法引诱对方说话，若"钓语"合乎人情事理，就不难从其话语中窥测其内心的实情。以张网逮兽为例：若多张置一些网，并加以密切关注，就能多捕获一些野兽。这个方法用于人事上，只要方案合宜，对方自然会被你网住，这就是钓人的"网"。经常拿着这张"网"与人周旋，可使对方向你推心置腹。如果你用的比喻对方不明白，就要改变方法，用形象来打动对方，从而加以控制。这是鬼谷子对如何在说话中"钓"到自己需要的东西的一段精彩论述。

在马狮百货公司里，所有的商品，无论是服装、鞋类、日用品还是食品、酒类，都是一个牌子："圣米高"。这是马狮公司经营中的最大特色之一。

单一的牌子，顾客没有选择余地，那么为什么还能吸引众多的消费者呢？关键在于"圣米高"这个牌子本身就是高品质的象征，是价廉质优的代名词，因此，对顾客有强大的吸引力。在其他商店里，顾客面对不同牌子的商品，要作出正确的选择并不是一件轻松的事，他们需要靠过去的经验或是从广告中得到的印象去挑选，但这些并不一定可靠，有时牌子越多，顾客越无所适从。但是，马狮的"圣米高"商标却是一分钱一分货，如果同是圣米高牌子而货品标价不同，那么，价格高的那种商品肯定比价格低的质量高。顾客可以根据自己的经济情况选择商品，绝不会上当。于是，许多工作繁忙的职业妇女都愿意到马狮百货公司购物。

马狮百货公司的经营思想是：让平民买得起以前只有富贵人家才能享用的甚至质量更好的货品。这种经营思想和相应的经营方法，争取到了大多数劳工阶层的消费者。

为了实现这一经营思想，以尽可能低廉的价格出售最优质的商品，他们在设计一项产品时，首先考虑的是售价是否在大众消费能力之内，一般的劳工阶层是否负担得起，因此，他们总是先定价格，然后再估算成本。在既定价格下，设计师和制造商一起去探寻既能保证质量又能保证一定利润的条件，尽可能为广大平民大众提供他们有能力购买的高品质产品。如果按一般的商品生产那样，先算出成本，然后是售价，往往会使商品的价格高出消费者的购买欲望，从而影响销售。而马狮百货公司的货品不一定是市场上最优质的商品，但在同样价格下，圣米高牌子的产品必定是市场上最好的产品。

马狮百货公司由原来两人合伙经营、只有数百英镑资本的百货店，经过激烈的市场竞争，已成为英国第一大百货公司，拥有260家商店，员工4600多人，被一些经济学家称为"世界上最经营有术的企业"。

"其张置网而取兽也，多张其会而司之"，就是说做事如同张开网诱捕野兽一样，要多设几处拉网的地点，汇集在一起形成一个恢恢天网，才能捕获到野兽。"圣米高"这个品牌本身就是高品质的象征，是价廉质优的代名词，是一张无形的网。而它的经营思想、设计理念及商品价格，又何尝不是一张张"钓"消费者的网呢？

2. 同声相呼，实理同归

——了解对方的底线才好说话

◎**妙语赏析**◎

欲闻其声反默，欲张反敛，欲高反下，欲取反与。欲开情者，象而比之，以牧其辞。同声相呼，实理同归。

◎**原文释义**◎

想要讲话，反而先沉默；想要敞开，反而先收敛；想要升高，反而先下降；想要获取，反而先给予。要想了解对方的内情，就要善于运用模仿和类比的方法，以便把握对方的言辞。同类的声音可以彼此呼应，合乎实际的道理会有共同的结果。

◎**边读边悟**◎

战国时七国混战，时而合纵，时而连横。

这年，秦国联合赵国打魏国，许以胜利之后，以魏之邺城作为谢礼送给赵国。魏王怕受到赵、秦东西夹击，十分惊慌，忙召集大臣商议对策。芒卯说："秦、赵原本不和，今日联合，不过是为了利益，想瓜分我国，各讨好处。他们都各有各的算盘，只要略施权术，他们的联盟就会解散。"并献上一计。魏王同意了他的计谋，让张倚依计去游说赵王。

张倚见了赵王，说："邺城这地方，照目前的形势看，我们是保不住了。大王与秦国联合攻打我国。无非为争夺土地。为了避免战争，我们大王有意把邺城献给大王，不知大王意下如何？"赵王听后自然十分高兴，但又怕魏国玩弄什么花招，便问："两军还未交战，魏王就主动献地，到底是为了什么？"张倚解释说："两军交战，兵凶战危。大军过后，荆棘遍地。战争之后，必有荒年，尸骨遍地，百姓遭殃。我们大王从仁慈出发，不愿生灵涂炭，故有此举。"赵王问："那么魏王对我有什么要求吗？"张倚说："这自然。我们是来谈判的，并不是来投降的。赵、魏两国曾多次结盟，是友邦。与其将土地沦落于夷狄秦国之手，不如交给朋友管理。也希望大王从友邦利益出发，与秦断交，与我国恢复友邦关系，我们奉上邺城作为报答。如若不允，我国只有全国动员，拼死一战了。请大王仔细考虑斟酌。"赵王想了一番，说："我好好考虑一下，明天定然给你答复。"张倚走后，赵王找来大臣们商议。相国说："与秦联合攻魏，胜利了也不过得到一个邺城。现在不用动手就可以达到目的，何乐而不为呢？再说，秦本虎狼之国，其目的绝非仅仅灭一魏国，一旦攻灭魏国，其势力更为强大，下一个目标就是我们赵国了。不如答应魏国，让他们在两边抵御强秦，这才是长久之计。"于是，赵王答应了魏国，宣布与秦断交。

　　秦王一听大怒，赶忙撤兵，谋划报赵背盟之仇。赵王见秦撤兵，忙欢天喜地的派兵前去接管邺城，正碰上芒卯在边境陈兵等候。赵将说明来意。芒卯一听大怒："我们的土地，为什么好端端送人？"赵将忙说这是张倚早许诺下的。芒卯仍在发脾气："张倚是什么东西！我们大王亲口答应过此事吗？我只接到大王让我镇守此地的命令，没接到交出此地的命令。你想硬夺，问问我的将士们同意否！"赵将一见魏军列阵以待，自料不是他们的对手，忙回兵报告赵王。赵王一听，知道上了当，又气又恼，准备发兵攻魏。可这时已传来消息，说秦国为报背盟之仇，正游说魏王联合攻赵。赵王闻听大惊，忙割了五个城给魏，以收买魏国与自己联合抗秦。这样，魏先以虚假的"与"答应赵国，不但从赵国那里"取"到了不与秦合兵攻魏的结果，还"取"到了五个城池。

　　是否能成功地运用此"欲取反与术"，关键在于你的智慧是否高超，计谋是否巧妙。看似"与"而实不"与"或少"与"，而终有所"取"，是使用此计的目的。

　　加斯加与迈克同是加州生产味精的公司老板，他们在夏威夷都开辟了新市场，竞争将不可避免，但非常明显，加斯加公司产品的销路很不景气。而迈克做的各种准备工作要充分得多，他通过广告将自己的产品打入了各大商场和超市，生意在短时间内做得非常火热。直到两个月后，他才发现加斯加的各类产品已消失了，这使他有了一种沾沾自喜的荣耀感，这次竞争迈克似乎得出了"加斯加"不堪一击的结论。因此，在夏威夷，迈克竭尽全力与其他同类产品进行竞争，果然不错，那块肥腴的市场被他强占了。

　　然而天有不测风云，一年后，当迈克正放心地输送自己的产品到夏威夷的时候，他才发现，在各种居民聚居的地方，已出现了若干家挂有加斯加门牌的味精专卖店，电台、报刊、招牌种种形式的商业性质广告像雪花一样飞来，全都是加斯加的宣传品。这且不说，加斯加还施出了一条"毒"计：他的零售店同时向顾客免费赠送自己的产品和迈克的味精，他让顾客自己来做选择，想好了后再买。一周后，原定的一万袋产品全部送完，不同的是他的产品比迈克的东西包装更好，而且味道似乎更带有传统的美国牛排味。这一招果然无比灵验，再加上加斯加的东西除了在大商场及超市可以见到。还可以在居民的家门口买到，大大便利了顾客。一个月后，迈克的产品销售全方位直线下降。两个月后，迈克的产品几乎失去了整个市场，他辛辛苦苦开拓出来的市场在短时间内即被"程咬金"抢走了，他只得收拾"行李"打道回府，另闯天地了。

　　加斯加的成功便在于最初他争而不争，使迈克产生了胜利的错觉。而当他费了九牛二虎之力赶走别人时，加斯加却似如约而至，这时候对加斯加来说，竞争对手仅此一家，压力明显减小，再加之他认真选择了零售地点，人们也愿意因为这点"恩惠"而改变一下自己的口味，但加斯加本人的形象却带着味精走进了千家万户。

　　"欲高反下，欲取反与"，在商战中这样欲擒故纵的例子比比皆是。加斯加最初不与争锋，借以使竞争对手放松警惕，而自己暗地发展，最后再给予对手致命的打击。

3. 虽非其事，见微知类

——在细微处发现蛛丝马迹

◎**妙语赏析**◎

虽非其事，见微知类。

◎**原文释义**◎

虽然这不是事情本身，但是可以根据轻微的征兆，探索出同类的大事。

◎**边读边悟**◎

三国魏齐王曹芳嘉平元年（公元294年），蜀将姜维攻打魏国的雍州（今陕西西安），依曲山（今甘肃岷县内）修筑了两座兵城。曹魏派征西将军郭淮迎击蜀军。郭淮派陈泰和邓艾包围两座兵城，自己率兵截断蜀军援军的道路，姜维无奈引兵退走。郭淮想借此机会进击两城中的蜀军，以除后患。邓艾劝谏道："以往蜀军作战惯使回马枪，今次说不准他们还会再打回来，我们还是预先提防为好。"于是，郭淮分出一拨兵马，让邓艾率领驻在蜀军来路上的白水（在川陕甘交界处）北岸。

三天之后，姜维果然派将军廖化率兵杀回，遇到阻击，便在白水南岸与邓艾隔河结营。当时，邓艾兵少，廖化兵多，但廖化并不急于进攻。邓艾见状，对部将说："蜀军杀回来去救被我们困在两兵城中的同伙儿，敌众我寡，理当架桥急攻我们，但他们并不急于架桥进攻，可见是另有所图。白水附近有一洮城（今甘肃临潭），是军事重镇，说不定姜维会偷偷率重兵去袭击。"于是他分出一拨人马，当夜去60里外的洮城增援。

天亮，姜维果然率大军渡河来抢洮城，由于邓艾早作了准备，没有得手，被邓艾阻在白水以南。两城中的蜀军久盼不到援军到来，粮草用尽，只好开城门投降了曹魏。

　　这里，邓艾善于用以往蜀军的作为来推知他今次所用的战术，能够从对手一反常规不急于架桥攻击以援救被围困的自己人的细微动作中推知对手另有所谋，因而审时度势，预先作了防范，料敌机先，堪称得"见微知类术"之精髓。杰出的军事家最善于运用此术，以预计战争发展的形态，去预算对方部署的战术，然后因势为制，因招为制，战胜对手。

　　由小及大，见微知类。要想成功就要注意细节。温成同的辉煌就给了我们很大的启发。

　　一个身无分文、一贫如洗的难民，在短短的8年之间竟然成为占整个香港铝业工程界产量的3／4、工人的1／3的"同记铝业工程有限公司"总经理，这一成就着实令人惊叹。这个奇迹的创造者就是善于见微知类的温成同先生。

　　在一次搬运建筑材料时，温成同不小心摔坏了一扇铝合金窗户。在好奇心的驱使下，他把摔坏的窗户反复拆装了好多次，仔细琢磨它的制作程序和构造。接着，他就利用工地的边角废料和一些简单的工具学着做铝合金门窗。世上无难事，只怕有心人。他一边钻研，一边有意识地接近技术工人，偷看图纸，暗中苦学技术。功夫不负有心人，经过半年的摸索与学习，他终于弄清了制作铝合金门窗的一套完整工序。

　　他的第一笔交易是四扇窗户、两扇门，这是为一个私人住宅定做的。由于他的产品做工精细，选料考究，加工价格便宜，供货及时，因而得到了房主的赞誉。这笔交易周转的环节少，而且直接服务到门，因而使他获得了5500港元的收入，除去成本，他净赚了3500港元，相当于他1个月的收入。意外的成功之"微"使他心中萌生了用铝合金代替木材制作门窗的想法之"类"。他想，铝是地壳中含量最多的金属。加工方便，价格便宜，不但在木材奇缺的香港极为需要，即使在整个亚洲也会颇受欢迎的。于是，他毅然辞去了先前的工作，开始独自经营铝合金门窗的生意。由于他的产品质优价廉，服务周到，加上他为人热情，乐于助人，广交朋友，很快便赢得了很多的客户。他又用积攒的资金搭了一个小工棚，找了两个帮手，买了几件简单的工具，"同记铝业工程有限公司"就诞生了。

　　温成同善于揣摩顾客的心理，凡经他接待的顾客，没有一个告吹的。他总是区别对待不同的对象，灵活多变，懂得如何揣摩人心，投其所好。有时为了获得几项高额交易，他会把客户的日程安排得满满的，以使客户没有时间再与其他同类公司接触。当你和他谈生意时，你会产生一种不与他成交就欠他情的心理。

　　温先生善于揣摩手下工人的心理，并善于调动他们的积极性，唤起他们对企业的同情和支持。一次，刚到的铝材要马上卸货，可正巧赶在快要下班的节骨眼儿上。温先生便迅速赶到工地，如实地向工人们说明了困难，工人们把企业的难处看成是自己的事，心甘情愿地加班卸货，他也和工人一起干起来。仅两个小时，铝材就全部进了仓，省了一天的压舱费。接着，他在海鲜酒家定了两桌酒席，犒劳加班的工人，宴席后又给大家发了加班费，工人们尽欢而散。他花的这点钱，与压舱费相比是小巫见大巫。

　　温成同的事业取得了如此辉煌的成就，这当中不排除有一些偶然的因素，但他善于揣摩人心，善于见微知类，才是他成功的根本原因。

4. 自知而后知人

—— 要了解别人之前先了解自己

◎妙语赏析◎

故知之始己，自知而后知人也。其相知也，若比目之鱼。其伺言也，若声之与响；其见形也，若光之与影也。

◎原文释义◎

所以要想掌握情况，要先从自己开始，只有了解自己，然后才能了解别人。对别人的了解，就像比目鱼一样没有距离；掌握对方的言论，就像声音与回响一样相符；明了对方的情形，就像光和影子一样不走样。

◎边读边悟◎

公元前666年，楚文王去世。王后息妫是一位倾国倾城的美人，楚文王的弟弟公子元想讨好嫂嫂，得到美人的欢心，在息妫寝宫附近的馆舍中日夜歌舞。息妫知道公子元的用意，感叹道："我的丈夫文王，问军事，未曾向国外扬威，致使声望日下。阿叔身为令尹，不奋发图强，重振国威，却沉醉于靡靡之音中，真令人担心！"息妫的话传到公子元耳朵里，公子元想讨好嫂嫂，决定率领大军去攻打邻邦郑国。郑国兵力远不及楚国。面对来势汹汹的侵略军，郑文公惊慌失措。急忙召人商讨对策。叔詹不慌不忙地说："从前楚国出兵从未有这么大规模。据我所知，公子元这次出兵，不过是讨好他的嫂嫂，没有什么其他目的。楚兵若来，老臣自有退兵之计。"

不久，楚军先头部队直抵都城。叔詹下令军队埋伏在城内，大开城门，街上商店照常做买卖。百姓来来往往，熙熙攘攘，秩序井然，毫无紧张气氛，楚军见到这番情景，出乎意料，料定城中早有防备，是在故意诱敌深入。他们满腹狐疑，不敢贸然杀进，于是领军将领下令就地扎营，等候主帅的指示。

· 33 ·

公子元率领大部队赶到，大吃一惊，见城内秩序井然，似有埋伏，心里踌躇。他想到郑国与齐、宋、鲁有盟约，眼下城内有埋伏，万一不能取胜，齐、宋、鲁援军一到，前后夹击，楚军失利，脸上无光，嫂嫂会瞧不起自己。再说这次出兵，已攻下几个地方，几天之间就打到郑国都城，也算是打了胜仗，目的已经基本达到，还是见好就收吧！于是，公子元连夜班师回国，又怕郑军追击，命令所有营帐保持原样，遍插旗子，也想摆一个空城计，疑惑郑兵。

次日，叔詹登城遥望楚营，一会儿，便高兴地叫道：楚兵撤走了！众人都不相信，叔詹指着远处说："凡是军队驻扎的营地，必定击鼓壮威，以吓骇鬼神。你们看那里有飞鸟盘旋，证明军营里连一个人也没有了。我料定楚军怕齐国援军赶到，被内外夹击，连夜撤走，还摆下一座空营来迷惑我们。可惜，公子元会使空营计，却识不破我的空城计！"

空城计采用的是一种心理战术，使用的关键是要清楚地了解并掌握对方将帅的心理和性格特征。对方指挥官越是小心谨慎、多疑，所得的效果就会越好。这种方法多是在兵力不足的情况下所采取的一种应急措施，如果被对方识破，对方乘虚而入，就会变得非常危险。

鬼谷子认为，要想掌握情况，要先从自己开始，了解自己，然后才能了解别人。

战国时，中山王宠爱着两个贵妃：阴姬和江姬，她们明争暗斗，都想做王后。

有一位谋臣名叫司马熹的，很有谋略。他看出两妃争宠的情形，想趁机敲她们一笔，便暗中使人去致意阴姬，告诉她："要做王后不是开玩笑的，争得到手，自然掌有权威，贵甲天下，傲视全民；万一失败了呢，那就危险了，自己的性命保不住还不算，还要祸延家族哩！所以，不争则已，要争必要胜利。如果想成功的话，除非去请教司马熹先生！"

阴姬听说后，果然心动，便秘密地亲自去请教司马熹。司马熹便使足干劲，鼓其如簧之舌，说得她紧点头，千恩万谢地说："如果事情成功的话，一定大大酬谢！"并且先孝敬司马熹一笔茶资。

于是，司马熹即刻上书中山王，告诉他有一个计划可使本国强盛，邻国衰弱。

中山王很感兴趣，笑着问他："我非常欣赏你这个建议，要怎样做才行呢？"

司马熹说："我先要亲身去赵国一趟，名为访问，暗地侦查赵国的险要地方和风土人情，了解它的政治和军事动向，回来才可以订出一个详细的计划，所谓知己知彼，才能百战百胜！"

中山王听了又送给他一份礼，打发他去赵国访问。

司马熹见到了赵王，公事完毕，在私谈间便对赵王说："听说贵国是出产美人的地方，但我到这里已经几天了，总看不到哪一个算得漂亮。老实说，我足迹遍天下，也见过无数女人，总觉得没人比得上我国那位阴姬，不知道的，还以为她是仙女下凡哩！她的美，不是笔墨所能描写得来、语言所能说得出的，她那高贵的仪表，唉！胜过母仪天下的王后！"赵王怦然心动，忙问："可不可能把她弄到这里来？"

司马熹故意把话锋一转："我只不过随便说说罢了，至于大王意图怎样，弄不弄得到手，我可不能参加意见，阴姬虽然妃子身份，却是国君所宠爱的。这些话，请千万不要传开去，否则要杀头的。"

赵王奸笑一下，表示非达到目的不可。

司马熹回到本国，报告给中山王的就是："赵王根本是一个没有道德观念的人，只晓得玩女人，听淫乐，不知仁义是何物，开口讲打，闭口讲杀。还有，我听到一个可靠的消息，说赵王正在暗中设法把大王的宠妾阴姬弄过去呢！"

"岂有此理！"中山王不听犹可，一听则怒骂起来，"什么东西，竟把脑筋动到我头上来了！可怒也——"

"大王！请冷静一点。"司马熹说，"从目前形势来看，赵国比我国强盛，打是打不过他。赵王要索取阴姬，实在没有办法可以不给。不给马上就亡；要给，一定被人耻笑，笑大王懦弱，连爱妃都会送给人！"

"那怎么办？"中山王虽然无名火动，到此时也不能不低声下气请教司马熹了。"照我看，"司马熹从容不迫地说，"只有一个办法才可以化解此难，就是大王立即册封阴姬为王后，死了赵王的邪念。在列国中，从没有谁敢要别国的王后做妻子的，就是想要，也为列国摒弃，骂做禽兽！"

"很好！"中山王转怒为笑，说："就照你的办法去做，看他这个癞蛤蟆还敢不敢想吃天鹅肉！"因此，阴姬便很顺利地做了王后，赵王也死了心，司马熹不用说，已是王后娘娘的大恩人，地位和金钱自然更有保障了。

了解了对方的喜好与性格特点后，便可投其所好地施展游说之法。司马熹首先从阴姬想做王后开始设计，而后采用了出使赵国这一虚招，其目的便是让阴姬在中山王心中赢得好感，为登上王后做铺垫。最后，在中山王盛怒的情况下说出心中的计谋，圆了阴姬的梦想，也使自己得到了荣华富贵。

5. 如圆与方，如方与圆

—— 适时地运用方略和圆略

◎妙语赏析◎

如圆与方，如方与圆。未见形圆以道之，既见形方以事之。进退左右，以是司之。

◎原文释义◎

像圆变方、又像方转圆一样自如。在情况还未明朗以前就要用圆略来诱惑对手，在情况明朗以后就要用方略来战胜对方。无论是向前，还是向后，无论是向左，还是向右，都可用这个方法来对待。

◎边读边悟◎

春秋末期，郑国的宰相是子产。他善于执政，把国家治理得有条不紊，深得民心。他的执政之道就在于刚柔并济，把握住高压和怀柔两种政策的最佳尺度。

当时，许多大国都觊觎郑国。子产认为，郑国要求得生存，当务之急是加强国力。于是子产一方面提倡振兴农业，另一方面为确保军事费用，决定征收新税。一时间，民怨四起，民众对他恨得咬牙切齿，甚至有人还密谋杀害他。他的家人和朋友都纷纷劝他改变主张，朝中大臣也站出来反对他的政策。

面对来自各个方面的压力，子产没有丝毫的动摇。他力排众议，义无反顾地继续实施既定的政策。

"我所做的一切都是为国家和人民着想，即使牺牲我自己的名利也在所不惜。如果虎头蛇尾，我殚精竭虑想出来的兴国之道就会付诸东流。我决心一如既往地贯彻我的政策。老百姓的责难只是因为我的政策没有立竿见影的效果。过一段时间后，他们就会明白的。"子产这样对别人解释。子产不改初衷，面对责难仍然坚持己见。

过了几年，农业振兴计划收效甚大，人民的生活水平日益提高，军队也逐步强大起来，足以抵抗外来的入侵。郑国在诸侯国中逐渐树立起不可动摇的地位。

子产的政策并不都是如此"刚硬"，他在教育政策的制定上就表现得非常"宽容"。

郑国为了大力培养知识分子，在各地普遍设立了称之为"乡校"的学校。但是许多对当政者不满的人就利用乡校传播与统治者相反的观点。若任其发展，就会不利于民心安定，对统治也造成威胁。因此，许多大臣提议关闭乡校。

子产却不以为然，反驳道："如果那些人聚集在乡校谈论政治，我们可以听取他们好的意见，不断改良我们的政策，这样看来，不是一件好事吗？"

子产借用了一个比喻，继续说："人们的言论就好比是河川里的水一样，如果我们钳制他们的言论，就如堵塞河水一样。尽管暂时控制住了，不久那些不满就会像洪水一样滚滚而来，堤坝和堰塘终将被冲毁。与其这样，还不如疏通流水，引导它们畅通无阻地流出来，这样不是更合适吗？"从此以后，郑国的教育文化事业得到了繁荣。

由于子产广开言路，集思广益，在他为政期间，郑国国泰民安。国家呈现出一派欣欣向荣的景象。

阴阳之道与方圆之说，与刚柔张弛的运用策略是相通的。绵里藏针、柔中存刚是成功的为人之道，刚柔并济更是行之有效的处世手段。治理国家同样如此。子产深知，如果君主严刑峻法，过于苛刻，就会使人们畏而远之；如果太宽松，就会使臣子骄纵跋扈，不易驾驭，所以必须恩威并济，把握好时机和火候。

鬼谷子提出，在情况还未明朗以前以圆略来诱惑对手，在情况明朗以后就要用方略来战胜对方。无论是向前还是向后，无论是向左还是向右，都可用这个方法来对待。阴阳转换彼此渗透，方圆交替运用自如，相辅相成，就能成大事。

"共生"现象使得生物界能够生存发展。日本佳能公司则以"与人类共生"为宗旨，实现了超稳健的发展。1987年，在佳能成立50周年庆典上，佳能老板庄严宣布，将"共生"作为公司的基本宗旨。"共生"被解释为"利益均等"和"为人类作出贡献"。

经过半个多世纪的努力，佳能已成为全球性的跨国企业，佳能商标已在140多个国家注册，佳能的产品已深入到世界各个角落。佳能集团现有62000名职工，分布于世界各地，兢兢业业地致力于高科技领域的开发和突破，在照相机、办公与通信系统、精密光学及精细化工等领域不断创新，向人们提供了一系列优质服务。1991年，佳能公司的销售额为149.51亿美元，利润额为4.17亿美元。在世界500家最大的工业公司中排名第83位。

佳能是激光打印技术的前驱，对该领域的研究开发遥遥领先。佳能从计算机领域的早期发展中就意识到工商界及个人，需要一种噪声低、速度快、质量高的打印机。然而，点阵打印机却做不到这一点。激光打印机则完全填补了这些方面的不足。于是佳能便开发出轻便、高效的激光打印机，这代表了佳能在生产技术方面的突破。同时，佳能的照相机、摄录机、传真机以及化学制品、光学产品、计算机与信息系统、医疗系统等也都代表了世界先进水平。

"技术为人类服务"这句名言，深刻地说明佳能是如何发展成为世界领先的跨国集团公司的。

对任何一家跨洲越洋的公司来说，最严峻的考验莫过于与当地社会的交融。为当地提供适于当地客户的创新产品。佳能在世界各主要国际市场建立了研究与开发中心，从而保证了佳能履行其所应承担的职责及贯彻佳能的行动纲领。例如，设于伦敦的佳能欧洲研究中心（CRE），侧重于计算机语言和音频产品的研究。设于加州的佳能美国研究中心则是计算机技术的研究基地。设在加州的佳能信息系统公司，正在开发计算机软、硬件和办公系统。设在法国雷纳的佳能欧洲研究发展中心专门从事数字电信的研究。设在悉尼的佳能澳大利亚信息系统公司，则集中于信息软件的开发。

佳能作为一家国际性跨国公司，十分注意与世界的共融共存。佳能在世界各地设立工厂，依靠当地的力量，使各地的工厂逐渐走上了专业化的道路。尽管它们各有所长，但都采用了佳能全球生产系统，从而严格保证了产品质量符合佳能的永不妥协的质量标准。

与当地居民融合，与当地经济融合，与当地企业融合。佳能的海外机构尽管都肩负着本身的特定工作，但他们也义不容辞地担当起了向所在地居民提供服务的职责。这正是"共生"精神与"为人类贡献"的实际体现。

"如圆与方，如方与圆"，方圆交替，彼此渗透，相辅相成。佳能公司倡导的"共生"理念体现了方圆之道，微妙而又恰如其分地反映了佳能在参与社会事务，提供有益技术，以至关心环境等方面做出的卓越贡献。

6. 环转因化，莫知所为

——把最佳的方案隐藏在心底

◎妙语赏析◎

若欲去之，因危与之。环转因化，莫知所为，退为大仪。

◎原文释义◎

要拒绝对方的诏命，就要设法给人一种错觉。就像圆环旋转往复一样，使旁人看不出您想要干什么。在这种情况下，急流勇退是最好的办法。

◎边读边悟◎

陆逊，字伯言，是东吴继周瑜、鲁肃、吕蒙之后的又一位三军统帅。

公元234年，孙权亲自率兵10万去攻魏国的合肥新城（今安徽合肥西北），派陆逊、诸葛瑾领一小部分兵马去打魏国的襄阳（今湖北襄樊）。但围攻不久，吴兵却多染时疾，魏明帝又亲率大兵增援合肥。故孙权无奈撤兵而回，同时派使者通知陆逊、诸葛瑾。哪知使者半路上被魏兵掳去。诸葛瑾闻知大惊，忙派人告诉陆逊，赶紧撤兵。陆逊接到信后，毫无动静，依旧催促手下种植生长周期短的蔓菁以供军队食用，依旧和手下众将下棋玩乐。诸葛瑾不知就里，忙亲自来见陆逊。陆逊说："要退，也得用计撤退。魏兵知大帝退去，必全力对付我们。我们若落荒而逃，必被全歼。"当下，陆逊命诸葛瑾率人督管战船，陆逊不但没撤，反而率兵拔营，向襄阳进逼。

魏兵久已畏忌这位曾出奇谋火烧刘备阵营700里的大将，见吴军逼来，不知其玩什么花招，忙退守城里。这时，诸葛瑾已派人沿江排开战船，于是吴军有秩序地登上战船，安全撤走了。

"环转因化，莫知所为"，实要退，表面上却在进攻，让敌人摸不清其真实意图，不敢贸然围击，这就是"环转退却术"。

第二次世界大战中的一场战役也运用了这一战术。

1943年秋，苏军反攻德国法西斯，发动了德涅伯河会战。按最高统帅部命令，沃罗涅什方面军渡河夺取了基辅东南的希克林登场。德国军队组织强大力量反击，经过两次大交锋，苏军受挫。朱可夫元帅决定把主攻力量转移到敌人防御力量较弱的基辅北侧。但是，这样一支机械化大部队在敌人面前转移，很难保守机密。于是，朱可夫元帅运用了"环转退却术"，先假造一个暂停进攻、就地防御的命令，故意放在阵亡军官的皮包内，让敌人得去。将部队悄悄撤回第一线后，仍留下少量兵力制造声势，并让前线电台照旧工作，以造成大部队重新集结、固守待攻的假象，直惹得德军调动大批飞机，对希克林苏军阵地轰炸了一个星期，并调集预备部队，准备决战。

这时，苏军主力已转移到柳捷日，在那里发起了总攻。

金蝉脱壳，以假乱真，不但可以用于退却，还可以用于吸引对方注意力，以转移自己的主力，发动更有效的攻势。

内揵术：
知道自己怎样说，还要知道对方怎样说

　　"内揵"，指人的内心清静自守，不为外物所困的一种状态。在内揵术的运用中，"内"主要是游说对方，能够与对方说上话、搭上腔，侧重于言辞技巧；"揵"是要迎合对方的心意，侧重游说的效果。从"内揵"的根本来看，最关键的是要摸透对方心意去说服、控制对方的思路变化，从而使对方有种心心相印、兴趣相投的感觉，接着便可灵活多变地采用游说之法。使自己进退自如。

1. 详思来捷，往应时当

——找准最佳时机说话才最有效

◎**妙语赏析**◎

方来应时，以合其谋。详思来捷，往应时当也。

◎**原文释义**◎

以道术来进言，当应合时宜，以便与君主的谋划相合。详细地思考后再来进言，去适应形势。

◎**边读边悟**◎

春秋时期，齐相国晏婴是一位家喻户晓、德高望重的政治家，人们尊称他为晏子。他博闻强记，知古通今，他在齐灵公、庄公、景公三世任卿达57年。他提倡节俭，并能以身作则。尽忠进谏，对国君从来是知无不言，言无不尽。

一日，齐庄公在花园里与妃子下棋，听说晏子求见，就撇下妃子，与这位棋坛高手在棋盘上厮杀起来。

晏子也不多话，稳稳坐在那里，出车跃马，摆开阵势，一会工夫就吃了庄公不少棋子，占尽优势。但接下来，晏子横冲直撞，走了几步废棋，棋局发生了变化。庄公沉着应战，居然转败为胜，赢了一局。

齐庄公疑惑地问："为什么这局棋你会下得如此差呢？"

"臣有勇无谋，输棋自在情理之中。"晏子手指棋盘说，"下棋是这样，治理国家也是这样，如今各国的状况，对我而言已经很难胜任相国的重任了。"

庄公吃了一惊，晏子又说："近年来，由于您偏爱勇武有力的大臣，使武夫们滋长骄傲情绪，傲视文臣，欺压百姓，闹得京城临淄乌烟瘴气。许多有才干的文臣得不到重用，官风民风越来越坏。若这些人不加以严格约束，势必会出乱子。"

齐庄公有些自知之明，但身为国君，怎可轻易接受一个臣下的批评呢？于是不服气地问："请相国直言，古时代有没有哪一个国君，依靠武力而安邦治国的呢？"

晏子说："夏朝末年有大力士推侈、大戏，殷朝末年有勇士弗仲、恶吏，这些人都是神力无边、万夫莫挡之辈，可他们却不能挽救夏桀、殷纣的灭亡。夏、商的覆灭告诉后世一个道理：光靠勇力而不行仁政，是行不通的。"

庄公仔细体会晏子的肺腑之言，认为他说得很对，就恭敬地表示感谢。并同意从今后省刑轻赋，施仁政以固国本，让万民敬仰自己，让文臣亲近自己。

"方来应时"，意思是反复揣摩，以适应时势的要求去进言，以求其变通。晏子下棋，开始时猛如虎，顾前不顾后，待到后来欲挣扎时，早已成败局。他以此吸引庄公提出话题，并顺势转到以武治国和以仁治国上面来。当庄公不服气时他又举出实例，证明以武治国是不可行的。其婉转自如的口才技巧，令人叹服。

晏子在此便巧妙地抓住了进谏的时机，他不急于进言，而是在下棋中创造有利时机。先是采用投石问路的方法，以下棋使庄公对棋局的变化莫测而深感迷惑，而后再把话题转到以仁政治国上来，阐述了自己的立场与观点，接着又举出实例，说得庄公心服口服。

我们再看看有关晏子的另一个故事。晏子生活非常俭朴，齐景公经常看着他身上的粗布衣裳叹气道："你真是个乡下人啊！"

晏子的住宅和普通老百姓的房子没什么区别，家中陈设甚至比老百姓的还要简陋。齐景公知道后，便想给他建造一所好一点的房子。

一天退朝后，齐景公叫住晏子说："你的住宅靠近集市，每天在嘈杂的声音中度日，实在让你受苦了，更何况灰尘满街，地势很低，狭窄且又潮湿的环境实在不能适合像你这样的人居住，请你还是搬到宽敞明亮的地方去吧！一切费用都由我来负担，你看怎么样？"

晏子摇头道："感谢大王美意。住宅的好坏不一定是以豪华和简陋来区分的，况且我所住的地方是齐国的先代贤士们住过的。我有时想，自己住在这里是不是有资格，会不会有辱先贤们啊。再说，我住在靠近集市的地方，买东西很方便，怎么可以麻烦百姓再为我另建房屋呢？还是算了吧！"

齐景公见他不肯换房，便转换话题，笑着问："你住在集市附近，可知什么东西最贵，什么东西最便宜吗？"

晏子一听，不由得想起自景公继位以来频繁施用的一大酷刑——刖刑，即把人的双腿砍断。有很多老臣冒死进谏要求废除此酷刑，都徒劳无功。晏子多次想劝谏，但一直苦无机会。今日齐景公问起物价贵贱来，晏子想了一想，说道："假肢是最贵重的，鞋子是最便宜的。"

齐景公脸色微微一变，若有所悟地低下头，沉思了许久。

"好了！"齐景公严肃地对晏子说道，"从明天开始我就废掉刖刑。"

晏子身居高位，却甘居贫贱；尽管想谏止刖刑，却要耐心等候时机，可谓深得顺其自然之道。一个人如果享尽荣华富贵，必遭天妒人怨，灾难随时可能加身。晏子贵而不富，就不会被人视为眼中钉、肉中刺了。所以他能安然当权57年之久。至于进谏时机的把握，晏子处理得恰到好处，似谏非谏，点到为止，却力压千钧，一击而中。

要想说服他人，首先要深思熟虑，分析自己的谋略优劣可否，成败利钝。这是从面了解自己的过程，也是说服他人的先决条件。

2. 得其情，制其术

——说服之前先制造心理共鸣

◎**妙语赏析**◎

得其情，乃制其术。此用可出可入，可揵可开。

◎**原文释义**◎

了解情况，再依据实际情况确定方法，这样去推行自己的主张，就可以出去，又可以进来；既可以进谏君主，坚持己见，又可以放弃自己的主张，随机应变。

◎**边读边悟**◎

据《战国策·触龙说赵太后》中记载：公元前265年，赵国的国君惠文王去世。其子孝成王继承了王位，因为年少，便由其母赵后执政。当时正处于诸侯国混战的局面，所以国内形势动荡不安。秦国见有机可乘，便发兵攻打赵国，在分析到自身的力量绝不是秦国对手的情况下，赵太后不得不向齐国请求援助。齐王虽然答应出兵，但要求赵国以长安君作人质为条件才肯出兵。

平日赵太后对幼子长安君极为宠爱，怕他有什么危险，所以不肯答应。大臣们都极力劝说，结果赵太后大为生气，对大臣们说："若再有敢说让长安君到齐国作人质的，我必唾其一脸口水。"

有一天，德高望重的大臣触龙来求见赵太后想说服赵太后让长安君到齐国作人质。但他知道如果直说必定会惹怒太后，于是在见到赵太后时便装作若无其事的样子说："由于我最近身体不安，好久没有来向太后问好了，不知道您最近身体怎么样？"

赵太后说："最近我活动得很少，每天吃饭也不多。"触龙说："我也是这样，但还是硬撑着散散步，这样对身体有好处。"太后说："我可没那份心情。"几句日常的相互问候后，彼此都放松了心情。

触龙接着说："我有个小儿子叫舒棋，就是不成材，多是平时宠爱的缘故呀。我已经老了，所以想让太后允许他来宫中当一名侍卫吧，这就是我此次前来的目的。"太后说："好吧，他多大了？"触龙说："15岁了。年纪虽小。但我希望在死前能由太后好好照看。"太后说："没想到父亲也宠爱孩子呀？"触龙说："当然，甚至比母亲还要厉害。"太后笑着说："不会吧，女人家才格外宠爱自己的小儿子呢。"触龙见太后情绪好多了，便说："父母疼爱子女，也应该替他们做长远的打算。"赵太后点了点头。触龙随即转换话题说："但我觉得太后为儿子打算得不够长远。"赵太后不解地问为什么这么说。触龙说："如今太后抬高长安君的地位，给他很大封地和诸多财宝，却不让他及时为国家立功，一旦太后去世，长安君怎能在赵国立足呢。所以我认为太后替长安君打算得不够长远。"此时太后才知触龙的真正来意，也深深地被触龙说服了。于是赵太后为长安君准备百余辆车马，以及诸多随从，送他到了齐国，齐国也终于出兵援助了赵国，使其转危为安。

"得其情，乃制其术"。此处触龙说服赵太后，正是在了解对方的基础上运用了迂回的策略，而不是直言相劝，用共有的爱子之情达到心灵上的共振，然后在谈话中"控制"住了太后，使自己游刃有余、"可出可入"。后来便以此为突破口，用动之以情、晓之以理的言辞说服了赵太后。从与赵太后拉近关系到找到共同语言，以致最后使赵太后接受自己的主张，正是内揵术的运用——得其情，乃制其术。

靠纸牌起家的日本玩具商——任天堂公司，"善窥形式，因应变化"，获得巨大成功。

1969年，任天堂向家用电脑玩具发起总攻。当时，日本、美国几家公司也推出这种电脑玩具，售价为2万—6万日元，销量不大。任天堂公司推出成本低、功能比美国好的家用电脑的大型集成电路，几乎一夜间，压倒所有对手。

现在每5个美国家庭就有一台任天堂公司的娱乐系统。难怪美国的杂志上说："美国的孩子，没有任天堂，就会像没有棒球手套一样遗憾。"

美国任天堂子公司的经理荒川发现，美国的父母担心孩子们迷上任天堂的产品后，减少体育活动，于是任天堂迅速推出一种叫"动力台"的游戏机，孩子们在玩时，必须用跑、跳、蹦等方式控制荧光屏上的人物。如此挖空心思，使任天堂生意红火。

通常，任天堂日本总公司的产品一经设计完成，就会立即把它寄到在美国的分部，而早已等候在那里的办公室人员收到快递后，往往会立即开箱检查审视，看美国的市场能否接受这种产品。所有的文字、图画都要被仔细审查，等到确信没有问题后才正式投放美国市场。

由于国情不同，玩具产品很容易引起"水土不服"，甚至民族矛盾。比如，有一次在日本开发出来的一套电视游乐系统中的人物形象就是经过了更改才推向美国市场的。因为其中扮演坏蛋的那个角色一看就是印第安人；还有一套"赌博"游乐系统，唯一的贼是一位黑人。为了避免种族歧视问题，有关人员就把"印第安人"的面孔改变了，把黑人的肤色"淡化"了一番，等等。如果放任有问题的产品推出，后果不堪设想。

产品设计不仅要符合目标市场政治文化环境的需要，而且要符合目标市场审美观念和传统习俗的特点。比如"富翁"电玩中的人物，在日本版本中是吃了寿司而增强体力的，而到了美国，这个版本就将寿司改变为热狗；相应的，主角的眯眯黑眼也变成了浓眉大眼。这样就容易被美国消费者接受。

任天堂公司的成功在于敏锐把握市场信息，"善窥形式，因应变化"，推出了一系列符合国情、民情、商情的产品，正所谓"得其情，乃制其术。"

3. 言辞多变，反而于胜

——善于灵活运用多种言辞

◎妙语赏析◎

佞言者，谄而于忠；谀言者，博而于智；平言者，决而于勇；戚言者，权而于言；静言者，反而于胜。

◎原文释义◎

说奸佞话的人，由于会谄媚，反而变成"忠厚"；说阿谀话的人，由于会吹嘘，反而变成"智慧"；说平庸话的人，由于果决，反而变成了"勇敢"；说忧伤话的人，由于善权衡，反而变成"守信"；说平静话的人，由于习惯逆向思维，反而变成"胜利"。

◎边读边悟◎

魏文侯在位时，西门豹治理邺都严肃法纪，刚正廉明，铁面无私。他不仅把装神弄鬼的大巫小巫投入漳河，祭了河神，还从重惩治了地方上几个贪官污吏。邺都百姓拍手称快，都赞叹他的德政。在他的带领下，人们兴修水利，务农经商，很快使这个荒凉的地区呈现出繁荣昌盛的景象。

西门豹勤政爱民，为官清廉，既不逢迎上司，也不奉承魏国君主，所以虽然政绩显著，却并没有受到魏文侯的赏识。

相反，魏文侯左右的一些大臣因西门豹触及其私党的利益，总想方设法诋毁诬陷他，以至于魏文侯听信了，准备把他召回京城，罢免他的官职。

西门豹拜见国君后，魏文侯当面责备他，大臣也添油加醋地批评他。西门豹却一句怨言也不说。他只请愿道："从前臣才疏学浅，不知该如何治理地方，现在大王和诸位大臣的教诲，使我学会了治理的方法。请求再给我一个机会，换一个地方治理一年，如果还是治理不好，大王可以砍掉我的脑袋以泄民愤。"

魏文侯答应了他的请求。

于是，西门豹到新地方上任后，一改往日清廉，大肆盘剥百姓，弄得地方怨声四起。他又不断地贿赂魏文侯的亲信大臣，让他们在魏文侯面前多说好话。

一年任期届满，他进京晋见国君。魏文侯满面笑容地赞美他治理有方，左右大臣同样交口称颂。

西门豹听了，怒气冲冲地说道："臣以前忠心为大王治理地方，有政绩，深受百姓拥戴，大王却要罢去我的官职。这一年，臣实际上是压榨百姓，欺上瞒下，大王却夸奖赞美我。这不是很愚蠢的行为吗？我不能屈节求荣，愧对百姓！请大王恩准我辞官回家！"

说罢，他当场交上官印，等候发落。

魏文侯这才省悟过来，惭愧地扶起西门豹，说道："寡人如今才明白事情的真相。请你原谅，我保证从今亲贤臣，远小人，任贤用能，就请你继续为我尽心尽力吧。"

西门豹劝谏文侯的言辞就是以"佞言"为主。当魏文侯听进谗言时，便反其道而行之，以表白自己的忠心耿耿。在此西门豹用反证法来表明自己的清廉，并最终使文侯亲贤臣，远小人，足见其用心良苦。

佞言、谀言其实就是奉承话。自古以来，对于喜欢说奉承话的谄媚之徒，人们一般都比较反感。但是奉承话有时并不是毫无用处。

朱元璋当上皇帝以后，忽然心血来潮，要去皇觉寺参习，因为他幼年时曾在皇觉寺做过僧人，想起当年信口所作的几首打油诗，他便想去看看是否还写在墙上。他想重温旧梦，重新体验一下当年的感受。解缙是当时文渊阁侍读大学士，很有才华，所以这样的事少不得要他陪王伴驾。

皇觉寺的方丈听说当年的小沙弥成了如今的圣上，而且还要光临本寺，自然是高兴万分，急忙把庙里里外外打扫得干干净净，之后才开门亲自迎接皇帝。

朱元璋也不说话，而只是四处寻找当年所题之诗，但怎么也找不到，就严肃地问方丈："当年我题在寺院墙上的那些诗，现在怎么一首也找不到了？"

方丈一听，顿时吓傻了眼，才知皇上千里迢迢而来，竟然是为了这个。原来的题诗早已被擦洗干净了，但又不能如实地回答，急得他只知用手在空中四下瞎比画，却说不出话来。于是便用眼睛瞅着解缙，希望他能够帮助自己摆脱窘境。

解缙和老方丈原本就是一对文友，空闲之余经常在一起吟诗作对，现在方丈有难，自然要帮他一把了。

解缙见朱元璋一脸茫然、迷惑不解的样子，就急忙出来打圆场说："陛下，方丈一见圣上的面，神情紧张，急得连话也说不出来了，他用手比画是在作诗呢，您没看出来吧？"

"什么，有这等事？"

朱元璋很有兴味地问："那他在比画些什么呀？你说给我听听。"

解缙随口答道："圣上题诗不敢留。"

朱元璋拦住话头惊问道："为什么？"

"诗题壁上鬼神愁。"

朱元璋见自己的诗有这么大的威力，就挥挥手说："那就擦掉得了。"

"掬来法水轻轻洗，"

"难道一点痕迹也没留下吗？"朱元璋仍然对当年的题诗念念不忘。

解缙不慌不忙地说："犹有龙光照斗牛。"

一番话说得朱元璋开怀大笑。他知道解缙这是在奉承自己，也就作罢，不再追究什么了。

还有一次，解缙陪朱元璋在御花园的池塘里钓鱼，解缙对垂钓很在行，一会儿工夫就钓了半篓。而朱元璋戎马出身，钓鱼沉不住气，频频拉钩看有没有鱼，结果一条鱼也没能钓着。

朱元璋看解缙那里一会儿一条，当下就来了气，把钓鱼竿一甩，起身走了。

解缙一看这下可坏了，万岁爷一旦动了怒，可不是闹着玩的，所谓"伴君如伴虎"，要是把皇上惹恼了，自己可能就要有麻烦了。为了平息皇上的火气，他就对着朱元璋的背影轻松悠闲地吟了一首打油诗：

"数尺丝纶落水中，金钩一抛影无踪。凡鱼不敢朝天子，万岁君王只钓龙。"

朱元璋一听，顿时一腔怒气全消，连夸解缙是一个奇才。

解缙在此运用的就是"谀言"，在面对"私自涂掉皇上笔迹"和"钓技远在皇帝之上"这两件事，他以"拍马屁"法，把这两道"难题"轻而易举地给化解了，足以表明了他灵活多变、机智敏捷的头脑，同时也把握了"谀言"的时机，才让朱元璋转怒为喜。

赞美的语言永远是人际关系的润滑剂，现代紧张枯燥的生活中，赞美的语言可以缓解一个人紧张的神经，给生活带去一份美丽。赞美话让人自信，但如何说好赞美话，就要看自己如何把握了。

　　罗杰斯是某皮革公司的销售经理，一次，他向客户介绍完他们的一种新产品后，微笑着问对方："您认为我们公司的产品如何？""啊，我非常喜欢，但是我想它是非常贵的，我应该为它付出一个非常高昂的价格，在您之前我就听说过。"罗杰斯微笑着说，"看来您是一个非常有贸易经验的人，而且懂得皮革和兽皮。您猜想它的成本是多少？"那人受到赞美，回答说他认为可能是45美分一码。"您说得对。"罗杰斯用惊奇的眼光看着他说："我不知道您是怎样猜到的？"结果，罗杰斯以45美分一码的价格获得了他的订货单，双方对事情的结果都很满意。而罗杰斯绝不会告诉他的客户，公司最初给产品的定价是39美分一码。

　　在生意场上，赞美话有说不尽的妙用。在销售产品的过程中，适当地赞美别人，让别人觉得他自己很聪明，就可能做成生意。罗杰斯的故事就告诉了我们这一点。

　　在现代商业社会中，为了争取更大的利益或避免更大的损失，有时难免要有一番唇枪舌剑。善于措辞的人，无疑会占据先机。

4. 口可以食，不可以言

——不该说的话坚决不说

◎妙语赏析◎

古人有言曰："口可以食，不可以言。"言有讳忌也；"众口铄金"，言由曲故也。

◎原文释义◎

古人有这样的说法："口可以用来吃饭，但不能用它讲话"。因为说话容易犯忌。"众人的口可以熔化金属"，这是说凡是言论都有复杂的背景和原因。

◎边读边悟◎

鬼谷子认为，即便是有雄辩之才，也应该谨言慎行。有些话说出来没有效果，根本没必要说。有些话说出来犯忌讳，容易伤害别人，一定不要说。

三国时期，曹操手下有位才子，名叫杨修。他不仅才华出众，而且反应机敏，聪颖过人。最初，曹操非常看重他。不过，杨修一向恃才傲物，锋芒太露，不但使曹操渐渐生出反感，而且最终引来杀身之祸。

杨修善于揣摩曹操的心思。有一次，曹操命人新修了一座花园，修好后，他带人来参观，曹操觉得很满意，只是临走时在花园门上写了一个"活"字。等曹操走后，杨修对修园人说："主公嫌花园的门太宽阔了，请你把它改窄点。"

修园人不解其意，杨修便说："你没看见主公刚才在门上写的'活'字吗？门与'活'合在一起，正是一个'阔'字。这就是告诉你们，花园的门太宽了，必须改小。"众人听了，都说有道理。于是，修园人按照杨修所说的去办。过了几天，曹操再次来参观时，发现花园门改小了，连连称好。

又有一次，有人送曹操一盒酥饼。曹操在饼盒上写了"一合酥"三个字，便放在桌子上。恰巧杨修进来看见了，便把大家叫来，想分吃酥饼。

可是，这盒酥饼是送给曹操的，谁敢轻易品尝？看到人们迟疑不动。杨修就说："主公在盒子上面写了'一合酥'三字，分开来念就是'一人一口酥'。所以你们尽管放心吃好了，出了事由我来承担。"

大家觉得他说得对，便纷纷上前将酥饼一抢而光。曹操知道此事后，虽然没说什么，但心里却对杨修的自作主张有些反感。

后来曹操率军攻打刘备，在定军山大败。曹操感到进退两难，但却不愿轻易撤兵。一天晚上，大将夏侯渊走进帐来，向曹操询问当晚夜巡的口令。曹操正在吃饭，手中拿着一块鸡肉，就随口说了"鸡肋"二字。

夏侯渊出帐后，就把这个口令告诉了夜巡的将士。杨修听到后。便吩咐手下人赶快收拾行囊，准备撤退。有士兵把此事报告了夏侯渊，他有些迷惑，赶忙问杨修。

杨修说："鸡肋，鸡肋，食之无味，弃之可惜！主公是不想在此恋战了。他虽然没有直接说出来，但心里已经准备要班师回朝了。"

对于杨修在此方面的聪明才智夏侯渊早有耳闻，因此对他的话深信不疑。回到帐中后，也命令手下人收拾物品为撤军做准备，并派人通知了其他将士。

这一消息很快便传到了曹操的耳朵里。曹操听后，不禁勃然大怒，他早就对杨修的恃才之举有厌恶之心，于是立刻命人以蛊惑军心为由将他推出斩首。

"口可以食，不可以言"，原意是说口可以用来吃东西，却不可以用来说话，这是因为说话有很多顾忌和隐讳。以此来提醒谋士应该在不利时刻隐藏自己的才干，而不是自作聪明、四处张扬，这样才能保证成就事业而无祸患。杨修之死，正是由于锋芒太露，处处显示自己比主人高一等，最终祸从口出，死于此。

一个人若要获得别人的赏识和器重，就不能个性孤僻，独守一隅，而要敢于表现自己的才华。不过，在表现自己时仅有大胆是不行的，更重要的是必须把握好表现的时机。过分张扬，锋芒太露，不会有好结果。如果给人以自以为是、爱出风头的感觉，必将招致他人的反感。

三人成虎的典故很好地说明了"众口铄金，积毁销骨"。

战国时期，魏王和赵王订好条约，魏王送儿子去赵国作人质，派大夫庞葱陪同，定于某日起程赴赵都邯郸。

临行时，庞葱向魏王提出一个问题，他说："如果有一个人对您说，我看见闹市熙熙攘攘的人群中有一只老虎，君王相信吗？"魏王说："我当然不信。"

庞葱又问："如果是两个人对您这样说呢？"魏王说："那我就半信半疑了。"庞葱紧接着追问了一句道："如果有三个人都说亲眼看见了闹市中的老虎，君王是否还不相信？"魏王说道："既然这么多人都说看见了老虎，那证明肯定确有其事，所以我不能不信了。"

　　庞葱听了这话以后，深有感触地说："果然不出我的所料，问题就出在这里！事实上，人虎相怕，各占几分。具体地说，某一次究竟是人怕虎还是虎怕人，要根据力量对比来论。众所周知，一只老虎是决不敢闯入闹市之中的。如今君王不顾及情理，不深入调查，只凭三人说有虎来到闹市，您就确认无疑，要是等我到了比闹市还远的赵国，您要是听见三个或更多不喜欢我的人说我的坏话，岂不是要断言我是坏人吗？临别之前，我向您说出这点疑虑，希望君王一定不要轻信人言。"

　　庞葱走后，一些平时对他心怀不满的人开始在魏王面前说他的坏话。时间一长，魏王果然听信了这些谗言。当庞葱从邯郸回魏国时，魏王再也不愿意召见他了。可见，"众口"的力量是多么大啊！

　　"'众口铄金'，言由曲故也"，原意是说众口一致的言辞可以把金属熔化，这是由于语言的偏差和曲解造成的。如此看来，妖言惑众，流言蜚语多了，确实能够毁掉一个人。随声附和的人一多，白的也会被说成黑的，真的也会被说成假的。真可谓"众口铄金"。所以我们对待任何事情都要有自己的分析，最好不要轻信于人，更不可人云亦云，否则就可能会被假象所迷惑。

　　在企业管理中，巧用"众口铄金"也是获得巨大利润的一种方式。

　　1899年，岛井信治朗正值20岁，开始了独立创业。他最先从事的行业是葡萄酒的制造。他希望能制造出真正合日本人口味的葡萄酒，经过不断研究，终于成功地制造出赤玉葡萄酒。

　　他生产的这种葡萄酒有一个很时髦的名字，它不同于一般日本名字的酒——如蜂香鼠葡萄酒，而是以英文命名，这在当时来说可以算是较为特殊的命名方式。

　　除此之外，信治朗为了促销，真可以说是花招百出。例如在报上刊登广告，甚至于每天晚上骑着自行车到卖酒的店中询问："请问你们这里有没有Portwine（赤玉）葡萄酒卖？""赤玉？没有啊！""哦，真可惜！那种酒实在很好喝，等你们进了货，我再来吧！"他就这样一遍又一遍，一家又一家地做着宣传，无畏寒暑、不怕困难。夏天，信治朗就准备30个两米长的灯笼，上面印有"Portwine赤玉"的字样，雇来穿着寿屋制服的人背着它到处走动打广告。甚至在发现火警时，他会派人提着印有"赤玉"的灯笼立即赶到火灾现场，展开宣传活动。真可谓奇招百出。

此后，公司业绩得到飞跃性发展，大规模地出产赤玉葡萄酒。此时，他又创立了"赤玉歌剧团"，足迹遍及全国，表演方式极为特殊，同时将印有以团员为模特儿的海报，分送到各地。这个方式标新立异，收到热烈回应。大家争要海报，这使赤玉声名大噪。

信治朗使赤玉葡萄酒的经营步入正轨后，就开始制造威士忌酒。业绩因此蒸蒸日上。

广告是宣传企业、宣传产品的突出手段。信治朗深知广告的重要性。创造出各种各样的广告方式。当然，"赤玉"后来的销量大增的先决条件是品质好，只有这样，奇招宣传才可以奏效。

显然，信治朗这些"先声夺人"的招数有了效果，"赤玉"的知名度大大提高了。信治郎也赢得了丰硕的成果。

众口铄金之计的本质是无中生有："无"是迷惑对手的假象，"有"则是假象掩盖下的真实企图，此计在激烈的市场竞争中常常被引申采用，当然，在运用此方法时一定要合情合理，要积极地使用此方法，若将此法用至歧途，则不但不会成功，还会招致骂名，以致身败名裂。

5. 智者不困，愚人之长

——扬长避短，趋利避害

◎**妙语赏析**◎

是故智者不用其所短，而用愚人之所长；不用其所拙，而用愚人之所巧，故不困也。

◎**原文释义**◎

所以聪明的人不用自己的短处，而宁可用愚人的长处；不用自己的笨拙，而宁可用愚人的技巧，因此才不至陷于困境。

◎**边读边悟**◎

南北朝时，刘宋的某位太子笃信佛教，便命工匠在自己舍身的瓦官寺（今江苏南京城外）铸造了一尊高一丈六尺的佛像。工匠们费了好多时日，终于将大铜佛铸造出来了。可是立起来一看，才发现佛脸铸得瘦了些。这可怎么办呢？脸是佛像的最关键部位，重新铸作吧，时间来不及了；修补吧，脸上耳目口鼻俱全，皆有比例，牵一发而动全身，怎么修补呢？工匠们愁得吃不下饭。有人出主意说，有位叫戴仲若的隐士，才智超群，善出奇招，可请他来出出主意。

戴仲若被请到瓦官寺，他端详了铜佛一会儿，说："铜像的脸其实并不瘦。而是肩胛肥大了些。"建议将铜像的臂胛削减一部分。照他的话处理后。铜佛的脸看上去果然不觉瘦了。

欲掌握"取长补短术"，理解其精髓，还要用辩证观点去认识问题、研究问题、解决问题。在这里，智者戴仲若并没费太多力气，只是依据比例关系进行指点，发挥工匠之长"技"而收到奇效。

说到别人有利的地方，就要顺从其所长。说到别人的短处，就要避其所短。甲虫自卫时，一定是依靠坚硬和厚实的甲壳；螫虫攻击时，一定会用它的毒针去螫对手。所以说，连禽兽都知道用其所长，游说者也应该知道运用其所擅长的进行游说。

公元前204年，韩信背水一战消灭赵国后，想乘胜北击燕国，东伐齐国，乃问计于李左车。李左车说："你一日内大破赵国军队二十万，闻名天下，这是你的长处。然而，你的军队苦战疲劳，以劳军攻坚，必然挫败，不能速决。燕国攻不下来，齐国就可以加强防御，这是你的短处。会用兵的人，不以短击长，而以长击短。现在最好一面休整军队，一向摆出要进攻燕国的样子，同时派人宣扬你的军威，去招降燕国，燕国不敢不投降。燕国一投降，齐国就不得不屈服了。"韩信权衡利害，感到此计甚妙，因此听从了李左车的建议，燕国果然投降。

韩信听从李左车的建议，在充分考虑利害关系的基础上，扬长避短，最终招降燕国，达到了不战而屈人之兵的目的。

"扬长避短"的原则在言谈论辩当中也常常能发挥很大的效用。林肯任总统后在参议院发表演说，一位参议员站起来说："林肯先生，在你开始演讲之前，我希望你记住，你是一个鞋匠的儿子。"林肯说："我非常感激你使我想起我的父亲，他已经过世了，我一定会永远记住你的忠告，我永远是鞋匠的儿子，我知道我做总统永远无法像我父亲做鞋匠做得那么好。"他又转头对那个参议员说："就我所知，我父亲以前也为你的家人做鞋子，如果你的鞋子不合脚，我可以帮你改正它。虽然我不是伟大的鞋匠，但是我从小就跟随父亲学到了做鞋子的手艺。"林肯的话得到了一片掌声，那位出言不逊的参议员惭愧地低下了头。

林肯出身贫寒，在美国上层社会的一些名流眼中，这绝对是一个短处，甚至是一个污点，因此，即便林肯已贵为总统，还是难免遭到别人的嘲讽。林肯没有就出身问题与对手辩论，更没有以同样的语气向对手回击。而是深情款款地回忆了自己的父亲，以自己的气度和真情打动了所有的人，使他的反对派们都为之折服，完全忽略了他出身贫寒的事实，达到了扬长避短的效果。

扬长避短是一种智慧。在生活中，人人都需要这种智慧。

"智者不用其所短，而用愚人之所长。"所谓智者和愚者是相对的，并非说智者所有方面都会超过、优于愚者。只有认识到这一点，才会在做事中去发现别人的工巧之处和优长之处，借以为自己成事服务。

6. 因人制宜，因事而裁

—— 见什么人说什么话

◎妙语赏析◎

故愚者易蔽也，不肖者易惧也，贪者易诱也，是因事而裁之。

◎原文释义◎

因此说，愚者容易被蒙蔽，一个不肖之徒容易被恐吓，贪图便宜的人容易被引诱，所有这些都要根据具体情况作出判断。

◎边读边悟◎

张仪是鬼谷子的得意门生，他在家闲居了两个月后，决定外出谋事。但到哪里去施展自己的才华呢？他细想了半天，觉得魏国比较方便，因为父亲曾在魏国任职，现虽去世多时，但总归有些世交可以托庇。但他又听说，魏惠王不怎么重视人才，许多魏国能人都离开魏国而在别的国家成就了大事。想到这里，张仪又想起了魏惠王与齐威王"论宝"之事。魏王问齐威王："上方大国必有重宝。"威王说："没有。"魏王得意地说："我们魏国虽小，却有十枚直径一寸多的大珍珠。这种珍珠能把前后24辆车映照得清清楚楚。你们齐国是万乘大国，怎么会没有宝贝呢？"齐威王笑了笑说："对于什么是宝贝，我与你有不同的看法。我有一位大臣叫檀子，我只要派他守南城，楚国人便不敢在边界挑衅惹事；我还有一位大臣叫盼子，我派他守高唐，赵国人连到黄河里捕鱼都不敢；我有一位官吏叫黔夫，我派他守徐州，燕、赵两国竟有七千多家甘愿随他迁到徐州；我的大臣种首，负责国内治安，结果夜不闭户，路不拾遗。这些人就是我国的宝贝，能光照千里，岂止24辆车啊！"魏惠王听了，十分惭愧。这消息传开，士人见魏王重财不重人，都各自打算，准备去他国发展。张仪想："如此形势，自己怎能留在魏国呢？"经过反复思量，张仪决定离开魏国，去投奔日益强大的西部大国——

秦国。

于是张仪风餐露宿，紧走少歇，途经周王朝的都城洛邑。他原想在洛邑稍事停留，拜访几个鬼谷先生的故交亲朋，再继续他的行程。不知怎的，张仪来洛邑的消息被昭文君的一个门客知道了，于是忙对昭文君通报说："魏国人张仪，当年是鬼谷先生的门生，今已来到洛邑。要西游秦国。此人有治国安邦之才，愿君能以礼相待。"昭文君赶忙派人去请，热情接见了张仪，很诚恳地对他说："听说先生要到秦国去，我东周小国，不足以留住先生，可是秦国有赏识您才华的人吗？如果在秦国不如意，就请先生回来帮我恢复天下吧。我国家虽小，但情愿与先生共享。"张仪深为昭文君的诚意所感动，忙拜谢道："知遇之恩，当永世不忘。"但他未改初衷，还是离开了东周。临走时，昭文君又送了他一辆马车及许多财帛、衣物，这使张仪很感激。

张仪在东周受到昭文君礼遇之事，使他人还未到秦国，风声早已传到。当时秦国的外相是陈轸，也曾跟随鬼谷先生学习智谋权术，说起来是张仪的师兄，只是二人从未见过面。那时的游说之士只为个人求取名利，出人头地，并不看重师兄弟关系。陈轸的门客田莘为保住陈轸，预先对秦惠文君说："今秦国业已强大，能与秦国抗衡的是楚国。楚国深知秦国有善于用兵的公孙衍和善于用智的陈轸，因此故意向其他国家抬高张仪。张仪此来，必说二人坏话，请君上不要听他胡说八道。"秦惠文君听后点了点头。

却说张仪来到咸阳，见这里市井繁华，人丁兴旺，宫殿盖得比周王宫还气派，越发觉得自己到这里寻发展是正确的。他先向人们打听一个人，这人名叫寒泉子，是鬼谷先生的好友，现在是秦国的重要谋臣。

见到寒泉子，张仪先行弟子之礼，后送上老家特产。寒泉子老先生谢后，同张仪谈起与鬼谷先生的友情。张仪的谈吐，深得寒泉子老先生好感。寒泉子问明张仪的来意，对他说："你的师兄陈轸，现在是秦国的外相，他可不见得欢迎你来呀。他也很有才华，君上很信任他。但你们两个的思路不合，君上只能用一个，你看怎么办呢？"张仪道："还请老先生指教。"寒泉子略想一想，便把陈轸亲楚的事告诉了张仪，于是张仪心领神会。自此，张仪暂且在寒府住了下来。

这一天，寒泉子归来，告诉张仪："君上近日兴致很高，接连几日外出打猎。此时晋见再好不过。"

第二天一早，张仪沐浴更衣，求见秦惠文君。秦惠文君漫不经心地问道：

"先生千里迢迢来到敝国，有何见教啊？"张仪拜复道："微臣张仪只慕君上圣名而来，愿为君上效犬马之劳。我来咸阳已有数日，今日求见，只禀报君上一件机密事。此事路人皆知，只瞒得君上一个。为君上计，微臣不敢不报。"惠文君一听，问道："何等机密事，但说无妨。"张仪顾左右而不语，惠文君会意，令左右退下。张仪近前一步道："臣闻陈轸是楚国间谍。"惠文君想起田莘语，非常生气，不等张仪再言，就把他逐出宫去。

张仪不肯善罢甘休，隔了几日又对惠文君说："臣明察暗访，得知陈轸早有离秦事楚之意，早在前年陈轸出使楚国时，即已动心。此后，他暗中奔走于秦楚之间。做着双重间谍的勾当。难道君上没发现楚国对秦国很不友好，而对陈轸却非常友善吗？陈轸这个人非常聪明，但也非常自私，只为个人，不为国家。若君上不信，可亲自问他本人。"惠文君将信将疑，待张仪一走，即召陈轸入宫，问陈轸："寡人听说你有意去楚做事，可有此事？"陈轸矢口否认。秦惠文君说："寡人素知楚王对你友善。秦国地小，你还是到楚国去施展才华吧。"陈轸见惠文君对自己生了疑心，再待下去也没什么好结果，也就没再争辩。起身离秦去楚，成为"朝秦暮楚"第一人。

张仪逼走陈轸的同时，也赢得了秦惠文君的信任。从此以后，他便在秦国施展出了自己的才华，为秦统一六国立下了汗马功劳。

张仪被秦惠文君任用后，便开始他的"连横"策略，他"连横"的首选对象便是魏国，于是他只身前往魏国去游说。当见到魏襄王时，他先是轻松地聊了一段家常："启禀大王，先王在世时，微臣曾竭力促成秦魏联合，先王不愧是圣明的君主，对我本人也是恩重如山，仪，从不敢忘怀。"

只这几句，张仪就已让襄王觉得张仪是个知恩重义的君子了。张仪继续说道："正因先王听从微臣所言，魏国不曾受强秦攻伐，其他诸国也不敢随意袭扰魏国。若坚持与秦合作，哪会有今日之祸！如今，魏国面积不过方圆千里，士卒也只有30来万，粮草刚刚够用，这些条件与韩国相差无几。可是魏国的地理位置却不如韩国有山河凭据。魏国无险可守，说起来就像一个大战场，四面受敌，极易被各国四分五裂。诸侯相约为纵，不都是指望能安社稷、尊君主、富国强兵而名扬天下吗？可是所谓合纵，是想让天下皆为兄弟，于是杀白马在洹水之滨歃血为盟。这看上去像亲兄弟一般团结了，而事实上呢，就是同父同母的亲兄弟，还为钱财而互相争夺甚至互相残杀呢，何况这么多利害不同的国家杂聚在一起！所以，微臣向来不主张搞什么多国合纵。合纵都是暂时的，长不了，也靠不住，这是显而易见、不言自明的道理。事实不也证明了这一点吗？公孙衍放弃与秦联合，而与其他国家约纵，魏国不是照样遭攻伐、受侵扰吗？若大王不事秦国，秦兵就会越过黄河。拔取衍、燕，攻占晋阳。这样的话，就把赵国与魏国分割开了。赵不能南下，魏不能北上；赵不南，魏不北，合纵也就断了；合纵既已名存实亡，那么大王之国想求无危无患则是不可能的了！如今韩国已事秦，假如秦人扶持韩国而进攻魏国。韩国有太子在秦国做人质，不敢不听。秦、韩合二为一，魏国的灭亡只在眨眼之间！这正是微臣为大王所忧虑的事啊！因而，为大王着想，不如顺事秦国，有秦国做后盾，楚国和韩国必不敢轻举妄动。与秦和好，又无楚、韩之患，大王您就可以高枕无忧、睡个安稳觉了，您的国家也没什么后患了！"

说到这里，张仪举杯呷了口茶，润了润口唇，清了清嗓子，偷眼看了看魏王。见魏王不知是太专注了，还是被唬住了，有些发呆。他一转话锋继续说道："其实，秦国一门心思只想削弱楚国，楚国强大起来，对秦国不利，对魏国威胁更大，而能助秦弱楚者，莫如魏国。若大王愿与秦'连横'，秦乃泱泱大国，将归还所占魏国土地。关于这一点，我已得秦王授权，敢拿性命担保。损楚而益魏，攻楚而从秦，既可嫁祸于别人，又可安邦保国，岂不是两全其美的善事！若大王不听臣言，秦兵将跨过黄河，向东进犯，魏国又如何阻挡得了？到那时，秦王已恼，魏国就是再想与秦和好，恐怕也不可能了！大王周围那些主张合纵的人，都脱离了现实。多说些意气用事的奋激之辞，实不可信，更不可用。愿大王深思。"

听张仪说完，襄王心动。但为慎重起见，并未马上答复张仪，只约期相告。张仪没得到魏王明确表态，就先回秦国禀报去了。

待张仪走后，襄王召集群臣入宫议事。面对当前秦兵长驱直入的形势，群臣也大都苦无良策：打又打不过，事秦又不甘心。于是陷入两难境地。

魏相公孙衍打破沉闷，仍然坚持己见，老调重弹："启禀大王，张仪之言不可信，我们上他的当、吃他的亏还少吗？他名义上说秦不想攻魏，只想弱楚。可秦国向来就有吞并天下的野心。常言道：'贪心不足蛇吞象。'况秦国本就是猛虎恶狼，贪天下之心永无止境。若一味忍让，委曲求全，只会助长秦人势力。秦取楚国后，必吞魏国，正好似'累石之下，安有完卵'？秦国虽强，也并非神兵天将。依臣之计，不如一面派使臣前往齐国，陈明利害，以求外援；一面举国动员，倾力抗秦，只有抗秦，才有出路。愿大王慎思之。"

襄王再看看其他大臣，皆愁眉紧锁，大眼瞪小眼，不置可否，只好先依公孙衍之计下令备战，实在不行再贿赂秦国以求和。

却说张仪回来以后，只等魏国派人传来佳讯。不想到了约定日期。仍不见魏人来报，料到是公孙衍等人从中捣鬼，便请秦王下令出兵伐魏，迫其就范。两军交战，魏军大败，被斩首数万。秦自此按兵不动，只等魏国主动前来求和。

张仪所言纵约之不可靠，的确不无道理。旧年刚过，新年伊始，齐国就只顾扩张，不顾约誓，出兵伐魏，在观津这个地方大败魏军。这一闹，对魏国来说，就如落井下石，雪上加霜；对魏襄王来说，犹如当头一盆冷水，从头凉到脚，更加坚定了事秦的决心。公孙衍等人再说，也苍白无力，于事无补了。

看到这般情况，张仪再次入魏，大模大样地去见魏王。魏王这次见张仪，惭愧至极，诚惶诚恐，就像落水人捞到一根稻草，不等张仪开言，就惭愧地说："寡人实在是愚蠢之极，悔不该当初不听先生之言，轻信了公孙衍等人之计，这是寡人是非不辨，用人不当啊！是寡人的过失！请先生代告秦王，魏国愿西向事秦。自称东藩。"

张仪窃喜，却依然若无其事地说："微臣都是为大王着想，为魏国着想呵！毕竟秦强魏弱，不如此，也实在没有别的办法呵！"

魏王表示十分感谢，张仪就告辞回到了秦国。公元前313年秦惠王与魏襄王相会于临晋，襄王依秦王言，立亲秦派公子政为太子，两国"连横"成功。

"不肖者易惧也，贪者易诱也"主要说的是针对不同的人，使用恐吓与引诱的方法进行说服。而张仪在"连横"游说魏襄王时就把这两种方法灵活地结合到了一起。先把魏国与秦国的实力作了一下对比，如果与秦为敌，无异于以卵击石，自取灭亡，其恐吓之意溢于言表。接着又以利诱之，说到连横只为弱楚，而弱楚便可使魏得利，得到秦国的庇护，否则，就可能会有亡国之患。最后，又以兵伐魏国使其就范，再次恐吓威慑，加上齐国攻魏之机。魏国终于答应了"连横"之事。

在不同的环境见到不同的人应该用不同的语气讲不同的话。不过要以平常心对待，否则会得不偿失。"见什么样的人说什么样的话"，凡事要因人制宜，做人处世要会"方"，也要会"圆"，要有心眼，要学会变通。

7. 与智者言，与愚者言

——说话办事，因人而异

◎妙语赏析◎

故与智者言，依于博；与博者言，依于辨；与辨者言，依于要；与贵者言，依于势；与富者言，依于豪；与贫者言，依于利；与贱者言，依于谦；与勇者言，依于敢；与愚者言，依于锐。

◎原文释义◎

因此与聪明的人谈话，就要依靠广博的知识；与知识广博的人谈话，就要依靠善于雄辩；与善辩的人谈话要依靠简明扼要；与地位显赫的人谈话，就要依靠宏大的气势；与富有的人谈话，就要依靠高屋建瓴；与贫穷的人谈话，就要以利益相诱惑；与卑贱的人谈话，要依靠谦敬；与勇猛的人谈话，要依靠果敢；与愚昧的人谈话，要依靠敏锐。

◎边读边悟◎

战国时赵惠文王（公元前298—前266年）非常喜好剑术，甚至达到了痴迷的地步。他的王宫内供养有300多名剑客，昼夜在他面前表演击剑，一年下来，剑客死伤的就有100多人。

赵惠文王没有认识到自己的这些过错，还依旧命令剑客相互打斗，以取悦自己。又过了数年。剑客的死伤更是不计其数。

正是由于赵惠文王沉迷于剑术，而荒废了国事，使赵国一天天衰落下来。

其他的诸侯国见到赵国的衰落，觉得有机可乘，便趁机想吞并它。

太子悝见赵国如此，便召集左右的人说："有谁能够说服国王，使他停止观看击剑。我便赏赐他千金。"

左右亲信异口同声对太子悝说："庄子可以使国王命令剑客停止击剑。"

太子悝久闻庄子之名，又见左右一致推荐庄子，可谓英雄所见略同，便派人带着千金去请庄子。

庄子了解了太子悝所派之人的来意，辞金不受，和使者一起来到赵国。太子得知后，喜不自省。亲自出门迎接，以上宾之礼接待他。

庄子对太子说："太子有什么事指教于我呢？"

太子回答说："听说先生睿智聪明，才奉送千金。先生却不肯接受，我怎么敢说您呢？"

庄子说："听说太子请我的目的。就是想让我劝国王放弃他的喜好。假使我向上劝谏大王，违背了大王，不能成功，下又不能迎合太子的旨意，就会被处死，那么要千金有什么用呢？如果我上能说服大王，下能迎合太子，那时我要求什么，还有什么不能得到呢？"

太子见庄子这么说，也就不再提起奉送千金的事了。于是便对庄子说："大王所接见的，都是剑客，你怎么才能够见到大王呢？"

庄子回答说："我扮作剑客就可以了，因为我也会用剑。"

太子说："国王所接见的剑客，都是帽子低垂，冠缨粗实，蓬头垢面，穿着短小的衣服，怒目圆睁，出口相互谩骂，这样国王才喜欢。如果您穿着一身儒服去见国王，恐怕不太妥当吧。"

庄子便对太子说："请您准备好剑客的服装。"

太子准备好服装，庄子穿上后，便同太子一起去宫内见惠文王，国王拔出宝剑来等待着庄子。

庄子昂首挺胸，走进殿门，见到惠文王并不下拜。

惠文王问道："你有什么话可以指教我？"

庄子说："我听说大王喜欢剑客，所以以剑术来与大王切磋。"

惠文王说："你的剑法有何独到之处，怎样能够制服对手？"

庄子说："我的剑法，十步以内便可击败对手，横行千里不会受到阻拦。"

惠文王听了，高兴地说："这么说来，您是天下无敌了。"

庄子说："用剑的方法应先示以虚空，给人以可乘之机，而后抢先出手，制服对方。请大王允许我试一试。"

惠文王说："请先生先到馆舍休息，等我安排好击剑比赛，再来请先生。"

惠文王把选出的剑客持剑侍立于殿下，再派人请来庄子。

惠文王对庄子说："今天准备请您和剑客对剑。"

庄子回答说："我已经盼望很久了。"

惠文王问道："先生所用何剑？长短怎么样？"

庄子说："我长剑、短剑都可以用。我有三种剑，任凭大王选用，请大王听我说完，然后再试剑也不迟。"

惠文王说道："那你就先介绍一下三种剑吧。"

庄子回答说："我的三种剑，乃是天子之剑、诸侯之剑、庶人之剑。"

惠文王问道："天子之剑是怎么回事？"

庄子说："天子之剑，以燕国的燕羚石城作为剑端，齐国的泰山作为剑刃，晋国、卫国作为剑背，周朝、宋国作为剑口，韩国、魏国作为剑把；以四夷包裹，以四时相围，以渤海环绕，以恒山为系带，以五行相制，以刑德来判断，以阴阳为开合，以春夏来扶持，以秋冬来运作。这种剑，直之无前，举之无上，案之无下，上可决断浮云，下可绝断地维。这种剑一旦使用，便可以匡正诸侯，降服天下，这就是天子之剑。"

惠文王听了，茫然失意，神情呆滞，问道："诸侯之剑，是怎么回事？"

庄子说："诸侯之剑，以智勇之士作为剑端，以清廉之士作为剑刃，以贤良之士作为剑背，以忠贤之士作为剑口，以豪杰之士作为剑把。这种剑，直之亦无前，举之亦无上，案之亦无下，运之亦无旁，上效圆天以顺应日、月、星三光，下效方地以顺应四时，中央和睦民意以安顿四乡。此剑一用，如雷霆般震撼四方，四境之内，无不臣服而听奉于王命，这就是诸侯之剑"。

惠文王听了，又沉思了良久，接着问道："庶人之剑，又是怎么回事？"

庄子回答说："庶人之剑，低垂帽子，冠缨粗实，蓬头垢面，穿着短小的上衣，怒目相视，相互谩骂。然后，你来我往，争斗不已，上斩颈项，下刺肝肺。这就是庶人之剑，就与斗鸡相似，一旦丧命，对国家没有任何好处。如今，大王拥有天子之位，却偏偏喜好庶人之剑，连我都替大王感到不值得。"

惠文王听罢，恍然大悟，亲自牵着庄子的手步入殿堂，向庄子表示敬意。庄子对惠文王说："大王请休息吧，关于三种剑我已经叙述完了。"

于是，从此以后，赵惠文王再也没有出宫观看过斗剑。

庄子在此用到了"与智者言，依于博"和"与过者言，依于锐"两种言辞。赵惠文王不是一个昏君，他能从庄子的话中听出三种剑指的是什么。当他明白话中另有乾坤后，毅然决然地放弃了那些曾经喜好的剑客，重新理政，实在难能可贵。这与庄子博学多识的能力与雄辩的口才是分不开的。

鬼谷子认为，与智者、拙者、辩者、贵者、富者、贫者、贱者、勇者这些不同类型的人交谈，所使用的方式是截然不同的。现实生活中，说话不光要看一个人的贫贱、富贵、智拙，还要根据他的生活环境、性格特征来综合考虑。

春秋时，孔子周游列国，走累了，在路上休息。他的马逃脱了束缚，吃了别人的庄稼，农民把马牵去了。子贡请求去说服那个农民，孔子同意了。子贡是当时著名的雄辩家，可他把什么话都说了，农民就是不理他那一套。有个刚刚跟随孔子学习的郊野之人，请求孔子让自己去。他对那个农民说："您不是在东海种地，我不是在西海种地，我的马怎么可能会不吃你的庄稼呢？"那农民很开心，对他说："说话都像你这么清楚就好了，怎么能像刚才那个人那样！"说完，解开马的缰绳就给了他。

不同生活背景和文化背景的人会有不同的思维定式，对于圈内的人来说，相互理解起来更容易，但对于圈外的人来说，却几乎无法沟通。因此，交谈之前要先了解对方，才能达到有效的沟通。

电话机的发明人贝尔有一次来到他的朋友、大资本家许拜特先生的家里，希望他能够对他的新发明投点资。但他知道许拜特脾气古怪，向来对赞助电气事业不感兴趣。怎么能让他产生兴趣，并热心于对此投资呢？两人见面寒暄一阵之后，贝尔并没有立刻向许拜特解释他的发明，也没有说明预算和预期利润。他坐下来，轻松地弹起了客厅里的钢琴。弹着弹着，他忽然停了下来，对许拜特说："你知道吗，如果我踏下这块脚板，向这钢琴唱一个声音，这钢琴便会跟着我学。譬如我唱一个DO！这钢琴便会应一声DO！你看这事有趣吗？"许拜特放下手中的书本，好奇地问："这是怎么回事？"于是，贝尔详细对他解释了一些科学原理。结果，许拜特非常乐意为贝尔提供一部分实验经费，令贝尔如愿以偿。

鬼谷子所说的"与富者言，依于高"，在贝尔对许拜特的游说过程中得到了验证。假设贝尔一上来就大谈他的发明能带来多少利润，可以想象，这很难引起许拜特的兴趣。因为成功的商人都有自己的原则，他们只投资于自己所熟悉的领域，对于自己不了解的领域，一般不会贸然投资。而贝尔巧借科学的魅力征服了许拜特，让他慷慨解囊。

抵巇术：
别人的弱点就是突破点

　　巇原意是险峻、险恶之意，后引申出间隙、漏洞、矛盾等意思，比喻给人可乘之机。关于"抵"的方法也可分为两种，一种是修补；一种是利用。抵巇术在政治上多以利用为主，也就是所谓的借机而上、乘虚而入。其手段主要就是通过对使用对象的弱点或缺陷的利用来达到自己的目的。

1. 通达计谋，以识细微

——居安思危，防范潜在的危险

◎**妙语赏析**◎

事之危也，圣人知之，独保其用。因化说事，通达计谋，以识细微，经起秋毫之末，挥之于太山之本。其施外，兆萌芽蘖之谋，皆由抵巇。抵巇隙，为道术。

◎**原文释义**◎

出现危机之初，只有圣人才能知道，而且能单独知道它的功用，按着事物的变化来说明整理，了解各种计谋，以便观察对手的细微举动。万事万物在开始时都像秋毫之末一样微小，一旦发展起来就像泰山的根基一样宏大。当圣人将行政向外推行时，奸佞小人的一切阴谋诡计，都会被排斥，可见抵巇原来是一种方法。

◎**边读边悟**◎

夏朝的最后一个皇帝是夏桀，他在位时荒淫无道，滥杀忠臣良将。政权岌岌可危。与此同时，夏朝的一个属国——商国渐渐强大起来，国王成汤在相国伊尹的帮助下，内修德政，发展军事力量，对外逐步征服周边小国，最终于公元前十一世纪，灭掉桀王，建立商朝。

伊尹本来是成汤推荐给桀王的，但桀王只同他谈了一次话，以后再没有理过他。成汤见夏王对伊尹不予重用，于是请他到商国并拜他为相，授予国政。伊尹不负众望，帮助成汤发展农耕，铸造兵器，训练军队，终于灭了夏朝。成汤死后，他把大权交给了相国伊尹，嘱托他尽心辅佐自己的三个子孙。伊尹答应了他的要求。

成汤有三个子孙：外丙、中壬、太甲，都是商朝很有作为的君王。但太甲继位的前三年，并没有致力于天下大业，而是整日沉湎于酒色之中。

伊尹曾以长者的身份劝告他，又以相国的权力威胁他，但太甲在治国为民上仍毫无心思。伊尹施尽各种方法，想令太甲改过自新，以继承成汤的业绩，创造商朝鼎盛，无奈太甲仍不以为然，顽固不化。

有大臣向伊尹劝道："当年先主在位时，你帮他灭掉夏国；先主仙逝，你又辅佐两位人主，已经报答了先主的知遇之恩。现在你既然无能为力。又何必强求呢？你不如带上金银财宝，找一个青山绿水的地方隐居下来，安享晚年！"

伊尹训斥那位大臣道："为人臣子，应当在国家危难时挺身而出，劝诫皇帝。这才是良臣。如果都像你所说，在君主英明、太平盛世时，大臣都在朝堂食俸禄；而一旦风起云变、国君不明事理时，便隐蔽起来，要我们大臣又有什么用？"

那位大臣听完，哑口无言，急忙向伊尹请罪。尽管如此，伊尹还是免了他的职，并当众公布那位大臣的口舌之罪，众人听了不无畏惧。

太甲也知道了这件事，表示赞同。伊尹乘机又劝太甲，太甲仍是不听。无奈，伊尹便将太甲关进南桐宫，责令他反省，他则亲自主持朝中事务整整三年。

经过三年反省，太甲终于悔悟。伊尹又亲自把他接出来，将政权交还给他。

太甲重新登上皇位，励精图治，使商朝达到了鼎盛时期。这其中，伊尹功不可没。他当了三十多年的商朝相国，为商朝的统治奠定了坚实的基础。

小的缺漏如果不及时加以控制，任其发展就会动摇大山的根基，只有把它消灭在萌芽状态，才不会出现大错。太甲身居帝位而沉迷于酒色，这是小"巇"，只有及时制止才不至于发展到大"巇"，甚至发展到无可挽回的地步。伊尹先是以言语劝告，在无效的情况下才将他软禁三年，这种由低到高、由软到硬的"抵"法可谓运用得恰到好处，因为让太甲尝尝得而复失的滋味，比每天耳提面命效果要好得多。

伊尹能够成功"抵"住太甲的"巇"，这与他由小见大、见微知著的眼光是分不开的，正所谓："圣人见萌芽巇罅，则抵之以法，世可以治则抵而塞之。"

对待做事过程中的各种危机和不利局面，鬼谷子主张要预之在先，准备在先，这就是所谓"抵戏之隙"。有了"抵"的意识，就能时时掌握主动权。

2003年春季，突如其来的非典型性肺炎（以下简称SARS）让众多企业都束手无策，但亚信公司例外。作为第一家在美国纳斯达克成功上市的中国高科技企业，亚信公司一直专注于信息通信领域，这家曾被"世界经济论坛"评为"全球500家高速成长企业"之一并连续两年入选《福布斯》的企业，在面对突发事件的危机管理中，给国内企业树立了良好的榜样，它所建立起的一整套危机管理机制给国内众多企业提供了很好的借鉴。

　　处乱不惊，因变而变。危机预警机制的启动是亚信公司沉着应对突发事件的第一步，而审时度势、深刻精准的形势判断是其重要前提。"SARS可能会影响公司的业务运营，公司所有高层必须密切关注疫情的发展，保持清醒头脑，并24小时开机。"这是亚信公司面对SARS危机时的预警。随着疫情发展，亚信又很快判断出事态的严重性，危机管理机制正式启动：建立SARS危机领导小组；软件开发异地备份，发放药品和防护用品，加强公司内部通信建设，实行远程办公；对客户进行信心承诺，保证非常状态下的完全正常服务。

　　这种被亚信公司形容为"希腊模式"的危机管理机制，不仅是亚信公司应对SARS危机的机制，而且是它应对所有危机的通用规则。

　　"希腊模式"是指该机制的整体结构类似于希腊建筑：上层的三角形屋顶是管理团队和管理层次，下面支撑的柱子是所应对的危机类型，而这些"柱子"坐落在一个强大的统一管理的平台之上。管理团队和层次设置的具体方案要根据危机的类型——也就是屋顶下的"柱子"而定。

　　在此模型下，亚信公司把危机分成三类：一类是战争、地震、疫病之类的灾难危机，由行政部门指挥处理；第二类是业务危机，比如产品质量问题和流程出错等，由业务部门进行协调：第三类是公共关系危机，由市场部门主导解决。

　　一般情况下，危机会牵扯到企业的方方面面，为确保危机机制的有效性。所有问题的解决都应建立在一个统一管理的平台之上，这个平台就是"希腊式"建筑的底座，是各个部门与危机之间的对应与协调；统一管理又要求建立起"一把手工程"，明确处于"屋顶"上的"一把手"的责任与权力，以保证整个机制灵活高效运行，因此，亚信一旦启动应急方案，一个对高层管理人员形成约束的文件也会自动生效。例如，几个高层管理人员不能同时出差、要保证24小时开机、建立规定工作序列，等等。

　　对企业来说，应急方案越周详越好，并且在执行中要不断地根据情况做出修正，而且一切都要尽量透明，要保证信息通畅，如果在某些环节上不透明，隐藏的信息无法得到处理，一旦问题爆发，足以让整个组织陷于被动。

　　这就是鬼谷子所说的预之在先，准备在先，只有居安思危，把准备工作做在前面，才能保证事情的发展向着自己预计的方向发展，才能使自己时刻掌握主动权，使自己从容走向成功。

2. 抵巇之理，后发制人

——周密制订应急方案

◎妙语赏析◎

可抵而塞，可抵而却。可抵而息，可抵而匿，可抵而得，此谓抵巇之理也。

◎原文释义◎

可以通过"抵"使其闭塞，可以通过"抵"使其停止，可以通过"抵"使其变小，可以通过"抵"使其消失，可以通过"抵"而夺取器物。这就是"抵巇"的原理。

◎边读边悟◎

战国时期，秦国与韩国在河泽交战，韩国连败，形势危急。

大夫公仲对韩王建议说："我们的军队数量远比不上秦国，现在内无后备，外无救援，正处于危急存亡的关头。现在秦国意在讨伐楚国而不是我国，不如通过张仪同秦国议和，送给秦国一座名城，约他一同讨伐楚国。秦国志不在我，又有利可图，一定会同意的。这样既保存了我国，又可以灭掉劲敌楚国，这是一箭双雕啊。"

韩王答应了，于是就对外宣称公仲将西赴秦国议和。楚王听说韩国要和秦国和解，十分恐惧，就召见陈轸问他怎么办。

陈轸说："秦国想攻打楚国已经很久了，现在又得到韩国一座名城，再和韩国一起南下，这可是秦国梦寐以求的事！楚国肯定要受到两国的进攻。"

楚王点头道："是。一个秦国已经不能阻挡，再加上韩国，我们岂不要灭亡了？"

陈轸忙说："我有一个办法。大王可在国内选拔人马，宣称救韩。知道的人越多越好。再命令士兵用战车布满道路，派使臣带着足够的财物，使韩王相信楚王是他的盟友，一定会救他。即使不能如愿，韩国也会感激你，一定不会前来攻楚。即使两国兵临楚地，韩国也绝不肯奋力攻打，而且有可能反戈相向，而一个秦国对我国不可能造成什么重大的危害；倘若如我所愿，韩国接受了我国的礼物并表示亲近，那秦国知道后，一定大怒，两国便结下恩怨，他们之间的矛盾对我们有利。这就是我依靠秦韩之兵而免除楚国之祸的一个计谋。"

　　楚王听罢大喜。于是在国内准备人马，大肆宣称救韩，并派出使臣，送许多财物到韩国。韩王大喜，于是阻止公仲赴秦。公仲劝韩王道："不能这样做，秦国告诉我们的是其真实想法，而楚国却在说谎。相信楚国的谎言而轻易断绝与秦国的关系，一定会遭到秦国报复的。况且楚、韩不是兄弟之国，也不是盟友，更没有约定讨伐秦国，只是秦国想讨伐楚国，楚国才出兵说要救韩。这一定是陈轸的计谋，请大王千万不要中了楚国的奸计啊！"

　　韩王不听公仲的意见，和秦国断绝了关系。秦国大怒，增派人马讨伐韩国，而楚国的救兵并没有到，韩国大败。

　　对抵巇术的运用，在军事上很多，尤其是在春秋战国时期被广泛应用。以上这则典故就是以离间计抵而得之的例子。如果能够洞察到他国相互的利害关系，便可运用离间计挑起双方的纷争，而自己则可以坐山观虎斗，以取渔翁之利，以上这则故事便是成功运用离间计的著名事例。楚国面对秦、韩两个国家的进攻，临阵磨枪也为时已晚，而陈轸巧妙地抓住这两个国家之间的利害关系，从中挑拨离间，终于使秦、韩两国反目成仇，兵戈相见，不仅削弱了韩国，更重要的是保全了楚国。这便是一个周密制订应急方案，后发制人的例子。

　　危机和危难往往蕴藏于太平盛世、安定祥和之中，而危机和危难的爆发，肯定有其最初的细微诱因和苗头。我们要时刻不忘居安思危，将这些诱因和苗头消灭在萌芽之中，切不可酿成大乱再去处理。

　　在20世纪50年代，美、日汽车生产和技术水准差距极大，当时，美国人是瞧不起日本货的，"汽车王国"的统治者们根本不担心日本汽车的竞争。可是，在二十多年后的今天，力量对比发生了显著的变化，日本汽车工业蓬勃发展，雄视世界。不仅日益扩大对美国市场的占有份额，也同时向全球进攻。

　　日本向美国发动"汽车战"是在20世纪60年代。日本人在调查研究中发现，美国人对汽车的需求已有变化：过去美国人偏爱大型、豪华汽车，但由于美国汽车越来越多，城市越来越拥挤，大型汽车转弯及停放都不便，加上油价上涨，人们感到用大型汽车不合算，因此，美国人的偏爱已由大型汽车转向小型汽车，即喜欢价廉、耐用、耗油少、维修方便的小汽车，并要求容易驾驶、好停车，行驶平稳、腿部活动空间大，等等。

丰田正是根据美国人的喜好和需要，制成一种小巧、价廉、维修方便、速度更快、乘坐更舒适，受到美国顾客欢迎的美式小汽车。

由于这种经过改良的小汽车正符合美国顾客所喜、所需，迅速在美国市场上树立起物美价廉的良好形象，终于打进了美国市场。打入美国市场后，日本汽车公司并不满足。而是不断调整、不断改进、提高质量，满足顾客所喜、所需，因而不断扩大市场占有率。

美国汽车业盲目自大，认为自己制造的汽车"顶呱呱"，既不去了解美国顾客之所爱与所恶，也没有为了满足美国顾客需求而改进自己的汽车技术。这就给日本汽车商进军美国市场留下了一个大大的空隙。

日本汽车业敢于向先入为主的美国汽车业挑战，并能"反客为主"，取得后发制人的胜利，在于他们了解对方的致命弱点——麻痹大意，看准了小汽车市场这个"空隙"，乘"隙"出击，生产出质高价低的小型节油车，从而稳操胜券。

3. 抵法之道，或治或破

——推旧革新，尽快占得先机

◎**妙语赏析**◎

圣人见萌芽巇罅，则抵之以法。世可以治则抵而塞之，不可治则抵而得之。或抵如此，或抵如彼；或抵反之，或抵复之。

◎**原文释义**◎

当圣人看到轻微的裂痕时，就设法治理。当世道可以治理时，就要采取弥补的"抵"法，使其"抵"得到弥合，继续保持它的完整，继续让它存在下去；如果世道已坏到不可治理时，就用破坏的"抵"法（彻底把它打破），占有它并重新塑造它。或者这样"抵"，或者那样"抵"；或者通过"抵"使其恢复原状，或者通过"抵"将其打破。

◎**边读边悟**◎

萧衍是南朝梁的开国皇帝，他是南兰陵（今江苏常州市西北）人。南齐隆昌元年（公元494年），萧衍被任为宁朔将军，镇守寿春（今安徽寿县）。建武二年（公元495年），因抗击北魏军有功，又被任命为右军晋安王司马、淮陵太守，后又为太子中庶子，领羽林监。建武四年（公元497年），北魏军南伐雍州，萧衍受命领兵赴援，进至襄阳（今湖北襄樊）。同年7月，被授为持节，都督雍、梁、南秦、北秦四州及郢州竟陵司随郡诸军事，又兼任辅国将军、雍州刺史，镇守襄阳。

这时，齐明帝萧鸾病死，其子萧宝卷继位。萧宝卷昏庸无能，终日享乐，朝中大事均由始安王萧遥光、尚书令徐孝嗣等人处理。萧遥光等六人号称"六贵"，此六人不以国事为重，整日明争暗斗，互相倾轧，朝中政治极度黑暗腐败。萧衍在襄阳得知朝中的情况，对亲戚张弘策说："政出多门，是国家大乱的开始。《诗经》中说'一国三公，吾谁适从？'如今国家有六贵，这怎么了得！我料到他们六贵矛盾一定会激化到大动干戈的地步，而襄阳远离国都，正是避祸的好地方。可是我的弟弟们都在都城，我恐怕他们会遭到祸患。我要和我哥哥商议一下。"

不久，他的哥哥萧懿由益州刺史调到了郢州任职。萧衍便派张弘策到达郢州，给萧懿送去一封信。信中说：如今六贵争权，君臣之间猜忌到一定程度，必将大诛大杀，一旦混乱开始，朝野将土崩瓦解。我们有幸远离京师，领兵外镇，可以保全自身，图谋大计。所以我们应乘朝廷还没有猜疑时，将诸弟召集在一起。否则，一旦朝中对我们猜疑，诸弟们将在京师投足无路。如今，兄在郢州，控制荆湘；弟在雍州，兵马数万。在此政昏朝乱之际，正好以此为据，以图大事，如果坐失良机，悔之晚矣。

萧懿见信，脸色大变。他不同意萧衍这样做，因为万一不成，会招来灭门大祸。萧衍见哥哥不从，便独自将弟弟萧伟、萧儋迎至襄阳，秘密制造武器，招兵买马，并在襄阳大伐竹木，将舟系于檀溪之中，以备将来之用。

萧懿拒绝了萧衍的邀请，不久便入朝做了太子右卫率、尚书吏部郎、卫尉卿。永元二年（公元500年），裴叔业、崔慧景集聚众人发动兵变，萧懿带兵平定了叛乱，为朝廷立了大功。可是他不但没有受到奖赏，反而受到猜忌，于当年冬天被杀。

萧懿被杀，既证明了萧衍预见的准确，也为萧衍起兵提供了机会。萧衍及时抓住这个机会，在与亲信密谋后，召集部众，誓师起兵。萧衍对幕僚们说："如今昏主恶毒，穷虐极暴，无端杀害朝中贤士功臣，令生灵涂炭，民不聊生，为天所不容。你们与我同心协力，共同讨伐昏君。事成之后，你们都会大富大贵，都是公侯将相，我绝不食言！"

众人异口同声道："愿听您的安排。"

誓师之后，萧衍令人把竹木从檀溪中打捞出来，做成战舰千艘。又召集士兵万余人，起兵讨伐萧宝卷。在杀掉萧宝卷后，萧衍立了傀儡皇帝萧宝融。一年之后，他废掉傀儡皇帝，自己亲登帝位，建立梁朝。

抵巇术中有："或抵反之，或抵复之。"意思是说世道尚可改变时，要用抵巇的方法加以堵塞；世道不可改变时，就用抵巇的方法取而代之。此处萧衍深刻分析到"政出多门，是国家大乱的开始"，既然六贵都不肯轻易退出朝中大权的牢笼。那他们只能互相排斥、互相攻伐，以达到自己的目的，这就是可以利用的"蠛"。在他们相互倾轧之际，得利的就只有萧衍了。此时想弥补"蠛"是不可能的，因为已经到了无可挽回的地步，必须当机立断地讨伐昏君，以取而代之。如果当断不断，就会反受其乱。

能够成功运用"或抵复之"，必须要有远见卓识，能看清形势，又能仔细地分析透当前形势。当机立断采取行动，这都是成功所必要的前提条件。萧懿的鼠目寸光给自己带来了灾难，而萧衍的目光远大则让他成功登上帝位。

鬼谷子认为，对于"抵"的运用方法不能一成不变，而要见势而动。

汉代公孙弘小时候家里很贫穷，过着清苦的日子。所谓穷则思变，他发奋学习。苦读诗书，十年寒窗苦，终于飞黄腾达，做了丞相。虽然他居于庙堂之上，手握重权，但是在生活上依然保持着小时候俭朴的优良作风，吃饭只有一个荤菜，睡觉也是普通人家用的棉被。他的仆人们也感叹："我家大臣才是真正的清廉啊！"

这些话很快就传进了朝廷，文武百官为之感动不已，但是大臣汲黯却不这样想。他向汉武帝参了一本，对皇上说："公孙弘现在位列三公，不像当年生活百无聊赖。他有相当可观的俸禄，可是为什么还盖普通的棉被，吃简单的饭菜呢？"

皇上笑着说："现在朝中上下不都称颂他廉洁俭朴吗？公孙弘是不忘旧时之苦，也不忘旧时之德！"

汲黯摇摇头，继续说道："依微臣所见，公孙弘这样做实质上是使诈以沽名钓誉，目的是骗取俭朴清廉的美名。"

汉武帝想想，觉得有几分道理。有一次，上早朝的时候，他得了个机会便问公孙弘："汲黯说你沽名钓誉，你的俭朴是故意做样子给大家看的，他说的是否属实？"

公孙弘一听觉得非常委屈，刚想上前辩解一番，但是转念一想，汉武帝现在可能偏听偏信，先入为主地认为他不是真正的"俭朴"。如果现在自己着急解释，文武百官也会觉得他确实是"沽名钓誉"。再想一想，这个指责也不是关乎性命的，充其量只会伤害自己的名誉。清者自清，只要自己坚持自己的作风，以后别人自然会明白的。这样想着，公孙弘把刚才的一股怨气吞下去，决定不作任何辩解，承认自己沽名钓誉。

他回答道："汲黯说得没错。满朝大臣中，他与我交往颇深，来往甚密，交情也很好，他对我家中的生活最为熟悉，也最了解我的为人。他对皇上您说的，正是一针见血，切中了我的要害。"

汉武帝满以为他要为自己辩护，听到这番话颇感意外，问道："哦？是这样吗？"

"我位列三公而只盖棉被，生活水准和小吏一样，确实是假装清廉以沽名钓誉。"公孙弘回答道，"汲黯忠心耿耿，为人正直，如果不是他，陛下也就不会知道这件事，也不会听到对我的这种批评了！"

汉武帝听了公孙弘的这一番话，反倒觉得他为人诚实、谦让，更没有想到他还会对批评自己的对手大加赞扬，真是"宰相肚里能撑船"。从此，汉武帝对他就更加尊重了。其他同僚和大臣见公孙弘承认自己的错误如此诚实，都认为这种人哪里会沽名钓誉呢？

"圣人见萌芽巇罅，则抵之以法"，公孙弘在此运用的抵巇是修补，以求挽回名誉。其特点是对自己"莫须有"的"巇"不加辩解，而是顺情而说，那么虚假之言便可不攻自破。可见，许多事情是不需要解释的，对相信自己的人而言，解释是多余的；对不相信自己的人而言，解释是没有必要的。所以对有些指责也是不需要辩解的，清者自清，有时候解释反而会起到负面效应。

4. 能因能循，天地守神

——韬光养晦，先把自己隐藏起来

◎妙语赏析◎

世无可抵，则深隐而待时；时有可抵，则为之谋。可以上合，可以木合下。能因能循，为天地守神。

◎原文释义◎

当世道不需要"抵"的时候，就深深地隐居起来，以等待时机；当世道有可以"抵"的弊端时，对上层可以合作，对下属可以督查，有所依据、有所遵循，这样就成了天地的守护神。

◎边读边悟◎

春秋时期，楚穆王死了。楚庄王即位。庄王即位后，整日吃喝玩乐，打猎巡游，不理国事。奸邪大臣们暗中高兴，忠直大臣们内心着急。其实，庄王另有一番打算。原来，楚国令尹权势太大，把持朝政，庄王觉得自己刚刚即位，党羽未丰，难以与之抗衡，需要先麻痹他，免生不测。另外，自己刚刚上台，对大臣们的忠奸也心中没底，需要观察甄别。出于这两种考虑，楚庄王才把自己"深隐"起来，将满腹雄心"隐"在吃喝玩乐中。

就这样过了三年，令尹等一帮奸臣更加肆无忌惮，惹得民愤吏怨。一帮忠臣却再也沉不住气了，有位出名的忠直大臣，名叫申无畏，他便出面责问庄王。庄王见申无畏到来，不知就里，便问："你来干什么？是来喝酒的，还是来听音乐的？"申无畏说："我只想来请教一件事。有人给臣下出了个谜语，臣下猜不出，特来请教。"庄王说："讲给我听一下。"申无畏说："楚国山上有只大鸟，身披五彩，气宇华耀，一停三年，不飞不叫。我们不知，此为何鸟？"庄王听完，哈哈大笑，答道："这不是平凡之鸟。三年不飞，一飞冲天；三年不鸣，一鸣惊人。"申无畏明白了底细，叩头称谢说："大王英明。"

此后，又有几位忠臣来进谏。庄王与他们谋划，一举从令尹手中夺回实权，改革政治，振兴经济，操练士兵，国势大振，先后出兵战胜过几个国家。

"世无可抵，则深隐而待时"，也就是当世道没有可让人利用的"缝隙"，无法施展抵巇术时，就深隐而等待"缝隙"出现。等到那恰当的时机一旦到来，就"为之谋"，运用权术去大干一场。楚庄王"深隐而待时"，就是为了积蓄力量，争取舆论，以一举制人。

人都是要进步的，只当个看热闹的旁观者不行，而要成就自己的一番事业，这样才不枉一身的本事。

你可知道，当初牛仔裤的诞生是"牛仔裤大王"莱维·施特劳斯隔岸观火的结果？

一百多年前，美国加利福尼亚州因发现金矿掀起了一股淘金热。许多先行者一日之间成为百万富翁的消息不胫而走，吸引了更多后继者潮水似地涌来。

随着淘金者日益增多，竞争日趋激烈，除了矿脉成为角逐的对象之外，优良、适用的淘金用具和生活用品也炙手可热。

犹太人莱维·施特劳斯也来到这个巨大的竞争之地，他带来的不是淘金工具以及所需的资金，而是他原来经营的线团之类的缝纫用品，还有他认为可供淘金者做帐篷用的帆布。一到目的地，缝纫用品便被一抢而空，这使他熟悉了当地的裁缝市场，但帆布却无人问津。

莱维没有介入淘金者的竞争，而是冷静地观察眼前千变万化的情况，莱维静静地等待着，他相信，他面前将会出现他所寻求的机会。

这机会终于被莱维等到了。一天，莱维和一位疲惫不堪的矿工坐在一起休息，这位井下矿工抱怨说："唉，我们这样一整天拼命地挖！挖！吃饭、睡觉都怕别人抢在前头，裤子破了也顾不上补。这个鬼地方，裤子破得特别快，一条裤子穿不了几天就可以扔了……"

"是吗？如果有一种耐磨经穿的裤子……"莱维顺着他的话说到一半就呆住了。帆布不正是最耐磨的布料吗？对！就这样！他一把扯住那个矿工就走。莱维把矿工带到熟识的裁缝店里，对裁缝师傅说："用我的帆布给他做一条方便在井下穿的裤子，你看行吗？"

"当然可以。最好是低腰、紧身，这样既方便干活，看上去又潇洒利落。"

裁缝师傅出主意道。

"行，你看着做好了，一定要结实。"

第一条牛仔裤的前身——工装裤就这样诞生了。由于它美观、方便、耐穿，深受矿工欢迎。

在此基础上，莱维不断地改进和提高工装裤的质量，逐渐演变成了一种新时装——牛仔裤。从加利福尼亚矿区推向城市，从美国推向世界。莱维成了闻名于世的"牛仔裤大王"。

如果当年莱维不假思索地投入了淘金角逐，而不是"以静待观"，冷静观之，寻找自己的突破口，那么"牛仔裤大王"恐怕就不是莱维了。

袖手旁观，彼岸之火，混乱局面泰然处之。静观其变化，直到事情发展到有利于自己的地步，才趁机采取行动，从中取利。激烈的商战中，若想少花本钱，多赚利润，此"深隐待时"计不能不用。

飞箝术：
发现愿意为你卖命的人才

　　"飞箝"侧重于笼络人才之意。飞箝之术，即先通过谈话了解对方，从其言谈中察知真实意图，最后使对方为我所用或制服对方。古往今来，任何人要成就大业，都必须有人才辅佐。选用人才的关键，就在于能准确权衡人的智能、才干和气质，并坚持正确的用人方法。

1. 度权量能，征远来近
—— 招募近处的人才，吸引远处的人才

◎妙语赏析◎

凡度权量能，所以征远来近。立势而制事，……其有隐括，乃可征，乃可求，乃可用。引钩箝之辞，飞而箝之。

◎原文释义◎

凡是揣度人的智谋和测量人的才干，就是为了吸引远处的人才和招来近处的人才，造成一种声势，进一步掌握事物发展变化的规律。……如果还有不清楚的地方，就要进行研究，进行探索，使之为我所用。借助用引诱对手说话的言辞，然后通过恭维来钳住对手。

◎边读边悟◎

公元前687年，齐襄公不理朝政，荒淫无道，以致民怨沸腾，国家大乱。为了避难，鲍叔牙随公子小白流亡莒国，管仲随公子纠逃往鲁国。不久，公孙无知杀襄公自立，后被杀，造成齐国君位空缺。

公子纠和公子小白听到这个消息都想赶回齐国争夺君位。管仲为了让公子纠当上国君，就带兵埋伏在莒国通向齐国的必经之路上，见到小白乘车而来，就用箭射倒车上的小白。他以为小白必死无疑，就放下心来，带领公子纠慢慢向齐国进发。实际上，管仲的箭只射在小白的衣带钩上，小白灵机一动，咬破舌头，口吐鲜血，装死骗过了管仲。当管仲离开后，他急忙同鲍叔牙抄近路返齐，昼夜兼程，抢先赶回齐国都城，登上君位，是为桓公。

齐桓公于是准备拜鲍叔牙为相，但鲍叔牙极力推辞，并极力推荐管仲。他说："管仲从小就是我的好朋友，他有经天纬地之才，如果拜他为相，齐国很快就能强盛。"

齐桓公不高兴地说："管仲差一点射死我，我怎能重用仇人呢？"

鲍叔牙说："当初，管仲是为了让公子纠登上君位才这样做的。国君不可只记私仇，而忘掉齐国的大业，失掉这位难得的人才。"

齐桓公见他说得有道理，决定重用管仲。他派人到鲁国，向鲁庄公说："我们国君要报管仲一箭之仇，请把他交给齐国处治。"

鲁国大臣施伯知道管仲回齐后会被重用，将来肯定对鲁国不利。就极力劝阻鲁庄公不要交人。鲁庄公害怕得罪齐国，便命人把管仲装进囚车，送回齐国。

管仲坐在囚车内，归心似箭。他深知自己返回齐国是好友鲍叔牙的主意，施展才能的机会就要来了。可是押解囚车的士兵行走速度非常慢，管仲心里着急，担心鲁庄公醒悟过来，派兵追赶，他就想了个主意，编了一首名叫《黄鹄》的歌曲，唱给士兵们听。唱了两三遍后，他又教士兵一起唱。士兵们边听边唱，忘记了疲劳，行军速度逐渐加快，只一日半就到了齐国。

就在齐国君臣迎接管仲入境的同时，鲁国公子偃也带兵追来了。

原来，鲁庄公突然醒悟，放了管仲等于放虎归山，急忙下令追杀，但晚了一步。

飞箝是一种制人之术，"制人"又可以分为两种：一是识人为己所用，这是国君与谋臣必须掌握的基本功；另一种就是利用对方的弱点把其铲除，扫清前进道路上的障碍。在此，齐桓公便是运用"制人"的前一种：识人为己用。所谓"度权量能"，就是要根据每个人的能力大小、所善专长来量才而用，使人尽其才，才尽其用。而不是大材小用，或小材大用。

齐桓公不因一箭之仇而心怀怨恨，其胸襟实在宽广，同时他又能听取鲍叔牙的意见，将管仲封为相国，更是难能可贵。后来管仲一心一意辅佐齐桓公，改革变法，励精图治，最终使齐桓公成为春秋霸主。

为统帅者，必须得到人才的辅佐，才可能成就大业。要得人才，首先要识人才，这就需要有鉴人之术，正如鬼谷子所言，"凡度权量能，所以征远来近"。为统帅者若不能鉴人识人，便是身边人才济济，也会视而不见。

人们常说，"千里马常有，而伯乐不常有"，说明伯乐难找，其实伯乐也难当。无论一个国家还是一个企业，若要取得进步和发展，都要善于发掘和运用各种人才。作为领导者，要想取得成功，都必须善于发现人才，网罗人才，礼待人才，并且大胆使用，因才授职，尽其所长。如果不善用才，即使人才多如过江之鲫，对国家和企业也是起不到作用的。

2. 量能立势，见涧而箝

——找到能为自己办事的人

◎**妙语赏析**◎

其用，或称财货、琦玮、珠玉、璧帛、采色以事之，或量能立势以钩之，或伺候见涧而箝之……

◎**原文释义**◎

想要重用某些人时，或者先赏赐财物、珠宝、玉石、白璧和美丽的东西，以便对他们进行度探；或者通过衡量才能创造态势，来吸引他们；或者通过寻找漏洞来控制对方……

◎**边读边悟**◎

三国时期，曹操带领80万大军，进攻江东孙权。不料初次交锋，便被周瑜杀败，他心里忧闷，便召集文武官员，商量进兵之策，其手下蒋干和周瑜是同学。蒋干自告奋勇要求去东吴说服周瑜投降，曹操答应了他。

蒋干过江，直奔周瑜的营寨。周瑜正在帐中议事，听说蒋干来见，心中暗道："曹操的说客到了，我要做好准备。"接着，周瑜压低声音，把他的计划告诉众人，各位将领听完后就去执行命令。

周瑜迎接蒋干进帐，让文、武官员和他相见，接着大摆酒席，招待蒋干。周瑜将盔甲和宝剑交给属下，并告知所有人，蒋干是他的同窗好友，今天只叙友情，不谈军事。如有人违犯，定斩不饶。蒋干一听，吓出一身冷汗，哪里还敢提劝降的事！

宴会结束后，周瑜留蒋干同宿。周瑜脚步踉跄，没脱衣服，就上床睡觉了。只一会儿，便鼾声如雷。蒋干心中有事，望着桌上灯烛，哪里睡得着。三更时分，他悄悄起床，只见桌上放着许多来往的信，里面竟有一封"蔡瑁、张允寄"

的信。蒋干大吃一惊，打开一看，竟是曹营水军都督蔡瑁、张允暗中勾结东吴，并打算割了曹操的头来献给周瑜。

这时，周瑜翻了个身，蒋干连忙把信藏在怀里，周瑜含糊地说着梦话。下半夜时，蒋干听到有人进来小声地唤醒周瑜，周瑜迷迷糊糊地问："谁睡在我床上？"来人说："都督自己请蒋先生一起睡的，怎么倒忘了？"来人又低声说了一句："江北有人来了。"周瑜连忙喝住，回头轻声叫唤蒋干，蒋干不应，周瑜就悄悄下床，走出屋子和那人说话。蒋干假装睡着，却竖起耳朵，隐隐约约地听到有人说：张、蔡两都督说，一时还不能下手……以后声音越来越低，他就听不清楚了。

一会儿，周瑜回来，又唤了几声"蒋干"，蒋干仍装睡不应。周瑜见蒋干睡得正香。才放心地上床睡了。蒋干怀揣书信，哪里还睡得着，暗想："周瑜心细，天亮发现书信不见，必然怀疑我。"于是蒋干连夜渡江向曹操复命，拿出信向他报告。

曹操听过报告，看完信，大怒："叫蔡瑁、张允进来见我。"蔡瑁、张允两人进来后。曹操问道："我想让你们领兵攻打东吴。"蔡瑁、张允说："水军还没有训练好，不能轻易出战。"曹操厉声说："等水军操练好了，我的脑袋就要搬家了！"曹操不等他们答话，就下令杀了他们。等刀斧手捧着两人脑袋上来，曹操才突然醒悟，知道中了周瑜的反间计。但他死不认错，又令毛玠、于禁做水军都督，代替蔡瑁、张允统领水军。

消息传到东吴，周瑜非常高兴，对众人说："蔡瑁、张允久住江东，熟悉水战，不除掉他们。是我的心腹大患啊！"

周瑜在此运用的便是飞箝制人术的另外一种：铲除前进道路上的绊脚石。欲破曹操80万水军，必须先除掉水军都督蔡瑁、张允这两个心腹大患。从飞箝术的运用方法来看，周瑜运用的是引诱法，其计谋成功的关键引诱人物便是蒋干。周瑜先以同学之情留蒋干同宿，引诱其"偷看"书信，而后又在半夜引诱蒋干"偷听"军情，进一步使其对"情报"深信不疑，并最终借曹操之手杀了蔡瑁与张允。

鬼谷子认为，是否能够让各种各样的人才为己所用，是评判一个领导者是否合格的重要标准。而"箝"——也就是以正确的方法控制人才，则是使用人才的有效手段。欲成大业，人才的重要性是不言而喻的。能收揽人才，并且能驾驭驱使之，那么就有可能成就大业。若无人才相助，或有人才而不能用，最后必然成不了大事。

3. 以箝和之，以意宜之

——把握人的内心很重要

◎**妙语赏析**◎

用之于人，则量智能、权材力、料气势，为之枢机以迎之、随之，以箝和之，以意宜之。此飞箝之缀也。

◎**原文释义**◎

如果把"飞钳"之术用于他人，就要揣摩对方的智慧和能力，度量对方的实力，估计对方的势气，然后以此为突破口与对方周旋，进而以"飞钳"之术达成议和，以友善的态度建立邦交。这就是"飞钳"的妙用。

◎**边读边悟**◎

秦朝末年，农民起义风起云涌。其中武信君率领的起义军攻下赵国的10座城池，继续向前攻取范阳等其他城池。范阳县令死守范阳，誓与武信君抗衡到死。

蒯通前去拜见范阳令，躬腰说道："听说您就快要死了，我特来吊丧！"

范阳令大怒，命令手下将他拉出去砍头。蒯通大叫道："等我把话说完，你再碎我尸体也不迟！"

范阳令便叫他快说理由。

蒯通说："您当范阳令已有10年了。这10年里，由于秦朝法律严酷，所以您依照法律杀死的人已不计其数。虽然您使这么多人成了寡妇、孤儿，但10年里，却没人敢用刀子捅你的肚子，这并不是因为你肚皮厚，而是因为法律严，他们害怕秦法罢了。现在天下大乱，谁曾见秦法的实施？那些被你杀害过亲人的人会甘心让你活吗？他们一定会拿刀子来杀你的，这就是我来吊丧的原因。"

范阳令听完，忙叫侍卫退下，让蒯通坐下，恳求道："我又何尝不知呢？可又有什么办法呢？"

蒯通说道："现在各诸侯都背叛朝廷，武信君的大兵即将临城，而您却想坚守范阳。以羸弱之卒，抗百万雄师。您不知道吧，县里有许多人都想杀了你，拿你的人头来投降武信君，谋一份奖赏呢！"

范阳令面露忧色，当即痛哭流涕，请求蒯通帮忙。

蒯通说："幸好您遇见我，可以不用死了。您现在马上派人随我去见武信君，您就可以转危为安了。"

范阳令立即命人保护蒯通去武信君驻地。蒯通到了武信君的面前，对武信君说道："您如果听我的计谋，不发一兵一卒，便可轻易占领许多城池。"

武信君忙问他有什么计策。蒯通小声说道："您只需传递战书便可平定千里！"

武信君听后不大相信。然后蒯通又大声说道："现在范阳令胆怯怕死，贪图富贵，想赶在别人前面先投降，却又怕您像攻下前面10座城那样把他杀了。您为什么不让我带着侯印，去拜见范阳令并封他为侯呢？如果他被封侯，那其他城池的守将知道后，都会来投降的。所以，仅靠封一人为侯便可以轻取数城。"

武信君虽不太相信，但还是照他说的去做了。

果然，赵国的人们听到范阳令被封侯的消息后，纷纷不战而降。

蒯通在此游说范阳令运用的便是量能立势法，仔细分析到对方单薄的实力无法与武信君抗衡，便向范阳令提出自己劝谏的合理性，从而使其欣然接受了自己的建议。要想成功做到这一点，需要准确判断当前形势，分析各方利害，如果没有准确的信息，是不可能做到的。

对待不同的人才，要揣摩其心理，用不同的方法，以吸引他们前来投奔你，对有些人要用自己的气度去感化他，对有些人要用自己的诚意打动他。

三国时期，刘备心怀大志，一心想复兴汉室，灭曹吞吴，进而统一天下。他出身低贱，原是一个贩卖草鞋的乡村农民，但他努力进取，终于在蜀汉之地建立了属于自己的政权。

一开始，他还能克制自己贪图享受的心理，但是越到后来他就越安于现状，没有了以前的斗志。谄媚之徒也都围绕在他身边。这一切都被他的妻子甘夫人看在眼里。

甘夫人是刘备驻守徐州时纳的小妾。刘备对她十分宠爱，一方面因为她貌美异常，身姿优美，肌肤如玉；另一方面，甘夫人知书达理，通晓人情世故。刘备的原配糜夫人去世后，刘备就把甘夫人带在身边，舍不得和她分开。

刘备盘踞在巴蜀之后，把里里外外的事务交由丞相掌管，也不再考虑兴复汉室基业的目标。那些小人见刘备丧失了往日的斗志，便想出各种花招讨他欢心。

一次，一位地方官吏给刘备送来一个用玉雕琢而成的人像。人像有四尺高，质地精良，熠熠生辉；精雕细琢，栩栩如生。刘备一见欣喜不已，拥着甘夫人，指着玉人说："你的肌肤可以和这个玉人相提并论啊！"

从此，他把玉人安放在自己的卧室里，一边欣赏冰清玉洁的甘夫人，一边把玩玉人，两相对照，爱不释手。

甘夫人见刘备玩物丧志，还为自己寻找冠冕堂皇的理由，心中甚是着急。如果长此以往，刘备就会沉溺于安逸之中，不思进取，最终英雄会沦为平庸之辈。可她自己是一个妇道人家，如果向他直言进谏，似有参与政务之嫌；如果摔碎玉人，恐怕刘备又会怨恨自己，破坏夫妻关系。这天，甘夫人在房中看着玉人，想起了"子罕不以玉为宝"的故事。

等到晚上，刘备回来，甘夫人柔声说："你这样喜欢玉，我来给你讲个有关玉的故事吧！"

刘备也很有兴致，于是催促道："好啊！快讲！"

"春秋时期，宋国的正卿子罕收到了别人送来的一块宝玉，那玉浑然天成，和你的玉一样，也是人的形状。但是子罕断然拒绝了，说：'你送来的宝物委实罕见。你以玉为宝，而我以廉为宝。如果我接受了，你和我都丢失了各自心爱的东西，你还是拿回去吧！'那个人对子罕敬佩不已，逢人就说'子罕不以玉为宝'，这个故事一直流传到今天。"

刘备听后若有所思。甘夫人接着说："同样是玉石，子罕不以为宝，而你却爱不释手，抚玩不止，玩物必丧志。居安要思危，现在还有两大对手尚未除，你任重而道远啊！"

刘备惭愧不已。当着夫人的面就把那玉人摔碎了。他从此远离那些奸佞之徒，勤于政务。

甘夫人在劝说刘备之前充分考虑到了自己的智能，怕直言相劝有参与政务之嫌。在权衡利弊的情况下，借故事启示刘备，不但达到了目的，还进一步加深了夫妻间的感情。由此可见，在劝谏别人时，不仅要注意说话的方式，还要讲究策略。在别人不经意间，抓住有利时机，或借用比喻，或委而婉之，或反面论说，都可达到进谏的目的。

忤合术：
在进退中把握好尺度

　　忤合的实质是"以忤求合"，指在处事、论辩或游说中，要准确判定形势，当进则进，当退则退，灵活决定自己的立场，以求实现自己的目标。鬼谷子认为，万物皆在变化中，变化才有发展，正所谓"世无常贵，事无常师"。运用忤合之术，首先要认清自己的前途，知道该联合谁、反对谁，同时有针对性地研究具体事物，做到知己知彼。这样才能进退自如、游刃有余，将主动权牢牢掌握在自己手上。

1. 趋合倍反，计有适合
——把握"双赢"的奥秘

◎妙语赏析◎

凡趋合倍反，计有适合。化转环属，各有形势。反复相求，因事为制。

◎原文释义◎

凡是有关联合或对抗的行动，都会有相应的计策。变化和转移就像铁环一样环连而无中断。然而，变化和转移又各有各的具体情形。彼此之间环转反复，互相依赖，需要根据实际情况进行控制。

◎边读边悟◎

平原君，名胜，是赵惠文王的弟弟，以喜欢养士而闻名诸侯。他曾在赵惠文王和孝成王时为相，三次被罢相，又三次官复原职，历经三起三落而不倒。

赵胜出身王室，家财充盈，个人又喜欢交友，所以他就散财养士，其门客多达几千人，每天到他家来的门客络绎不绝。一天，他家来了一位奇怪的门客要见他。这人跛脚驼背，人称"跛子"，就住在赵胜家的旁边。每天早晨他都经过赵胜家门口，一瘸一拐地到城东的井里提水。赵胜把他请进正屋，让到正座上，问道："高邻找我有何见教？"

跛子怒气冲冲地说："听说公子礼贤下士，重友轻色，天下寒士皆蜂拥而至。而我与公子近邻多年，却发现公子沽名钓誉，徒有虚名。我现在向公子讨一颗美人头，不知可否？"

赵胜有点莫名其妙，摸不着头脑，便问："愿听先生详说仔细。"

跛子说："我自幼患病致残，驼背跛脚。每每路过公子家门，皆受公子美姬艳妃的取笑，使我蒙受耻辱和精神折磨。可我虽然驼背跛脚，却未曾有损公子名利。今请公子杀了美人，为我补偿名誉和尊严。"

赵胜说："原来如此！先生暂且息怒，明日即送美人头向先生谢罪。"

跛子一走，赵胜即对门客说："一个跛子，竟因一笑换人头，也未免太过分了！"说完，就把这事置之脑后。

事情过去不久，就有门客陆续离开赵胜，另投他处。到了年底，门客走掉了一半。

赵胜甚觉奇怪，便对剩下的门客说："我对门客未曾失礼，为什么都纷纷离我而去呢？"

一位门客说："先生还记得那位跛子吗？"

赵胜连说："记得，记得。"

门客说："当初跛子请您杀了美人，维护尊严，可您舍不得。门客们以为您重色轻友，在您门下不会有什么前程，因此生离去之心，另择明主。若先生不能忍痛割爱，过几天，我们也要走了。"

赵胜如梦初醒，心想，我不能因为一个美人而失去众多才士，坏我一世美名，于是下决心把取笑跛子的美姬杀了，并提了美人头亲自到跛子家登门道歉。

跛子见赵胜杀了美姬，非常感动，自动投到赵胜门下为他效劳。

原先走了的门客听说赵胜杀姬买士，重才尚义，又纷纷回来了。赵胜斩姬留士的名声不胫而走，前来投奔的人比以前更多了。

良禽择木而栖，贤臣择主而事，有远见的谋臣善于观察眼前的形势对己是有利还是有弊，从而选择适合自己的君主，这样才有可能使自己得到重用，成就大事。平原君开始没把跛子的请求落到实处，而失信于手下谋士，使诸多门客离他而去。在得知原因后，他提美人之头向跛子道歉，又重新赢得人心，从而招来了更多的门客。这个由"忤"转"合"的过程正是平原君的信誉造就的。

在现代商业社会中，凭个人的单打独斗，很难取得事业上的飞跃。因此，学会与人合作则显得至为关键。那么，该怎样选择合作者呢？借用一句名言来说：没有永远的朋友，也没有永远的敌人——凡事要根据形势来判断。这也是鬼谷子思想的精髓。

上海某鞋厂与日本株式会社做成一笔布鞋生意，价值达160万日元，但因日方市场预测失误，加上运期长，布鞋抵日后已错过销售季节，造成大量积压，日方请求退货。按惯例这显然是行不通的，但中方却原则上同意了。

消息传开，有关部门哗然，不少人表示不理解，然而中方同意退货的考虑还是颇有道理的。首先，货退回后，在国内销售并不赔钱，"出口转内销"还是具有一定吸引力的，而且日方支付所有退货运杂费用，中方没受任何损失。其次，这批货虽退回，但可用同等价值的一批畅销货替代，于是重新做成一笔买卖。再次，日方答应，以后再购货首先考虑此鞋厂产品，中方借以稳定了贸易伙伴。第四，日方如不退货，该会社就要破产，其不利影响必然波及并损害中方利益。日方对中方的合作十分钦佩与感谢，鞋厂又保质保量地很快出口了替代的一批货，使日方大赚其钱，名声大振。中方的信誉也由此传播开去，日本几家客户纷纷来人、来函洽谈，鞋厂于是身价倍增，产品供不应求。

后来，这家株式会社还要求成为中方在国外销售的总代理，包销合同一订就是几年，并主动向中方提供国际市场的有关信息，两家合作得很好。

"反复相求，因事为制"，是指谋臣在制订策略时，应该根据循环往复的实际情况的变化，反复寻求最佳的计策，并且制订不同的措施去适应不断变化的情况。即所谓"文无定法，计无长施"。所以，在商业往来中，只要摈弃"你败我胜，你输我赢"的争斗心理，双方都遵循互惠互利原则，就可以找到一条共同受益、长期合作的途径。

2. 世无常贵，世无常师

——制胜的关键在于灵活多变

◎妙语赏析◎

世无常贵，世无常师。圣人常为无不为，所听无不听，成于事而合于计谋，与之为主。合于彼而离于此，计谋不两忠，必有反忤。

◎原文释义◎

世界上的万事万物没有永远占据高贵地位的，世界上的万事万物也没有永远居于榜样地位的。圣人常常是无所不做，无所不听。办成要办的事，实现预定的计谋，都是为了自己的主人，合乎那一方的利益，就要背叛这一方的利益。凡是计谋不可能同时忠于两个对立的君主，必然违背某一方的意愿。

◎边读边悟◎

春秋初期，周天子的地位实际上已经架空，群雄并起，逐鹿中原。郑庄公在此混乱局势下，巧妙地运用"远交近攻"策略，取得霸主地位。当时，郑国的近邻宋国、卫国与郑国积怨很深，矛盾十分尖锐，郑国时刻都有被两国夹击的危险。

于是，郑国在外交上采取主动，接连与较远的邾、鲁等国结盟，不久又与更远的实力强大的齐国签订盟约。

公元前719年，宋、卫两国联合陈、蔡两国共同攻打郑国，鲁国也派兵助战，将郑都东门围困了5天5夜，虽未攻下，但郑国已感到本国与鲁国的关系存在问题，便千方百计地想与鲁国重新修好，共同对付宋、卫两国。

公元前717年，郑国以帮邾国雪耻为名，攻打宋国。同时，向鲁国积极发动外交攻势，主动派使臣到鲁国，商议把郑国在鲁国境内的一块地方交归鲁国。果然，鲁国与郑国重修旧谊。齐国当时出面调停郑国和宋国的关系。郑庄公又表示尊重齐国的意见，暂时与宋国修好。齐国因此也对郑国加深了"感情"。

公元前714年，郑庄公以宋国不朝拜周天子为由，代周天子发令攻打宋国。郑、齐、鲁三国大军很快地攻占了宋国大片土地。宋、卫军队避开联军锋芒，乘虚攻入郑国。郑庄公把占领宋国的土地全部送与齐、鲁两国，迅速回兵，大败宋、卫大军。郑国乘胜追击，击败宋国，卫国被迫求和。这样，郑庄公努力扩张，霸主地位形成了。

"合与彼而离于此，计谋不两忠"的意思是说运用的计谋使双方的利益产生了冲突，在维护一方利益的同时，就会损害到另一方的利益，这时就要运用忤合离间术，其特点就是表面上合于此方，为此方作打算，其实得利的是彼方。郑庄公远交鲁、齐，表面是合好，好像有利于齐、鲁两国的发展，其实是在为自己能够一心一意地"近攻"创造条件，其计谋的使用还是更有利于自己，在使自己强大的同时，相对削弱了远交之国。

赵匡胤近攻巩固皇位，但远交曾经对自己不利的人，这是为何？表面仍是打着"合"的旗号，实际上又网络了一批对自己忠心耿耿的人才，使他们为己所用，其利还是更多地在自己一方。

有时候，若自己的力量柔弱，做不了大事，就应暂时依附于人，借此权宜之时好好培养自己的能力，相机而动。

秦国在统一六国的进程中，首先是对邻国魏、韩大肆攻伐。夺取土地后，经过精心谋划，开始了对赵国的攻伐。公元前261年，秦攻取赵国上党；公元前260年，秦将王龁率军攻打赵国长平。长平是秦军进入赵国的门户，地理位置十分重要，两国对此都十分清楚，因此都派出了主力和精锐军队参战。赵国派经验丰富的老将廉颇镇守长平，无论秦军怎样攻打，就是不出战。尽管开始秦军取得了一些小胜，斩杀了几名赵将，夺取了几座城池，但始终无法取得决定性的胜利。

战局的发展引起赵国内部的争论，一方主张求和，一方坚持主战。最后主战派占了上风。赵国派人前往魏国，劝魏王与赵国合纵抗秦。秦国也怕魏国与赵联合，也派人到魏国连横。魏国这时候大耍两面派，表面上答应援赵，实际上是挑动赵国与秦国一战再战，试图待双方元气大伤后，自己坐收渔翁之利，以操纵关东局势。赵国人自以为魏国真会帮助自己，于是下定决心与秦国血战到底。

秦国发誓要拿下长平，在国内征召15岁以上男子从军上前线，摆开与赵国决战到底的阵势。从历史上可以得到证明，长平之战实际上是秦国与关东诸侯命运的大决战。这年七月，秦军又夺取了赵国的许多土地。足智多谋、能征善战的老将军廉颇看准秦国锐气日益消耗，战斗力大不如前的时机，便突然发动反击，夺回部分失地，然后选择有利地形坚守不出。秦军数次挑战，廉颇仍坚壁固守，秦军无法前进半步。战役进入相持阶段，呈胶着状态。时间一久，毕竟对补给线太长的秦军不利。秦王急忙召集群臣商议对策。

秦国此时听说赵王对廉颇据守不出十分不满，多次派人到前方督战，而廉颇以"将在外，君命有所不受"，坚持固守。听到这个消息，范雎觉得机会来了。他立即向秦王进献反间之计，派奸细潜入赵国，散布流言蜚语，说廉颇害怕秦国，担心失败会毁了自己一世声誉，所以只是坚守不出。还说，秦国人不怕廉颇，只怕饱读兵书的赵奢的儿子赵括。奸细还用重金收买赵国大臣。让他们请求赵王派赵括接替廉颇，速战速决。这一招儿果然奏效，赵王在亲秦大臣的煽动下，撤回廉颇，而任命赵括为大将，率兵迎敌。

赵括的母亲听说了，赶到宫中对赵王说："赵括的父亲在世时，常说赵括只会纸上谈兵，不能用于实战，不宜用他为将。"赵王以为赵母惜子，不愿让儿子上前线。所以仍坚持用赵括。

赵王中计之后，赵括便来到长平指挥军队，他立即更换将吏，另立规矩，使赵军人心大散。秦王得到这个消息，立即任久经沙场的名将白起为主将，王龁为副将，并严密封锁消息，有泄露者斩首。

经过紧锣密鼓的暗中安排，秦军准备一举取胜。赵括一改廉颇的坚壁固守战术，尽起全军攻秦。白起诈败，有意让赵括尝到一点甜头，使他的军队取得几次小胜。而自己败退时兵分三路，左右两路布下"口袋阵"，中路诱敌深入，待赵括军追赶至秦军阵地前，白起又坚壁固守，只等合围形成。赵括完全为眼前的胜利冲昏了头脑，根本不知道自己已成瓮中之鳖。白起待"口袋阵"形成后，立即反攻。三路军一起出动，将赵军断为两截，绝其粮道。形势急转直下，赵军坚守待援。与此同时，秦国内新军源源不断开到长平参战，将赵军围得水泄不通。可怜赵军被围46天，粮草用尽，杀人而食。赵括无奈，领兵强行突围，没有成功，竟被秦军乱箭射死。主将一死，兵败如山倒，40万赵军全部投降。白起怕赵国降兵作乱，也借此威慑诸侯，下令将240名15岁以下的童子军放回赵国，其余全部活埋，成为历史上最残酷的大屠杀。这个赵括，只会"纸上谈兵"，在真正的战场上，一下子就中了敌军"关门捉贼"计，损失40万大军，使赵国从此一蹶不振。

长平之战，前后历时3年之久，以赵国的惨败而告结束。自此，关东诸侯再也无力抗击秦国了。

纵观长平之战的全过程，其根本败因便是赵王听了秦国所散布的流言，用只会"纸上谈兵"的赵括代替了经验丰富的老将廉颇。其中决定战役成败的一个关键人物便是范雎，虽然此中很少提及，但他以离间之计蒙蔽赵王更换主将可以看作是战争的转折点。散布流言表面好像是在为赵国出谋划策，实际上还是在为秦国取胜创造条件，这也就是所说的"计谋不两忠"，计谋的使用只会有利于一方，而有害于另一方。

俗话说的"同行是冤家"这句话并不是绝对的。企业在处理与竞争对手的关系时，应尽量主动创造良好的竞争氛围。那些破坏良好关系的不正常做法，其实于竞争双方都是有百害而无一利的。

美国最大的百货公司——纽约梅瑞公司的购物大厅里，有一个小小的咨询服务亭。它的服务有一项内容是令人感到奇怪而很不寻常的。如果你在梅瑞公司没有买到自己想要的商品，它会指引你去另一家有这种商品的商店，也就是说，它会把你介绍到自己的"竞争对手"那里。

梅瑞公司之所以这样做，除了是为满足顾客需求以便更多招徕顾客外，主要是向竞争对手表示一种友谊，以此协调竞争关系。这种一反常态的做法取得了意想不到的效果，既获得了顾客的普遍好感，又争取了许多竞争对手的友谊与回报。因此，该公司生意日趋兴隆。

"世无常师"，是说做事没有可以永远师法的榜样；"圣人常为无不为，所听无不听"是说圣人所常做的事就是"无所不作"，所常听的事就是"无所不听"。在商战中不要拘泥于某种既定的策略，取胜的关键在于依据现实环境，依据对方的计谋，制订一种控制对方的措施，改变斗争形势，变被动为主动，争取有利时机，从而一举克敌制胜。

3. 忤合之道，自度材能
——给自己留出可进可退的路子

◎妙语赏析◎

非至圣达奥，不能御世；非劳心苦思，不能原事；不悉心见情，不能成名；材质不惠，不能用兵；……故忤合之道，己必自度材能知睿。量长短、远近孰不如，乃可以进、乃可以退；乃可以纵，乃可以横。

◎原文释义◎

对于一个纵横家来说，如果没有高尚的品德，超人的智慧，不可能通晓深层的规律，就不可能驾驭天下；如果不肯用心苦苦思考，就不可能揭示事物的本来面目；如果不会全神贯注地考察事物的实际情况，就不可能功成名就；如果才能、胆量都不足，就不能统兵作战；……所以，"忤合"的规律是：要首先自我估量聪明才智，然后度量他人的优劣长短，分析在远近范围之内还比不上谁。只有在这样知己知彼以后，才能随心所欲，可以前进，可以后退；可以合纵，可以连横。

◎边读边悟◎

曾国藩的老家在湖南。太平天国起义爆发后不久，他在家乡的母亲就去世了。于是曾国藩回家安排老人的后事，尽孝守丧。

当时，清朝政府编练的八旗兵和绿营兵正在镇压太平军，却连连败北。无奈之下，清政府命令各省组织地方团练，成立地方武装，用来镇压太平军。

曾国藩得知这一命令后，立即组织湖南团练。他起用自己的亲朋好友、同乡、同学和门生做营官，然后由营官亲自选募哨官，哨官再选拔士兵，这样逐层选募，创建了湘军水师和陆师。两军皆由曾国藩掌管，兵为将有，不接受政府的调遣，只服从曾国藩一个人的命令。因此，湘军具有强烈的封建个人隶属关系，清政府很难拥有军权。

但是，湘军军纪严明，操练所用的军械都是洋枪、洋炮，战斗力比较强。与朝廷的八旗兵和绿营兵相比，富有生气和活力。在曾国藩的指挥下，湘军攻占了太平天国的部分地区。

清朝政府看到曾国藩团练有功，为鼓励他继续镇压太平军，就把江苏、安徽、江西和浙江四省的军务都委托给曾国藩。从1861年11月起，曾国藩管辖四省的巡抚、提督及其以下的文武官员。这是清政府有史以来给予汉族官员最大的权力，以往汉族督抚最多辖制三个省。当曾国藩的亲朋好友纷纷向他表示祝贺时，曾国藩并未得意扬扬，他深谙仕途变幻莫测，因此常常如履薄冰，一直怀着戒慎戒惧之心。

咸丰帝得知湘军攻占了湖北武昌城后，喜形于色，对曾国藩大加赞赏："曾国藩一介书生，没想到还有这等军事上的才能！他立下大功，等太平军镇压完毕，我一定要好好犒赏犒赏他！"

但有一位大臣却上前提醒咸丰帝说："在他家乡，曾国藩以在籍侍郎的身份竟能振臂一呼，应者云集，从者万人，皇上您还是多多提防。是福是祸，恐怕一时之间难以判断。"

咸丰帝听着，脸色渐变，沉默良久，再也没有在大臣面前夸奖过曾国藩。

曾国藩很快镇压了太平天国起义。咸丰帝遵守诺言，封他为一等毅勇侯，并且可以世袭。曾国藩的家人和亲朋好友都欣喜不已，以为曾氏家族从此可以一劳永逸。但曾国藩并没有因此春风得意，反而担心树大招风，招致其他人的嫉妒和皇上的怀疑，落得兔死狗烹的下场。因此曾国藩只想如何明哲保身、急流勇退，以免落得前功覆没、名声受损。

他立刻写信给弟弟，嘱咐他见机抽身而退，以免招致不必要的排挤。他也察觉到咸丰帝已心生芥蒂，为了表明自己无心揽权，他上折给皇上说：湘军成立的时间很长了，已经沾染上一些军队的恶习，有些混乱。现在镇压太平军的目的已经达到，奏请朝廷裁兵，遣散自己编练的湘军。

对自己的去留，曾国藩却左右为难。如果说明要留在朝廷效力。恐怕皇上以为贪恋权位；如果请求告老还乡，皇上会以为不愿为国效力，甚至还会招来自组军队、图谋皇位的嫌疑。因此在奏折上，他对这个问题避而不谈。

由于裁汰湘军是咸丰帝首先要处理的，因此，他一边感叹曾国藩"善解人意"，一边立即下令解散部分湘军，让他仍担任两江总督。

"非至圣达奥，不能御世"，意思是如果不能像圣人那样穷尽世理，探求事物本质，就不能立身处世、治理天下。

曾国藩在功成名就后，以裁汰湘军明哲保身，运用的时机与方法恰到好处，不仅避免了被皇帝猜疑，还进一步得到了"善解人意"的信任。

在现代社会激烈的竞争中，只有全面了解事物全貌，不断增强自己的实力，才能使自己立于不败之地。

网景通讯公司是1994年4月由当时还是伊利诺伊大学刚毕业的学生吉姆·克拉克和马克·安德里森创立的。

在1994年初，网景航海家1.0版基本上是市场上最好的浏览器，而其优势不是很明显，但是通过几项行动一下子把网景推上了顶峰。

网景的第一个行动是瞄准一个被所有的竞争者都忽略了的市场。大多数早期的浏览器都提供一套完整的互联网工具，包括拨号上网、一个浏览器和一个电子邮箱。设计者们坚信最大的需求就来自于产品能牵住消费者的手，引导他们迈开上网的第一步。相反，网景提供了一个初始时只能通过互联网获得的简单的、单独的浏览器。这一行动使得网景瞄准了早期的用户——相对高级的已有上网经验的电脑用户。同时，网景干净利落地回避了它在建立完整的互联网产品体系方面经验不足的缺陷。

网景的第二步行动是设计了一个创新性的定价模式，马克·安德里森将它称为"免费又不免费"的定价模式，航海家1.0版的正式定价是39美元，但它对教育和非营利性用途是免费的，而且任何人都可以下载它免费试用90天。网景的管理层对这一策略并没有抱多大幻想：有些消费者也许会在试用期满后付钱购买，但大多数不会。但是"免费又不免费"的策略使得网景迅速确立起它的市场份额，而且如公司所愿，有助于使市场标准化。"免费又不免费"的策略也使网景成功地敲开了许多企业的大门，这些企业一旦发现功能良好的软件最终就会购买它。同时，网景的网络服务器分别定价为1500美元和5000美元，可以补偿其中的费用。

网景的第三步行动是探索出了产品测试和销售的新途径。作为一个起步者。网景缺乏足够的资金来雇用大量的质量维护方面的工程技术人员，或是一次性地为一个企业或地点建立备用的测试服务人员。庞大的、富有经验的销售队伍和共同的营销基金的缺乏会作为不利条件妨碍企业占领传统的销售渠道，因此，网景通过把测试和销售搬到网络上，从而开拓出一个新的天地。在1994年10月，网景通过它的主页推出了航海家的第2版。经过对第2版的下载、试用，然后提出他们的意见，消费者就充当了——有时是不知不觉地——网景实质上的质量保证队伍。以网络为载体的测试和销售方式如今应用得相当普遍了，但网景是第一个以这种方法充分开发网络优势的公司。

网景的竞争对手们发现很难对抗这些行动。因为许多公司的经营模式严重依赖于各自浏览器的收入，所以，很多经营者认为使高昂的零售价格显得合理的唯一途径就是把他们的浏览器捆绑进一个多样的产品包里。但由于他们的产品都要求较大数额的前期投资，这样他们就更加不可能是免费的了，更不用谈什么"免费又不免费"。另外，网景的大部分对手都要为他们在推出的每一个浏览器中使用了"马赛克"代码而支付许可费。而网景公司本身就是"马赛克"的开发商，所以，当网景生产浏览器时，其边际成本几乎为零。

一些企业试图通过在网上提供免费的浏览器来与网景对抗。但由于担心与零售环节发生冲突，这些努力最多也是半心半意的，等到大多数企业意识到网景模式的力量时，想阻止网景的飞跃已经为时太晚了。

正如一个当时的竞争者回忆的："我们机警地发现了浏览器是一个不可思议的工具，很早就涉足了这个领域，然后设计了一个进入市场的有力途径。但是我们无法想象把它泄露出去，让它可以通过网络免费下载。回过头去再看，我深悔自己没有具备这种远见去说：'现在我们确实需要打破这一模式了'。"

网景在浏览器大战的第一回合中成功地使得大多数公司的竞争行动丧失了功效。然而，在接下来始于1995年的回合中，网景不得不面对一个更加强硬的对手：微软。微软可以与网景采取的任何一个关键行动相对抗。微软于1995年8月发行的浏览器IE，是一个与Windows95捆绑在一起的免费产品。而且也可以通过网络下载。实际上，微软看到了网景设下的赌局，并通过使IE对包括企业在内的所有用户都免费来加大赌注。

微软的挑衅行为进一步加剧了网景已经面临的问题；"免费又不免费"的策略意味着网景从消费者那里能够获得的利润是微乎其微的。在充分考虑自身情况后，网景的管理层认为不宜与对手进行直接的对抗，把战场转移到对手优势相对较小的、防守较弱的领域，闯进企业市场。

网景认为微软的真正实力是集中在消费者和企业的桌面系统市场上的，但企业的办公支持系统市场是脆弱易攻的，所以，网景试图在那里确立它的企业市场基础。网景一开始是瞄准内部网市场，后来就逐渐将重点扩展到外围的外部网和电子商务的相关产品和服务上。网景已经探索出一条支撑其电子商务战略的途径，就是在万维网的主要终端上建立中心网站。

通过不断地向新领域的转移，网景找到了避免直接对抗的方法。英特尔公司的总裁安迪·格鲁夫把网景比拟成一个与集团军作战的游击队："他们的优势来自他们能够在丛林中生存，远离陆地而又非常机动灵活，而且能做出一些对职业军队来说永远无法想象的举动。考虑到这些，网景已经构成了对微软的有力挑战……问题是，他们缺乏活动空间、装备和食物。"正如格鲁夫所指出的，快速行动时起步者的帮助也就仅限于此了。最后，大多数队伍和企业都被迫停下脚步。但是在大约三年的时间里，网景对竞争的诠释就是向新的无人争夺的市场转移。

"非劳心苦思，不能原事"就是说如果不费心苦思，就不能了解事物的本来面目。网景公司通过对市场的深入洞察，发现并占领了无人占领的领域，从而占得先机。在市场竞争中，面对实力强大的对手，是直接与之对抗，还是避其锋芒，企业需要根据自身的实力灵活机动地加以考虑，不能不假思索，不考虑自己的情况胡干蛮干。网景公司的可贵之处即在于"自度材能知睿，量长短、远近孰不如"，成功地另辟蹊径，培育新的市场和发展空间。

4. 谋之于阴，成之于阳

——先把真正的心思藏起来

◎妙语赏析◎

圣人谋之于阴，故曰"神"；成之于阳，故曰"明"。

◎原文释义◎

那些有很高修养和智慧的人谋划的什么行动总是在暗中进行的，所以被称为"神"，而这些行动的成功都显现在光天化日之下，所以被称为"明"。

◎边读边悟◎

唐懿宗咸通年间，江阴县令赵和遇到了一起诬财案。

楚州（今江苏淮安一带）淮阴县（今江苏淮阴）有两户邻居世代通好，关系密切。某日，东邻欲外出贩卖，本钱不足，便以田契为抵押，向西邻借钱一千缗（每缗为一千丈），约好借期一年，连本带利归还后赎回田契。

第二年归还期近，东邻不失约，先取八百缗交与西邻，说好第二天送余下的两百缗及利钱，再取回田契。因两家关系好，东邻便没要收钱单据。哪知第二天去还钱取田契，西邻矢口否认收过八百缗钱。东邻气急败坏，便到县衙告状。可县令没看到收到钱的单据，也无法判案。上告到州衙，同样没有结果。西邻洋洋得意。东邻苦思良策，听说相隔数县的江阴县令赵和是位明断如神的青天大老爷，于是东邻便告到他那里。赵和接案后，很是为难。淮阴与江阴是平级县，怎好越俎代庖？于是苦思良策，心生一计。

第二天江阴县赵和发公文到淮阴县，说本县拿获一伙江洋大盗，供出一同伙是你县某某人。唐朝有法令，凡是大盗案件，所牵涉之县都得尽力协助。故淮阴县令派捕快将西邻捉来，交与江阴公人带走。西邻到了江阴县，自恃与江洋大盗案无关，并不害怕。赵和威胁一番，令他将自己所有家产浮财写明，并注上钱物来源，以备查验。西邻一一写明，其中有"八百缗，东邻所还"一款。赵和见后，拍案而起，唤出东邻与其对质，西邻方知原委，于是又羞又悔，退款服罪。

"圣人谋之于阴，故曰神；成之于阳，故曰明。"就是说智者善于在暗中运用"摩意"之术，并且在光天化日之下实施谋略。此案处理是"事在此而意在彼"的"谋阴成阳术"的典型作法。

鬼谷子所说的"圣人谋之于阴"，说的是圣人言行谨慎，做事不张扬，只有如此，才能"主事日成""主兵日胜"。很多成大事者都擅长韬光养晦，因为一个人锋芒太露，很容易招致他人的嫉恨，并最终为自己带来祸患。

古语有云："木秀于林，风必摧之。"太过招摇了，不是什么好事情。俗话"人怕出名，猪怕壮"说的也是这个道理！深藏不露的人，表面上看来好像他们都是庸才，胸无大志，实际上只是他们不肯在言语上露锋芒，不在表面行动上露锋芒而已。因为他们有所顾忌，言语露锋芒，便要得罪旁人。得罪旁人，旁人便成为阻力，成为破坏者；行动露锋芒，便要惹旁人的妒忌，旁人妒忌，也会成为阻力，成为破坏者。表现本领的机会不怕没有，只怕把握不牢，只怕做出的成绩不能使人满意。

当然，深藏不露的"藏"也是为了"露"，在时机成熟时，要毫不含糊地表现自己。就像当年毛遂向平原君自荐时说的："吾乃囊中之锥，未曾露锋芒，今日得出囊中，方能脱颖而出。"

战国时，秦国大军攻打赵都邯郸，赵孝成王命平原君赵胜去楚国求救。平原君打算带二十名文武兼备的人跟他同行。他手下虽有三千门客，但挑来挑去只挑中了十九人。这时，坐在末位的门客毛遂站了起来，向平原君自荐同行，他说的就是上述一番话。平原君于是答应他同去。来到楚国，平原君跟楚王谈合纵的事，毛遂和其他十九个门客都在台阶下等着。从早晨一直到中午，平原君也没有说服楚王。毛遂于是带着宝剑快步上了台阶，说："当年楚怀王当了秦国的俘虏，死在秦国，这是楚国最大的耻辱。秦将白起只带几万人就夺了郢都，逼得大王迁都，这些就连我们赵国人也替你们感到羞耻。今天我主人跟大王来商量合纵抗秦，既是为了赵国，也是为了楚国。"毛遂这一番话像锥子一样，句句戳在楚王的心上。于是，楚王与平原君当场歃血结盟。随后，楚王派大军奔赴赵国救援。平原君回赵后，待毛遂为上宾，很感慨地说："毛先生一到楚国，楚王就不敢小看赵国了。"

是金子总会发光，但也不能老把金子埋在地里。把握机遇的能力也很重要，一旦机会来临，千万不要错过。真人不露相，这是千真万确的。但永远都不露相的，肯定不是真人。

香港国泰城市股份有限公司是一家市值不足3亿港元的小型上市公司，而出生于世家的公司主席罗旭瑞却是一位充满斗志的商界新秀，他的最大特点便是敢于冒险。下面这场国泰城市股份有限公司收购市值比它大十倍以上的大酒店集团的"蛇吞象战役"，便充分地说明了这一点。

1988年10月18日，"国泰城市"通知香港上海大酒店，以现金及国泰新股（即每股6港元）向香港上海大酒店提出全面收购建议，其中4.5元付现金，1.5元以国城股份作价支付，总共涉及资金约66亿港元。

当日香港上海大酒店董事局立即表示谢绝收购建议，而"国泰城市"则表示不希望提出敌意收购计划。香港上海大酒店又马上对此向"国泰城市"表示谢意。似乎一场大收购在一天之内轰然而起又悄然而息，使人们有意犹未尽的感觉。但是，明眼人一看便知，"国泰城市"决不会虎头蛇尾。试想，罗旭瑞已经花了几百万收购费用，岂有一句"对不起"便告收手的。他发动的蛇吞象式的大型收购，若非有备而来，怎会草草善罢甘休？！何况，"国泰城市"只表示过"不希望"以敌意形式进行收购，而不曾表示过"不会"。它只表明"国泰城市"先礼后兵的态度而已。

果然，10月21日，"国泰城市"宣布已持有香港上海大酒店1.1%股权并正式提出全面收购，并将收购价提高为除现金4.8元及"国泰城市"股价1.5元（即每股6.3元）外，认股证每份出价1.8元，一共涉资64亿港元。

香港上海大酒店已有130年历史，经营着全球最优秀的半岛酒店和九龙酒店。香港上海大酒店是英资老牌大集团之一，大股东嘉道理家族控股35%。另外华资的信和与丽新两大集团共持有10%。对于"国泰城市"的收购建议，嘉道理指出其低估了酒店的资产值，属"敌意收购，不受欢迎，带有破坏性"，忠告股东不可接纳收购建议，香港上海大酒店董事总经理更形容"国泰城市"此举"企图将资产分拆出售"，声明"'国泰城市'的财务顾问曾表示对半岛集团的五星级酒店并无真正兴趣，实际只想得到九龙酒店和港岛的物业。他们承认收购将使'国泰城市'资产负债比率达到100%，一旦如此，便须出售酒店资产，否则将不堪重负"，暗示"国泰城市"一旦收购成功，便会将半岛酒店进行出售。而这一点最不讨香港上海大酒店大股东们的欢心。显然，这场收购将遇到已有一次被收购经验教训的嘉道理家族的强大阻力，难度极大。

嘉道理家族接到罗旭瑞于21日下达的挑战书后，于10月25日提出反收购建议，每股普通股出价5.8元现金，认股证1.3元，共动用36亿元进行全面收购，并于当日在市场购入2000多万股，使控股量增至37％以上。如此一来，"国泰城市"的机会便小了。

那么，难道罗旭瑞不知道收购的难度吗？除了实力因素之外，香港上海大酒店还有30％的股份掌握在各大基金之中，每股成本为6.15元以上，收购价对这些基金根本缺乏吸引力。但似乎罗旭瑞并非完全虚张声势，这从"国泰城市"发行9.8亿新股以应付收购，又同时发行10亿新股给"国泰城市"的母公司，使其增持"国泰城市"股权至50％，以确保"国泰城市"不会反过来被香港上海大酒店控股，这一切天衣无缝的安排，说明"国泰城市"的确是经过一番精心筹划的。

于是，有证券界人士认为：罗旭瑞做了两手准备，一旦收购成功，则名利双收，入主香港上海大酒店；如果收购不成，则"蛇吞象"的新闻已轰动海内外，罗旭瑞"国泰城市"的大名不胫而走。收购费用只当是一笔宣传费，对公司长远业务有利，更何况还可获得一笔可观的狙击收益呢！

果然，11月20日，罗旭瑞在正式收购建议文件中，承认成功机会极小，收购香港上海大酒店一如预料地"失败了"，也"成功了"。之所以这么说，是因为当时已小有成就的罗旭瑞，其实心中有更大的雄才大略，其志向并不局限于香港，于是演出"蛇吞象"一幕，以与香港上海大酒店之争扬罗旭瑞之名，果然一战而使其声名鹊起，闻名于海内外。这才是当时轰动香港大收购战的真正目标所在。从这一点说，罗旭瑞收购战是非常成功的。

"谋阴成阳术"主要表现在，表面上注意力集中在这里、为这件事行动，但实际目的却在那里，是为了办成那件事，即"事在此而意在彼"。香港国泰城市股份有限公司主席罗旭瑞演出的收购市值比它大十倍以上的大酒店集团的"蛇吞象"战役，以大酒店之争来扬己之名，果然一战而声名鹊起，闻名于海内外。这才是这场大收购战的真正目标所在。

5.民不知服，此之神明

—— 知己知彼，于无形中取胜

◎妙语赏析◎

"主兵日胜"者，常战于不争、不费。而民不知所以服，不知所以畏，而天下此之神明。

◎原文释义◎

那些主持军队而日益压倒敌人的统帅，坚持不懈地与敌军对抗，却不去争城夺地，不消耗人力物力，因此老百姓不知道为何邦国臣服，不知道什么是恐惧。为此，普天下都称这种"谋之于阴、成之于阳"的军事策略为"神明"。

◎边读边悟◎

公元218年，刘备领兵10万围困汉中，曹操闻报大惊，起兵40万亲征。定军山一役，蜀将黄忠计斩曹操大将夏侯渊。曹操大怒，亲统大军抵汉水与刘备决战。誓为夏侯渊报仇。蜀军见曹兵势大，退驻汉水之西，隔水相拒。刘备与诸葛亮到营前观察两岸形势，谋划破敌之策。

诸葛亮见汉水上游有一土山，可伏兵千余。回营后命赵云领兵500，带上鼓角，伏于土山之下，或黄昏，或半夜，只要听到本营中炮响一次，便擂鼓吹角呐喊一通，但不出战，诸葛亮自己隐在高山上观察敌军动静。

第二天，曹兵到阵前挑战，见蜀营既不出兵，也不射箭，叫喊一阵便回去了。到了深夜，诸葛亮见曹营灯火已灭，军士们刚刚歇息，便命营中放炮，于是赵云的500伏兵也鼓角齐鸣，喊声震天。曹兵惊慌，疑有蜀兵劫寨，赶忙披挂出营迎敌。可出营一看，并不见有什么蜀兵劫寨，便回营安歇。待曹兵刚刚歇定，号炮又响，鼓角又鸣，呐喊又起。一夜数次，弄得曹兵彻夜不得安宁。

一连三夜如此，曹操惊魂不定，寝食不安。有人对曹操说："这是诸葛亮的疑兵计。不要理睬他。"可曹操说："我岂不知是孔明的诡计！但如果多次皆假，却有一次真来劫营，我军不备，岂不要吃大亏！曹操无奈，只得传令退兵30里，找空阔之处安营扎寨。

诸葛亮用打草惊蛇之计逼退曹兵，便乘势挥军渡过汉水，背水扎营，故意置蜀军于险境，这又使曹操产生了新的疑惑，不知诸葛亮将使什么诡计。曹操深知诸葛亮一生谨慎，认为他如果不是胜券在握，是决不会走此险棋的。

为探听蜀军虚实，他下战书与刘备约定来日决战。战斗刚开始。蜀军便佯败后退，往汉水边逃去，而且多将军器马匹弃于道路两旁。曹操见此，急令鸣金收兵。手下将领都疑惑地问曹操："为何不乘胜追击，反令收兵？"曹操说："看到蜀兵背水扎寨，我原本就有怀疑，现在蜀兵刚交战就败走，而且一路丢下许多军器马匹，更说明是诸葛亮的诡计，必须火速退兵，以防上当。"

正当曹兵开始掉头后撤时，诸葛亮却举起号旗，指挥蜀兵返身向曹兵冲杀过来。曹兵大溃而逃，损失惨重。这是诸葛亮用计设险局、临阵佯败、打草惊蛇的计策置曹操于疑惑、惊恐之中，再次巧妙地击溃了曹兵。

"不争、不费"的意思是不经过激烈战争、不耗费财力与物力，从而取胜于无形之中，与《孙子兵法》中"不战而屈人之兵"是一个道理。从打草惊蛇的计谋考虑，其运用条件必须是知己知彼，敌方兵力没有暴露或者意向不明时，切不可轻敌冒进，应当查清敌方主力配置和运动状况后再做打算。

李欢在纽华城的一家百货公司买了一套衣服，这套衣服穿起来实在令人太失望了，上衣褪色，且把衬衫领子弄得很黑。于是，他把这套衣服拿回那家百货公司，找到那个当时跟他交易的店员，告诉他真实的情形。事实上，他是想要把经过情况告诉给那个店员，可是他办不到，刚想要说话，就被那个似乎很有口才的店员打断了。店员说："这种衣服，我们卖出去有几千套了，这是第一次有人来找碴。"这个店员说了这样的话，而且声音大得出奇，话中的含意就像是："你在说谎，你以为我们是可以欺侮的吗？哼！我就给你点儿颜色看看！"

正在双方争论激烈的时候，另外一个店员走了过来，说："所有黑色的衣服，开始都会褪一点儿颜色的，那是无法避免的。这种价钱的衣服，都是这种情况，那是料子的关系。"

听了这话，李欢先生气得直冒火，刚想要发怒，这家百货公司的负责人走了过来，接下来，他的行为使李欢这个恼怒的人变成了一个满意的顾客。他是怎么做的呢？他把这件事分成了三个步骤：

第一，他让李欢从头到尾说出事情的经过，他则静静地听着，没有插过一句话。

第二，当李欢讲完那些话后，那两个店员又要开始与李欢争辩，可是那位负责人却站在李欢的角度跟他们辩论，他说李欢的衬衫领子很明显是被这套衣服染污的，他坚持表示：这种不能使顾客满意的东西，是不应该卖出去的。

第三，他承认他不知道这套衣服是这样差劲，而且坦率地对李欢说："您认为我该如何处理这套衣服？您尽管吩咐，我可以完全按照您的意思办。"

早在几分钟前，李欢还想退掉这套讨厌的衣服，可是现在的他却这么回答："我可以接受你的建议，我只是想知道，褪色的情形是否是暂时的。或者你们有什么办法，可以使这套衣服不再继续褪色。"

于是，这位负责人建议李欢把这套衣服带回去再穿一个星期，看看情形如何，并说："如果到时您仍然不满意的话，就请拿来换一套满意的。给您添了麻烦，我们感到非常抱歉。"

最后，李欢满意地离开了那家百货公司，一个星期后，那套衣服没有发现任何毛病，而李欢也恢复了对那家百货公司的信心。同时，他发表了一番感慨，他认为，那位先生之所以能成为那家百货公司的负责人，就是因为他能够倾听顾客的心声；而那些店员，之所以一直停留在店员的位置上，就是因为他们从来都没想过听完顾客要说的话，总是半路就把对方给打断了。

由此可见，开始挑剔的人，往往会在一个具有耐心的倾听者面前软化下来。注重实际的学者伊利亚说过："一个成功的人际交往并没有什么神秘的诀窍，专心地静听他人对你讲的话，那是最重要的，再也没有比这个更重要的了！"

揣摩术：
探知别人心理，权衡利弊得失

　　所谓"揣"就是指揣摩、估计、推断等等，通过这些方法对游说对象做出较为准确的判断，以达到自己的目的。揣的范围有两种：一是"权量"，也就是考察一国的综合国力，包括财富的多少、民众的贫富、地形的利弊、谋士的忠奸、君臣的关系，以及百姓的向背等等；二是"揣情"，也就是揣度游说对象的内心思想，了解对方的喜好与厌恶，以求应和其心意，有利自己下一步的游说计划，以便制定出具体的切实可行的游说之策。

1. 用天下者，必量天下

——条件不成熟就不要盲目行动

◎妙语赏析◎

古之善用天下者，必量天下之权，而揣诸侯之情。量权不审，不知强弱轻重之称；揣情不审，不知隐匿变化之动静。何谓量权？曰：度于大小，谋于众寡；称货财之有无，料人民之多少、饶乏。有余不足几何？辨地形之险易，孰利孰害？谋虑孰长孰短？

◎原文释义◎

上古时代善于治理天下的人，必定要权衡天下的形势。并且要揣摩各地诸侯的实情。假如衡量权势而不够详细，就不能知道诸侯的强弱虚实。假如揣摩实情而不够详细准确，就无法洞悉全天下的时局变化。什么叫作"衡量权势"呢？答案是：要测量大小，要谋划众寡，衡量物质财富的有无与数量的多少；估料民众的多少及其富足还是贫乏、有余还是不足的程度如何；辨别地形的险要与平易，以及对谁有利，对谁有害；谋略运筹方面，哪一方高明，哪一方拙劣。

◎边读边悟◎

三国时期，曹操在官渡之战中击败袁绍，统一了北方，而后兴兵向南。在强敌压境、存亡未卜的危急关头，孙权和刘备为了避免彻底覆灭，终于结成了联合抗曹的军事同盟。

公元208年，周瑜率兵沿长江西上到樊口与刘备会师。尔后继续挺进。在赤壁与曹军遭遇，曹军受挫，退回江北，屯军乌林，与孙、刘联军隔江对峙。

孙、刘联军虽占有天时、地利、人和方面的优势，但毕竟力量弱小，要打败强大的曹军谈何容易！当时曹军疾病流行，又多是北方人，不习水性，只好把战船用铁环首尾相接起来。周瑜的部将黄盖针对敌强我弱、不宜打持久战及曹军士气低落、战船连接的实际情况，建议采取火攻，奇袭曹军战船。周瑜采纳了这一建议，制订了"借助风势，以火佐攻"，因乱而击之的作战方略。

周瑜利用曹操骄傲轻敌的弱点，先让黄盖写信向曹操诈降，并与曹操事先约定了投降的时间。曹操不知是计，欣然应允。于是，黄盖率艨艟（一种快速突击的小船）、斗舰数十艘，满载干草，灌以油脂，并巧加伪装，插上旌旗。同时预备快船系挂在大船之后，以便放火后换乘，然后扬帆出发。当时，江上正猛刮着东南风，战船迅速向曹军阵地接近。曹军望见江上船来，均以为这是黄盖如约前来投降，皆"延颈观望"，丝毫不加戒备。

黄盖在距曹军不到一里时，下令各船同时点火。一时间火烈风猛。船往如箭，直冲曹军战船。曹军船只首尾相连，分散不开，移动不得，顿时曹军的战船便成了一片火海。这时，风还是一个劲地猛刮，熊熊烈火一直向岸上蔓延，烧到了岸上的曹军营寨。

曹军将士被这突如其来的大火烧得惊慌失措、鬼哭狼嚎、溃不成军，烧死、溺死者不计其数。在长江南岸的孙、刘主力舰队乘机擂鼓前进，横渡长江，大败曹军。

曹操被迫率军由陆路经华容道向江陵方向仓皇撤退，行至云梦时曾一度迷失道路，又遇上大风暴雨，道路泥泞不堪，以草垫路，才使得骑兵得以通过。一路上，人马自相践踏，死伤累累。孙、刘联军乘胜水陆并进，穷追猛打，扩大战果，一直追击到南郡。曹操留曹仁、徐晃驻守江陵，乐进驻守襄阳，自己则率领残兵败将逃回到北方。这场赤壁大鏖兵至此以孙权、刘备大获全胜而宣告结束。

"辨地形之险易，孰利孰害？"提到的是如何辨别地形的利弊，从而为自己谋划策略创造有利条件。赤壁之战是历史上著名的以少胜多的战役。分析曹操失败的原因，除了个人的骄傲轻敌之外，更重要的一个原因就是对地形分析不够。北方人不善水战的致命弱点被孙、刘联军加以利用，从而以火攻导致了魏军的惨败。

我们说一件事的成败要考虑"天时、地利、人和"。战场上不仅要善于观察"地利"，还要重视"人和"的作用。

李膺是南朝宋时涪县（今四川绵阳县）的县令，公元501年，萧衍在襄阳起兵讨伐南齐，立萧宝融为帝。此后，萧衍又联合邓元起进攻郢州城。不久便攻下郢州，萧衍便让邓元起任益州刺史，代替原益州刺史刘季连。

　　刘季连原是南齐皇帝萧宝卷任命的，萧衍起兵讨伐萧宝卷时，刘季连犹豫不定，左右摇摆。当他得知自己将被取代时，就征召士兵，誓守益州。

　　邓元起得到刘季连誓守益州的消息后，便先进兵巴西（今四川绵阳），太守禾士略开城投降。于是他开始招兵买马，一时间便使自己手下增至三万人。可是四川长期战乱频繁，人们大多逃亡，田地荒芜，无人耕种，三万人马的粮草供应竟成为问题。邓元起对此一筹莫展，不知如何是好。

　　这时有人出主意说："蜀地政治混乱，连年争战，很少有人想在这获取东西。他们认为这里的百姓已所剩无几，即使有，也是伤残带病的，没有丝毫用处。实际上并非如此，老百姓往往趁政治混乱、管理松懈的时机，在户籍上假装残疾，以欺骗官府、逃避赋税，这种情况在巴西郡尤为严重。如果您现在下令核实户籍，把那些假装残疾的人给以重罚，粮草之事，几天便可解决。"

　　邓元起听从了这个意见，准备派人核查户籍，以筹备粮草。

　　涪县县令李膺知道了这个消息后，连忙拜见邓元起说："请大人先不要这样做，我对巴西的情况很熟悉，让我来告诉您怎么办吧。"

　　邓元起见李膺相貌堂堂，一股浩然正气，便下令先不要核查户籍，看看这位涪县县令有什么高明之策。李膺说："刘季连拥兵誓守益州，又派出强将准备来讨伐大人，现在您是前有强敌，后无增援。如今又处在粮草短缺的境地，巴西人们刚刚依附于您，正在观望您的德政如何。这时候如果核查户籍，对隐瞒的人，施以重罚，则会造成他们的不满。他们忍无可忍，便会趁机作乱，对您有百害而无一利。万一离心离德，您后悔都来不及了。孟子说过'为渊驱鱼者，獭也；为丛驱雀者，鹯也；为汤武驱民者，桀与纣也。'大人该不会不懂这个道理吧！"

　　邓元起听了之后高兴地说："我差点听信小人之言啊！既然你能分析透这件事情，又对巴西很了解，那粮草之事，就交给你去办吧！"

　　于是李膺答应邓元起，五天之内筹备齐粮草。他命人把当地的富户找来，对他们说道：

　　"如今形势朝不保夕，谁能预料到第二天还能不能活！难道你们不想过太平日子吗？现在邓元起将军领兵接任益州刺史，而原益州刺史刘季连却陈兵反对。邓元起将军一心要为民造福，却因粮草短缺不能实现。我劝各位往长远处着想，帮邓灭刘，如果到时天下太平了，我们巴西也可沾光；如果死守财物，说不定哪天就会被乱兵抢夺一空啊！"

众人听了，都连声说："正应如此，正应如此。"

不到三天，李膺便将粮草如数交给邓元起。

"称货财之有无，料人民之多少、饶乏、有余不足几何"说的就是在制订策略时要考虑到百姓钱财的多少、民众的反应如何。在战乱纷纷的年代，百姓深受其害，所以才假装残疾以逃避征兵和纳税。这是他们谋求生存的最后一道防线，如果把它也打破了，后果不堪设想。李膺深明此理，所以不向穷苦的百姓筹粮，只从富户身上想主意。富户虽然爱钱，但是毕竟性命重要，为了保住生命，就只能拿钱来换了。

有的时候，成功需要的是当局者付出一定的代价，并且善于运用"天时"的作用。

托尼·怀特在辞职后不久，出人意料地选择了接管濒临倒闭、惨淡经营多年的实验仪器制造企业——帕金艾默公司。

怀特入主帕金艾默首先面临的是公司董事们一致的诘问："世界上有那么多前景看好的公司你不去，怎么选择了帕金艾默？"的确，帕金艾默已每况愈下，产品造价高昂，销售已成为最大的难题。然而，怀特看好这家公司的理由是：帕金艾默拥有极具开发价值的聚合酶链反应技术专利，即PCR技术，这是一种已广泛应用于法医鉴定和研究领域的DNA复制技术，此外，基因分析仪器在生物制药领域已得到越来越广泛的应用，该公司可转型生产用于基因和糖精核酸（DNA）的编码分析仪。在其他企业家都没有看到生物技术正处于方兴未艾，是一个潜力巨大的朝阳行业时，怀特使公司悄无声息地进入了这一领域并从另一破产的公司手中买下了一个实验设备厂。

怀特开始大刀阔斧地改革。他首先招兵买马，笼络技术领域的人才。为降低费用，他聘用退休技术人员，辞退80%的非研究人员。他甚至将帕金艾默的商标卖掉，以补足急需的项目资金。他将总公司更名为"PE生物技术控股公司"，对企业内部进行了改组和资产置换，筹集到大笔资金，然后把帕金艾默一分为二，即PEBio和塞雷拉公司，使其双双上市筹集资金。消息不胫而走，投资者蜂拥而来，他们如发现新大陆一样看好其发展前景。PEBio和塞雷拉公司的股票开始双双攀升，许多职员一夜之间成为百万富翁。

塞雷拉公司与PEBio就像两匹战马一样并驾齐驱。塞雷拉以绘制基因编码图谱为主，向所有的生物制药企业提供基因编码信息；PEBio生物系统仪器公司为塞雷拉提供绘制所需的成套设备，它号称拥有世界上运行最快，能绘制所有生物共生群种基因图谱的BEl3700系统，不仅如此，它还能为多种类基因编码排序，因此受到众多生物公司的青睐。这两匹"战马"相辅相成，共同完成绘制基因编码图谱的任务。

塞雷拉公司的商业动机是不言而喻的，他们将向制药商索取巨额资金，以向其提供重要的基因数据。如今，诸如辉瑞公司、诺威蒂斯公司等世界知名制药商每年要向塞雷拉支付至少500万美元才能获取生物制药急需的基因编码数据。而原来对塞雷拉持否定态度的批评家们发现，怀特看中的是基因编码市场切入口的潜在价值，他投下的"赌注"是不无道理的。

"善用天下者，必量天下之权，而揣诸侯之情"，就是说做大事的人，一定要善于把握天下局势的变化，并善于揣测各路诸侯的发展趋势和需求。而在做事时，必定要先了解自己所处的具体环境，自己的优势是什么，有没有"王牌"可握。怀特正是看中基因编码市场切入口的潜在价值，才敢于投下巨大的赌注的。

人是社会性的动物，社会环境对于个人和企业的发展具有重要的影响。人们一般用"天时、地利、人和"来对社会环境加以概括。对于渴望成功的人而言，这三者都是需要加以考虑的因素。鬼谷子这里所说的"量权""揣情"，是需要下大功夫的。

2. 能知五察，是谓权量

——有所为有所不为

◎妙语赏析◎

君臣之亲疏，孰贤孰不肖？与宾客之知睿，孰少孰多？观天时之祸福，孰吉孰凶，诸侯之亲，孰用孰不用？百姓之心，去就变化，孰安孰危？孰好孰憎？反侧孰便？能知此者，是谓权量。

◎原文释义◎

考察君臣之间的亲疏关系如何，以及谁更贤能。谁更不肖；还有宾客幕僚的智慧，哪一方少，哪一方多；观察天时的祸福，何时吉利，何时凶险；与诸侯之间的关系亲疏远近，哪些诸侯可以效力，哪些诸侯不能利用；天下百姓的人心向背变化，哪些地方平静，哪些地方有危机，哪些人受人拥戴，哪些人受人憎恶，如果发生反叛，如何察知？能做到以上这些的统治者，就可以称作是善于权衡天下形势的政治家。

◎边读边悟◎

宋仁宗时期，富弼采用了李仲旦的计策，从澶州的商胡河开凿六漯渠流入横陇的故道，以增加宋朝的水利灌溉渠道。贾昌朝素来憎恨富弼，于是暗地勾结宦官武继隆，想置富弼于死地。正在这时候，宋仁宗生病，不能上朝理政，贾昌朝便密令两个司天官趁朝中官员商讨国事时上奏道："国家不应该在北方开河，以致皇上身体不安。"众大臣听了，都不以为然。宰相文彦博知道他们是别有用心，但当时却无法制止。

数天之后，那两个司天官又上疏请皇后一同听政，并罗列许多理由来证明皇后听政是上策。

史志聪把他们的奏疏交给宰相文彦博，文彦博看后默不作声，把它藏在怀中，没有给任何大臣看，脸上却露出得意的神色。诸大臣都很奇怪，问他上面写的是什么，他只字不提，只是命人把那两个司天官召来责问："你们两人的职责是静观天象，只要略有动静，应马上上报朝廷，可是现在你们怎么想干预国家大事啊？你们的所作所为按法律应当灭族！"

两人听后非常害怕，脸色惨白，浑身发抖。

文彦博又说："我看你们只不过是自作聪明，所以不想治你们的罪，从今以后不准再如此狂妄了。"

两个连忙退出，文彦博这才取出奏疏让诸位大臣观看。

大臣们看后全都愤怒地说："这两个人如此大胆滥讲，为什么不斩首呢？"

文彦博说："把这两个人斩首，事情就会张扬开来，对皇后和在宫中养病的皇上都不是好事，一定会影响他们。"

诸位大臣连忙说："你说得有道理。"

接下来他们一同商议派遣司天官去测定六漯渠方位，文彦博便指名让那两人前去。

武继隆请求把他们留下，文彦博说道："他们只不过是小小的司天官，竟敢如此胆大妄为，议论国事，这其中一定是有人在暗中教唆！"

武继隆铁青着脸，一言不发。

那两个人到了六漯渠以后，恐怕朝廷治他们的罪，于是就改口说："六漯渠在京师的东北方向，不是正北方向，开河之事根本没有什么害处。"

后来宋仁宗的病渐渐好了，精神也渐渐地恢复，这件事就这样化于无形之中。

"君臣之亲疏孰贤、孰不肖。"文彦博不但明察秋毫，还有一双善辨忠奸的眼睛。为了平息这场风波，他尽量把大事化小，小事化了，以免事态扩大而导致无可挽回的损失。面对两个司天官的无理，他丝毫没有动怒，而是在平静中制止了一场争斗，同时又让皇上、皇后得到了安宁，而武继隆也受到了震慑，真可谓一箭二雕。

商场如战场，想要获得成功，必定要先付出一定的代价。

辛亥革命前，是山西大德通票号最兴盛的时候，但总经理高钰没有得意忘形，而是冷静处事，凡重大进退总是三思而后行。当时，三岁的小儿溥仪被扶上了皇帝宝座，高钰就看出天下将不安的苗头，于是在经营上采取保守的做法。稍后，革命党人在南方的活动加剧。高钰便觉得事必大变，所以采取了急流勇退的方式，迅速收敛业务。高钰的这一举措，与当时票号界的隆盛局面极不相称，受到世人的讥讽。他的收敛之计刚刚就绪，辛亥革命就爆发了！于是，绝大多数票号由于准备不足，猝不及防，在挤兑风潮的袭击下纷纷关门！而在这些票号遭受这场灭顶之灾时，大德通票号却有备无患，安然渡过了这场金融风暴！

高钰的聪明之处，就在于他知道票号的经营与政局关系极大，一有大的政变，就可能引起灾难性的后果。因此，他密切关注时局的变化，以此为根据决定自己的经营策略，显然这是一种十分明智的做法。

以"石油大王"的名号著称于世的洛克菲勒，当初也是靠着料事如神的绝招打开了巨大财富的大门。1859年，当美国宾夕法尼亚州出现了第一口油井时，洛克菲勒就看到了这项风险事业的前景。在别人畏缩不前的时候，他凭借非凡的冒险精神与合伙人争购了安德鲁斯–克拉克公司的股权。当他所经营的标准石油公司在激烈的市场竞争中控制了美国出售全部炼制石油的90%时，他并没有就此止步。到19世纪80年代，有人在利马地区发现了一个大油田，因为含碳量很高，人们称之为"酸油"。当时没有人能找到一种行之有效的方法提炼它，因此只卖一角五分一桶。而洛克菲勒认为这种石油总有一天会找到方法提炼，所以执意要买下这个油田。当时他的建议遭到董事会大部分人的反对，而他却说："我将冒个人风险，自己拿出钱投资这一产品。如果必要，拿出200万或300万美元。"他的决心终于取得了董事们的同意，得以实行这一决策。结果，才过了两年时间，洛克菲勒就找到了炼制"酸油"的方法，于是这个油井打出来的石油价格一下子从一角五分涨到了一元，标准石油公司在那里建造了全世界最大的炼油厂，赢利猛增到了几亿美元。

有的时候，成功需要的是当局者丢卒保车的举动和具有远见的眼光。有所为有所不为，是一个大将应该具有的能力。

3. 其有恶也，不隐其情
—— 从薄弱环节入手，打开突破口

◎妙语赏析◎

揣情者，必以其甚喜之时，往而极其欲也，其有欲也，不能隐其情；必以其甚惧之时，往而极其恶也，其有恶也，不能隐其情。

◎原文释义◎

所谓揣情，就是必须在对方最高兴的时候，去加大他们的欲望，他们既然有欲望，就无法按捺住实情；又必须在对方最恐惧的时候，去加重他们的恐惧，他们既然有害怕心理，就不能隐瞒住实情。

◎边读边悟◎

战国时期，魏国发兵大举进攻中山国。魏文侯的弟弟任主帅仅用三个月，便把中山国消灭了。

魏文侯于是大摆宴席，热烈庆贺，并决定由自己的儿子去管理中山国的土地。众大臣们惊愕不已，面面相觑，不做一声。因为按照当时魏国的惯例，中山国应该交给文侯的弟弟管理，这是对功臣的一种奖励。文侯的弟弟听了这个宣布后，也起身拂袖而去。

魏文侯做了这件事后，自己心虚，害怕人们议论自己，就召集大臣们故意问："我是个什么样的君主呢？请大家直说无妨。"

许多大臣都恭维地说道："大王功在千秋，百姓们爱戴，当然是仁君了。"

魏文侯听了，半信半疑，瞅着各位大臣笑着说道："是吗？难道我就没有一点过错吗？"

众大臣又附和着说："大王英明神武，哪里会有过错呢？"

大臣任痤说道："国君夺取了中山国之后，不封给有功的弟弟，却封给了自己的儿子，这怎么可以称为仁君呢？"

魏文侯一听，正好触到自己的痛处，顿时满脸生出愤怒之色，任痤见文侯恼羞成怒，急忙离座而去。

"你认为我是一个什么样的君主呢？"文侯又问身边的大臣翟璜。

翟璜平静地施了一礼说道："我认为您是仁君。"

"你为什么这样认为呢？"

翟璜知道大王必有这一问，于是把准备好的回答全盘托出："我听说，哪个国家的君主贤明仁厚，哪个国家的大臣就正直不二，从不隐瞒自己的观点。刚才任痤说话十分坦率，句句在理，所以我认为您是位贤明仁厚的君主。"

魏文侯听完，方才悔悟，便立即派人把任痤请回，又亲自下堂迎接，待为上宾。

翟璜在此劝谏文侯时并没有直接指出他的过错，而是顺着任痤的言辞与其展开交流，以赞扬之语去警示魏文侯，让其从内心深处认识到自己的错误，并及时改正。可见翟璜巧托他语，委婉劝诫，深得迂回之精髓。

鬼谷子是见缝插针的行家，他强调游说要抓住对方"甚喜""甚惧"两个时机，以此作为突破口。同样，我们在做事时，也要事先寻找突破口，使自己获得更快速、更完美的成功。

俗话说：打蛇要打七寸。在古代战争中，聪明的将帅总是能从失利中总结经验教训，找到敌人的弱点，并对其实施毁灭性的打击，从而使自己一战而胜。明朝末年，后金汗努尔哈赤率大军进攻宁远，宁远守将袁崇焕身先士卒，奋勇抗敌，用大炮击伤努尔哈赤。努尔哈赤自起兵以来首尝败绩，又身受重伤，羞愧愤懑而死。皇太极继位后，又率师与袁崇焕交手，再次兵败而回。又经过几年的准备，皇太极再次攻打明朝。他为避开袁崇焕的守地，由内蒙古越长城，长驱而入，直逼京师。袁崇焕立即率部入京勤王，日夜兼程，比满兵早三天抵达京城广渠门外，做好迎敌准备，满兵刚到即遭迎头痛击。皇太极视袁崇焕为生平劲敌，又忌又恨。为了除掉袁崇焕，皇太极绞尽脑汁，定下借刀杀人之计。皇太极深知崇祯帝猜忌心重，难以容人，于是秘密派人用重金贿赂明廷宦官，向崇祯告密，说袁崇焕已和满洲订下密约，故此满兵才有可能深入内地。崇祯大怒，将袁崇焕下狱问罪，并不顾将士吏民的请求，将袁崇焕残酷杀害。皇太极除掉心腹之患后，从此更加肆无忌惮，而明朝至此气数已尽，不久即亡于李自成之手。

　　袁崇焕是我国古代罕见的军事天才，他接连击败努尔哈赤和皇太极，将清军死死地拦截在山海关以外，被视为明王朝最后一道坚固的"长城"。可是，睿智的皇太极却找到了这道长城的突破口，即崇祯皇帝的猜忌心。于是他略施小计，就达到了在战场上无法实现的目标，使得崇祯帝自毁"长城"，加速了明王朝的灭亡。

　　不仅仅是在历史中如此，在现代商业中，若能掌握人性的弱点，也不难打开生意的突破口。

　　有个商人到小镇去推销鱼缸，尽管鱼缸做工精细、造型精巧，但问津者寥寥无几。商人采取了很多促销手段，都没有什么效果。有一天，他突发奇想，跑到花鸟市场以低价买了500条小金鱼，来到穿镇而过的水渠上游，把这500条小金鱼都投了进去。小渠里有了一条条漂亮、活泼的小金鱼，这条消息很快就传遍了小镇！

　　镇上的人们争先恐后拥到渠边，许多人跳到渠里，小心翼翼地捕捉小金鱼。捕到小金鱼的人，立刻兴高采烈地去买鱼缸；那些还没捕到的人，也纷纷拥上街头抢购鱼缸。大家都兴奋地想："既然渠里有了金鱼，虽然自己今天没捕到，但总有一天会捕到的，那么鱼缸早晚能派上用场。"卖鱼缸的商人把售价抬了又抬，但鱼缸还是很快就被人们抢购一空了。

　　寻找突破口，多少有点剑走偏锋的意思，说白了就是钻空子。不过，在以正常方式难以奏效的情况下，偶尔"钻钻空子"，略施小计就能推动某件事的发展。这种本小利大的事情，何乐而不为呢？

4. 情变于内，形见于外

——善于调动对方的情绪

◎妙语赏析◎

感动而不知其变者，乃且错其人勿与语，而更问所亲，知其所安。夫情变于内者，形见于外。故常必以其见者，而知其隐者。此所谓测深揣情。

◎原文释义◎

对那些已经受到感动之后，仍看不出有异常变化的人，就要改变游说对象，不要再对他说什么了，而应改向他所亲近的人去游说，这样就可以知道他安然不为所动的原因。那些感情从内部发生变化的人，必然要通过形态显现于外表。所以我们常常要通过显露出来的表面现象来了解那些隐藏在内部的真情。这就是所说的"测深揣情"。

◎边读边悟◎

自唐末以后，数十年之间，换了八姓的帝王，争战一直不停，直到宋太祖赵匡胤重新统一中国。

一天，宋太祖召见赵普，有意问道："天下自唐末以来，朝代频繁更迭，帝王换了八姓，一直战乱不止，生灵涂炭。我想罢息干戈，为国家作长久的打算，应当怎样做呢？"

赵普沉思了一会儿，乘机回答："向来方镇之权太重，所以天下不安。现在应削夺其权，削其钱谷，收其精兵。如此天下自然就安定了。"

赵普还以大树为喻，说如果树枝过大就应修剪，应始终保持强干弱枝。树干支配树枝，大树自然越长越繁茂。他还向赵匡胤提出了朝廷集中政、军、财权的三大纲领。

太祖听罢，良久不语。原来，赵匡胤做了皇帝后，在陈桥兵变中支持他并出了大力的结拜兄弟石守信、王审琦等人各自分典禁军。赵普出于对他们手握重兵的忧虑，建议赵匡胤削夺他们的兵权。

赵匡胤认为这些结拜兄弟多年来与自己出生入死，情同手足，怎么会背叛自己呢？于是，赵普委婉而振振有词地对他说："我并不是怕他们本人背叛，只是石守信、王审琦等人没有统御部下之才，万一军中有作孽煽动之人要拥立他们做皇帝，到那时他们也身不由己了。陛下当年不也是这样吗？"

他的话锋利无比，正触到赵匡胤的痛处，使他下定决心削夺石守信等人的兵权。

不久，赵匡胤召集石守信等人宴饮。君臣无间，好不畅欢。在酒醉耳热之际，赵匡胤长吁短叹，显得忧心忡忡，很不开心。他屏退左右随员，对石守信等人说："我没有你们这般兄弟的力量，不会有今天这个地位。然而，天子非常难当，还不如当个节度使快活；当天子每天担惊受怕，连睡觉都睡不安稳。"

石守信等人大惊，忙问其故。赵匡胤说："这并不难知，天子这个职位，谁不想谋取呢？"

石守信等人一听，酒意去了大半，连忙叩头跪拜说："陛下怎么说这样的话呢？如今天下已安定，谁还敢再有异心！"

赵匡胤面带醉意回答说："你们当然不会，但假如你们的部下有贪图富贵的，一旦把黄袍披在了你们身上，你们虽不想当天子，但能办得到吗？"

石守信等人听了心惊肉跳，痛哭流涕，跪求赵匡胤替他们指点迷津。赵匡胤附耳低语道："你们为什么不放弃兵权，外出做一地方大员，买些良田美宅，为子孙多办些家业，再多弄些歌妓舞女，每日饮酒作乐，以终天年呢？我再与大家结成儿女亲家，君臣之间没有猜疑，上下相安，不是很好吗？！"石守信等人听罢感恩拜谢。

第二天，石守信等人都称病交出了兵权。这就是历史上著名的"杯酒释兵权"。通过这种方法，赵匡胤解除了石守信等人统领禁军的职务，并命他们到外地去做官。以后，他又以同样的手段将一批节度使免去职务，给以无实权的"奉朝请"之类的闲散职务。这样，赵匡胤就牢牢控制了军队的权力，消除了将领拥兵自大、谋求皇位的后患。

赵普在此劝谏宋太祖解除手下大将的兵权，用的就是旁敲侧击的言辞。他不急于直接进言，而是以大树为喻，让太祖自己去领悟。虽然赵普读书不多，但却是以"半部《论语》巧治天下"出名的。他的"巧"，在于他善于思索，为了使宋太祖的统治得以巩固，他以史为鉴，联系实际，触动往事，促使宋太祖做出了"杯酒释兵权"的决策。

明宪宗时，有一个在宫中唱戏的小太监，名叫阿丑。他善于幽默，聪明灵活，常常逗得看戏的皇亲国戚捧腹大笑。虽然他只是一个为皇族演戏解闷的小太监，但却秉性耿直、疾恶如仇。

宪宗当时昏庸无道，信任欺上瞒下的太监汪直，并任命他为西厂的总管。汪直掌握了大权后，不分昼夜地刺探官民的动向，还常常牵强附会，胡乱定罪，被他投进大牢的人不计其数。一时间民怨沸腾，朝廷诸臣却敢怒而不敢言。

宪宗不但觉得汪直对自己忠心耿耿，极力重用，而且对巴结汪直的左都御史王越和辽东巡抚陈钺两人也宠爱有加。这两个官员依仗汪直的权势专横跋扈、尖酸刻薄，不但不择手段地排挤和他们意见分歧的朝臣，还陷害了不少正直刚烈的大臣。由于这三个人，上至朝廷官员，下至黎民百姓，个个人心惶惶，国家一片纷乱。

许多一心为国的正直大臣向明宪宗进谏，揭露汪直三人的专横，陈说他们权势过重的危害和仇怨众多的严重性。可是宪宗对此却充耳不闻，觉得是其他大臣对自己的忠臣心生嫉妒、蓄意诽谤。因此只要有前来劝谏的大臣，他都断然拒见，或者厉声呵斥。

阿丑早就对汪直等人心存不满，但见到诸大臣直谏不行，反而碰一鼻子灰。他于是决定寻机委婉地劝谏宪宗。他费尽心思编排了两出戏目，一直等着皇上前来观看。

一天，宪宗正为大臣们上奏弹劾汪直的事情心烦，为了散心就前来看阿丑演戏。阿丑兴致勃勃地表演第一出戏，转眼间他就从一个太监变成了一个酗酒者。他表演的这个醉鬼跌跌撞撞地四处走动，指天指地谩骂。另外一个演戏的上台了，他扮演的是一个过路人。只见"过路人"慌忙上前，搀扶着"醉鬼"，说："某官到了，你还在这儿游荡，是大不敬啊！"

"醉鬼"置若罔闻，依然我行我素。"过路人"又对他说："御驾到了！我们赶快让道吧！""醉鬼"依然谩骂不止，不理不睬。"过路人"又说："宫中汪大人到了。""醉鬼"立即慌了手脚，酒也醒了大半，紧张地环顾四周。"过路人"好奇地问："皇帝你尚且不怕，还怕汪太监？""醉鬼"慌忙捂住"过路人"的嘴巴，低声说："不要多嘴！汪太监可不是好惹的，我怕他！"宪宗看到这里不禁紧锁眉头，若有所思，一会儿就离开了。

第二天，皇上又来看戏，并且点明要看阿丑的戏。阿丑按照自己的计划把排练好的第二出戏搬上了戏台。

这一次，阿丑竟然装扮成汪直，穿上西厂总管的官服，昂首挺胸，左右各拿一把锋利的斧头。只见"汪直"在路上行走，其态如螃蟹，四处横行。又有"过路人"问："你走个路还拿两把斧子，不知有何用处？""汪直"立即露出不屑一顾的表情说："你何以连钺都不认识，这哪儿是斧！分明是钺！""过路人"又问："就算是钺，你持钺何故？""汪直"洋洋得意地笑道："我今日能大行其道全仗着这俩钺呢，它们可不是一般的钺！""过路人"好奇地问："不知它们有何特殊之处？您的两钺为何名？""汪直"哈哈大笑道："你真是孤陋寡闻，连王越、陈钺都不知道吗？"

宪宗听后哈哈大笑，心中暗自讥笑自己："你也是孤陋寡闻啊！"看罢戏，宪宗立即下达诏书，撤去汪直、王越和陈钺的官职，谪贬外地。

对于不通情理的游说对象，有时采用旁敲侧击的方法比直接进言更有效。阿丑在此通过事先排练好的两出戏触动了曾经一直亲小人、远贤臣的明宪宗，给了他一个深深的警告，并最终除掉了奸臣。

5. 饵而投之，必得鱼焉

——善于使用"诱饵"，因敌制胜

◎妙语赏析◎

古之善摩者，如操钩而临深渊，饵而投之，必得鱼焉。故曰：主事日成而人不知，主兵日胜而人不畏也。

◎原文释义◎

古代善于"摩意"的人，就像拿着钓钩在水潭边钓鱼一样。只要把带着饵食的钩投入水中，不必声张，悄悄等待，就可以钓到鱼。所以说：主办的事情一天天成功，却没有察觉；主持的军队日益压倒敌军，却没人感到恐惧，只有做到这样才是高明的。

◎边读边悟◎

战国中期，齐、魏两国因向外扩张势力而引发了桂陵之战，结果齐军在孙膑和田忌的指挥下打败了魏军。魏军虽在桂陵之战中严重失利，但并未一蹶不振。到公元前342年，魏国又发兵攻打韩国，韩国危急中遣使向齐国求救。

齐威王答应救援，他抓住魏、韩皆疲的时机，任命田忌为主将，孙膑为军师直趋大梁。魏惠王得知后，转将兵锋指向齐军，任命太子申为上将军，庞涓为将，率雄师十万，扑向齐军，企图同齐军一决胜负。

这时齐军已进入魏国境内纵深地带，魏军尾随而来，一场鏖战不可避免。孙膑胸有成竹，指挥若定。他针对魏兵强悍善战、素来蔑视齐军的情况，判断魏军一定会骄傲轻敌、急于求战、轻兵冒进，决定示形误敌，诱其深入，尔后予以出其不意的致命打击，并定下减灶诱敌、设伏聚歼的作战方针。

战争的进程完全按照齐军的预定计划展开。齐军与魏军刚一接触，就立即佯败后撤，并按孙膑预先的部署，施展了减灶的计策。第一天挖了十万人煮饭用的灶，第二天减为五万灶，第三天又减为三万灶，造成在魏军追击下，齐军士卒大批逃亡的假象。庞涓认定齐军斗志涣散，士卒逃亡过半，于是丢下步兵和辎重，只带着一部分轻装精锐骑兵，昼夜兼程追赶齐军。

孙膑根据魏军的行动，判断魏军将于日落后进至马陵。马陵一带道路狭窄，树木茂盛，地势险阻，是打伏击战的绝好处所。于是他就利用这一有利地形，选择齐军一万名善射的弓箭手埋伏于道路两侧，规定到夜里以火光为号，一齐放箭，并让人把路旁一棵大树的皮剥掉，上面书写"庞涓死于此树之下"几个大字。

庞涓的骑兵于孙膑预计的时间进入齐军预先设伏区域，庞涓见剥皮的树干上写着字，但看不清楚，就叫人点起火把照明。字还没有读完，齐军便万弩齐发，给魏军以迅雷不及掩耳的打击，魏军顿时惊恐失措，大败溃乱。庞涓智穷力竭，眼见败局已定，遂愤愧自杀。齐军乘胜追击，又连续大破魏军。前后歼敌十万余人，并俘虏了魏军主帅太子申。马陵之战以魏军惨败而告终结。

孙膑在此也是成功运用了诱敌深入的计谋，他以佯败后撤的方法引诱庞涓深入，设下"鱼饵"，待到魏军完全进入自己的伏击圈后，便全力以赴地消灭敌人，这便是"钓"。从运用方法上看，孙膑采用的便是引诱法（飞箝术中曾提到过），在预测到魏军骄傲轻敌、急于冒进的弱点后，便抓住这一弱点，采用诱敌深入的方法，一举歼灭了敌人。

马陵之战是我国历史上一场典型的"示假隐真"、相机诱敌、设伏聚歼的成功战例。齐军取得作战胜利，除了把握时机得当，将帅之间的密切合作，正确预测战场和作战时间以外，善于相敌诱敌，把握敌情，因敌制胜乃是关键性的因素。

接下来是关于我们大家都熟知的纪晓岚巧答乾隆皇帝的故事。

纪晓岚是翰林院大学士，能言善辩，机智过人，被誉为"铁齿铜牙"。

有一天，纪晓岚陪乾隆在御花园里散步。乾隆忽然问纪晓岚："纪爱卿，忠和孝到底应该怎么解释呀？"

纪晓岚答道："君要臣死，臣不得不死，此为忠；父要子亡，子不得不亡。此为孝。"

乾隆一听，说："我现在以君王的身份，要你立刻去死！"

"这——"纪晓岚慌乱了一下，随即想出一个好主意，便说："臣遵旨！"乾隆于是好奇地问："那你打算怎样死？"

纪晓岚显得又害怕、又紧张地小心回答："跳河。"

乾隆一挥手，说："好！你现在就去跳吧！"等纪晓岚走后，他便在花园里踱着步，心想纪晓岚将会如何解脱这道难关。

不一会儿，纪晓岚便跑了回来。乾隆很奇怪，就板起脸来问道："纪爱卿，你怎么还没有去死呢？"

纪晓岚说："我刚刚走到河边时，不料碰到了屈原，他不让我跳河寻死。"

乾隆感到更加奇怪了："你这话是什么意思？"

"刚才我站在河边，正想跳下去。河里突然涌起了一个大漩涡。好像要有东西从水里冒出来一样。我一看，竟从中出来了一个人——投江自沉的楚国忠臣屈原。"纪晓岚一板一眼地说。

"真的吗？那他对你说了些什么呢？"乾隆明知他故弄玄虚，但仍想看看他如何作答。

纪晓岚不慌不忙地回答道："屈原指着我问为什么要跳河，我就把刚才皇上要臣尽忠的事情告诉了他。他说：'这就不对了！当年楚王是昏君。我不得不跳河。可是我看当今皇上是个圣明之人，不应该再有忠臣要跳河啊！你应该赶紧去问问皇上，他是不是也是昏君？如果他自认是，那时我们再作伴也不迟！'因此臣只得跑回来。"

乾隆听了，忍不住哈哈大笑："好一个巧舌如簧的机智人物！朕算服你了。"

善于运用"摩术"的人，就如同拿着渔竿在水边垂钓一般，只要运用得当，必有鱼儿上钩。乾隆本想以"君叫臣死，臣不得不死"来为难纪晓岚，却没想到纪晓岚将计就计，以碰到屈原为饵下了钩。如果乾隆确实让其投河，就证明了他的昏庸；如果就此作罢，那为难纪晓岚的计谋就以失败告终。权衡利弊，乾隆也只能暗自认输。

在现代商场中，很多企业都会使用"诱饵"以满足更多消费者的需求。

"世界红茶大王"——英国的里甫顿，以高明的营销才能而誉满天下。

有个冬季，一位乳酪制造商请里甫顿替他在圣诞节前的商品特卖期销售乳酪。思考了一阵后，里甫顿定下了"投李索桃"的策略，准备以50：1的比率在乳酪里装入一块金币。此前，他用气球在空中广发传单，大肆宣传，接着在蜂拥而至的人群面前当众装入金币。这50：1的金币使整个苏格兰沸腾了。因为在欧美曾流行这样一种说法：谁若在圣诞节前后所吃的糖果中吃到了一枚六便士的金币，他将大吉终年，万事如意。当地的报纸对于这样一个奇特的消息自然大登特评。甚至有的剧团也以此为题进行表演。于是里甫顿"得到"了一大批免费宣传员。

在金币的诱惑下，等到了销售日，凡是卖里甫顿乳酪的商店门前都是人山人海，挤满了争购的人群。成千上万的消费者涌进该店购买乳酪，使其乳酪销售量剧增。令里甫顿的同行们嫉妒不已。于是就有人偷偷到苏格兰当局告发里甫顿，说他的经营做法有赌博嫌疑，当局派警察干涉，新闻机构马上跟踪全方位报道。而里甫顿仍然我行我素，仍是大力销售其乳酪，并根据当局干涉的内容，发布这样有针对性的广告：亲爱的顾客，感谢大家喜爱里甫顿乳酪，但如发现乳酪中有金币，请您将金币送回，谢谢合作。消费者不但没有退还金币，反而更在乳酪含金币的声浪中踊跃购买，而苏格兰当局的警察认为店主已有悔改之意，即已着手收回金币，便不再加以干涉。

一招不灵，那些同行们并不灰心，反而促使他们采取进一步的行动。他们联合起来，以食用不安全为理由要求警方取缔里甫顿的危险行为。在警方的再度调查下，里甫顿又在报刊上登一大页广告：根据警方的命令，敬请各位食用者在食用里甫顿乳酪时，一定要注意里面有个金币，不要匆忙，应十分谨慎小心，以免误吞金币造成危险。

这则表面上是应付警察和同行们的说明，而实际上又是一则更生动具体的广告，无形中又掀起了一次购买里甫顿乳酪的热潮。

据经营专家们推测，里甫顿的气球广告、当局的警察的干涉、同行的抗议以及后两次的广告说明，都是里甫顿在"炒作"。他把这件事"炒"得一波三折，富有戏剧性，堪称"炒作"之典范。

操钓而临深渊，饵而投之，必得鱼焉。里甫顿深知钓鱼时要投入香饵，无饵者门可罗雀，有饵者门庭若市，有无诱饵给销售带来的结果是天壤之别。里甫顿利用金币的诱惑作用使乳酪的销量突飞猛进。牺牲了一点金币，换回的却是"日进斗金"的收益。真是"钓者露饵面藏钩，故鱼不见钩而可得"。加之同行们的围追堵截、当局警察的积极干涉、新闻机构的全方位报道。都渲染了乳酪销售的空前盛况。里甫顿游刃有余地进行大肆炒作，终使其推销的奶酪声名鹊起。

"香饵钓鱼"在广告宣传中是司空见惯的谋略。恰当地使用该方法，确实可以做到："主事日成而人不知，主兵日胜而人不畏也"。

6. 谋于周密，说于悉听

——计谋贵在周密，游说贵在合理

◎**妙语赏析**◎

故谋莫难于周密，说莫难于悉听，事莫难于必成……

◎**原文释义**◎

谋划策略，最困难的就是周到缜密；进行游说，最困难的就是让对方全部听从自己的说辞；主办事情，最困难的就是一定成功……

◎**边读边悟**◎

清朝末年，有一名知县叫陈树屏。他机智灵活，才思敏捷，尤其擅长为别人调解纠纷。他所言不多，却字字切中要害。只要他出面，不论什么事情，不消一会工夫，保证大事化小，小事化了，所以人们都夸赞他的口才和机敏。

这一年的春天，阳光明媚，水光潋滟。陈树屏不由诗兴大发，兴致勃勃地邀请了一帮文人朋友到黄鹤楼上游玩。当时的湖北督抚张之洞和抚军大人谭继询是他的上司，两个人也乘兴而来。大家相互寒暄后，一边欣赏着黄鹤楼下的美妙春光，一边把酒谈笑。清风拂面而来，裹挟着花的芬芳；远处的长江风景秀丽，在阳光的照射下，闪烁着粼粼的波光，江面上也帆来帆去。大家兴致高涨，宴席气氛非常融洽。忽然，有个客人问："你们看这江水浩浩荡荡，气势宏大，却不知这江面有多宽？"大家都讨论起来。有的引经据典，有的猜测估计，还有的等着倾听别人的回答。张之洞和谭继询两个人是死对头，表面上合得来，心里却谁也不服谁。两个人很快就因为这件事情针锋相对起来了。谭继询清清嗓子，说："我曾经在一本书上看到过有关长江的记载，我记得是五里三分。"张之洞听后，故意说："不对，我记得很清楚，怎么会是五里三分呢？书上明明写的是七里三分，你说的那么窄，江水怎么会有这样大的气势呢！"谭继询见对方和自己又是意见相左，而且明摆着说自己引用有误，一时觉得面子下不来，就梗着脖子和对方争执起来，两个人闹得脸红脖子粗。

陈树屏眼看着这场争执就要破坏宴会的气氛了，心里看不起他们的这种行为。他知道两个人是互相拆台，借题发挥。因为这个问题本来就是说不清楚的，即使说清楚了也没有多大意义。为了不扫其他来客的兴致，他灵机一动，不紧不慢地拱拱手，谦虚地说："水涨时，江面就宽到七里三分，落潮时就降到五里三分。二位大人一个说的是涨潮时分，一个是指落潮而言，可见你们说的都有道理。这是没有什么好怀疑的！"

陈树屏放下手，端起自己的酒杯，高举着说："这个问题暂时不用再说了。今日难得大家赏脸，也难得这么好的天气，来来来，为了今天的好景致我们喝一杯。"

众人听完这不偏不倚的圆场话，都会心地笑了。张之洞和谭继询都知自己是一派胡言，只是和对方较劲。两个人一看东道主给自己台阶，赶紧顺势而下，举起酒杯。一场争辩就这样不了了之。

"故谋莫难于周密"是说谋划策略最困难的就是周到缜密，但在此，陈树屏却以不偏不倚的言辞解决了张之洞和谭继询的纷争。如果劝说的话语不当，只顾及一方，就会伤害另一方的感情，只有两全其美的言辞才可以让双方接受。

凡办事要想取得成功，必须有适当的方法。

战国初年，楚惠王想重新恢复楚国的霸权，准备先攻打宋国。楚惠王请来鲁班，请他设计了一种攻城的工具，叫作云梯。墨子代表宋国去劝说楚惠王。楚惠王自恃有云梯，认为灭宋很有把握。于是墨子当场解下皮带，在地上围成一个圈当作城墙，再拿几块小木板当作攻城的工具，让鲁班和他一起演习攻城。鲁班采用一种方法攻城，墨子就用一种方法守城。一个用云梯攻城，一个就用火箭烧云梯；一个用撞车撞城门，一个就用滚石擂木砸撞车；一个用地道，一个就用烟熏。鲁班始终赢不了墨子。楚惠王和鲁班见墨子守城胸有成竹，认为宋国必然有所准备，只好放弃了原来的打算。

墨子以合乎情理的方法给楚惠王演示若楚国攻打宋国是不能取胜的，从而使其放弃了攻打宋国的想法，可以说，墨子通过周密的考虑后，进行合情合理的游说，从而取得了胜利是一种必然，这也告诉我们，只要我们在做事时能够周详地分析、考虑事情，并一步步按部就班地做，且合情合理，则我们往往会使事情按照我们的想法发展，并最终使问题得以圆满解决。

权谋术：
动用一切手段达成目的

　　"权"是"权衡"；"谋"是"计谋"。"谋"与"权"相连，意思是施展谋略计策，其主旨是如何针对不同的人或事去设立和使用计谋，以达到自己的目的。即通常所说的"运筹帷幄之中，决胜于千里之外"。

1. 故变生事，因制于事

——周密计划，循序渐进的去做

◎**妙语赏析**◎

故变生事，事生谋，谋生计，计生议，议生说，说生进，进生退，退生制，因以制于事。

◎**原文释义**◎

因此，事情的突变都是由于事物自身的渐变引起的，而事物又生于谋略，谋略生于计划，计划生于议论，议论生于游说，游说生于进取，进取生于退却，退却生于控制，事物由此得以控制。

◎**边读边悟**◎

魏景元元年，姜维听说司马昭杀了曹髦，立了曹奂，便借机第七次出兵征伐中原。大军刚在祁山下寨，便听说敌将王瓘率兵来投降。姜维令军兵阻住降兵，只放降将入帐来见。

王瓘对姜维说："我是魏国尚书王经的侄儿王瓘。我叔父一家因曹髦而受牵连被司马昭杀害。今听说将军又出师伐中原，我要借将军之威。为叔父一家报仇雪恨。"姜维一听，高兴地说："将军来降我十分高兴，昔日夏侯霸将军降我，被我军重用，卿也同样。现在我军中粮草转运是件大事，你可率本部军马三千人，去川口把几千车粮草运到祁山寨中。我用你两千军马做向导，去攻邓艾营寨。"王瓘本来是行诈降计的，知道姜维借魏朝中有变，来伐中原。王瓘便投其所好，诈称自己是王经的侄子，来投降姜维，企图使姜维像信任夏侯霸那样信任他。现在见姜维这样安排，不答应吧，恐怕姜维会产生疑心。答应吧，带来的五千军兵一下子就分出去近一半。为了大计只好痛快地答应了。

王瓘出营后，夏侯霸入帐对姜维说："我听说魏将王瓘来投降，将军怎么能信任他的话呢？我在朝中多年，未听说过王经有这样一个侄子，其中必然有诈。"姜维大笑说："我已经看出其中有诈了。司马昭的奸诈不亚于曹操。他既然在朝中杀了王经一家，怎么会让他的亲侄子在边关统兵呢？我所以允许他投降。是要将计就计而行，你未见我已把他的兵马分开了吗？"夏侯霸知道姜维有了防备，便放心出营而去。

姜维在王瓘率兵走后，派军兵多在途中布暗哨设伏，切断王瓘与邓艾之间的联系。果然不到十天，巡哨的军兵捉到王瓘派往邓艾大寨的信使。姜维见王瓘在书中约邓艾八月二十日运粮到魏营。请他在坛山谷中接应。姜维把情况盘问仔细后，杀了信使。把书中八月二十日改为八月十五日，另派人扮成魏军把书信送给邓艾，同时做好在坛山谷伏击邓艾的准备。

邓艾得到王瓘的书信后，仔细盘问了信使，见信无伪。便如期率五万精兵向坛山谷中进发。到了谷口，邓艾登山一看，果然见远谷中有千余辆粮车，慢慢而来。邓艾见天色已晚，未敢贸然率兵入谷，便在谷口安营，准备在谷口处接应王瓘。

姜维见邓艾不率兵入谷，便又遣人扮作魏兵向邓艾报告说："现在粮车已经过界。被后面蜀军发现，正在追赶，王将军请邓将军速去接应。"邓艾听后，正犹豫不决，这时却听到谷中鼓声阵阵，杀声隐约传来。他以为这必是王瓘与后面追兵在厮杀，于是率军入谷去接应。

当邓艾深入谷中后，谷口顿时被截断，谷内草车瞬间燃起，伏兵一齐杀出，邓艾听到蜀军内大喊"捉住邓艾的可封万户侯"的悬赏令后，忙弃马丢盔，混在步兵中，爬山而逃，其余数万军马皆降。

这时王瓘在川口还等着准备二十日举事呢，突然闻讯邓艾中计大败的消息，已知诈降行间败露，于是趁夜烧了蜀军粮草，见无路可走，便率兵向汉中方向杀去。

姜维正要继续搜寻邓艾，却听说王瓘见势不妙，往汉中杀去了。姜维怕汉中有失，立即率兵抄小路截阻王瓘。王瓘见四面受敌，无路可逃，便跳江自尽了。

姜维知道了司马昭杀曹髦、立曹奂之事，便决定兵伐中原，这就是"变生事"；王瓘以诈降之计到蜀军，却被姜维识破。姜维便将计就计设下圈套，灭掉了邓艾的大军，取得胜利，这便是"事生谋，谋生计"。

在第一步还没有迈出去的时候，不要幻想最后的结果。否则美梦破灭，甚至连迈出第一步的机会都会永远丧失。所以做事要循序渐进，方能最终取得胜利。

后周显德七年，赵普派人散布谣言，上奏朝廷说北汉和契丹会师南下，派兵进犯。后周宰相范质、王溥等仓促之中不辨真伪，急派赵匡胤率兵从大梁（今河南开封）出发，北上防御。当大军行至开封东北40里的陈桥驿时，赵匡胤便驻足不进。

军中有一个通晓星象的人叫苗训，他指点门官楚昭辅等人观察天象，看见"日下复有一日，黑光摩荡者久之"，似乎两个太阳正在搏斗。（古时候，人们认为太阳是皇帝的象征，另外出现一个太阳，就预示要出现一个新的皇帝）。于是谣言不胫而走。当晚五更，军中将士们聚集在陈桥驿前，议论纷纷。赵匡胤于是派亲信煽动将士们说："现在皇帝年幼，不能亲政，我们冒死为国家抵御外敌，又有谁知道！不如先立将军为天子，然后再北征也不晚。"

这时，一直在幕后策划的赵普、赵光义等出来假言规劝将士们不要这样做。他们名为劝阻，实为激将，这一下果然群情汹汹。赵普等人见时机成熟，就派人连夜赶回通知大梁城内的守将石守信、王审琦等人，让他们在京城领兵策应。

黎明时分，北征的将士们披甲执刃，团团围住赵匡胤的军帐。此时，赵匡胤正悠闲地卧于帐中饮酒，佯作不知。赵普与赵光义进来禀告外面的情况，赵匡胤这才慢慢起身出来。

将士们一见便高呼："诸军无主，愿奉将军为天子！"

赵匡胤未及开口，就有人把象征着皇权的黄袍裹在他身上，高呼万岁。参加兵变的将士们不等他分辨，就簇拥他上马。赵匡胤手揽缰绳对众将士说："我有号令，你们能听从吗？"众将士纷纷表示愿听号令。赵匡胤接着说："太后和皇上，我一直对他们称臣，你们不能冒犯；诸位大臣，都是与我在一起的同僚，你们不能侵凌；朝廷中普通的家庭，你们不能强行掠夺。听从我命令的重赏，违反命令的一律处置。"

众将士听到这些话，都下马跪拜。于是，赵匡胤就整肃军队进入大梁。

赵匡胤进城后，命令将士们各归营帐。片刻之后，手下将领簇拥着宰相范质等群臣前来。赵匡胤一见之下就痛哭流涕，对他们说道："我违抗了上天的旨意，当作叛军首领，都是诸位将士们下命令逼迫我的缘故，我不得不这样做啊！"但还没等范质等开口说话，一个名叫罗彦环的将领随即手按利剑对范质等人厉声怒喝："我们诸位将士没有首领，今天我们奉赵匡胤为天子。"范质等人面面相觑，无计可施，只好承认赵匡胤为皇帝。于是赵匡胤择日登基，是为宋太祖。

从散布北汉与契丹进犯的谣言，到观天象、唆使将士拥立赵匡胤为帝，而后里应外合。兵不血刃进入都城大梁，赵普等人将整个兵变过程安排得丝丝入扣、细致入微，甚至连加身黄袍和禅代诏书都已事先准备好。赵匡胤对将士们的约法三章，也是赵普等人谋划兵变的既定策略，既有利于稳定局势，巩固统治，也有利于日后北宋的统一事业。可见，谋大事贵在循序渐进，一气呵成，这就是所说的"变生事，事生谋，谋生计"。

为将帅者，急于求成是其大忌。在现代商业社会中，一个企业的发展壮大是不可能一蹴而就的。企业领导人也应持有循序渐进的思想，不断积累经验，持之以恒，才能赢来企业的腾飞。

犹太富商蒙德学生时代就读于德海德堡大学，在学习研究中，他发现了一种从废碱中提炼硫黄的方法。后来他移居英国，想找一家公司合作开发。但当时很多公司都认为这一方法没有什么实用价值。蒙德费尽周折，才找到一家愿意投资的公司。有了资金以后，蒙德开办了自己的化工企业，随后买下了一项专利技术，但这项技术当时还很不成熟，没有人愿意去投资，蒙德就自己建立厂房，反复研究解决了技术上的难题，终于投入生产。起初，生产情况并不理想，企业连续几年亏损。但蒙德一直不气馁，终于在6年后取得了重大突破，不仅弥补了亏损，还大赚了一笔钱。蒙德的企业后来成了全世界最大的从废碱中提炼硫黄的生产企业。

蒙德的成功，得益于他循序渐进的严谨方式，虽然他的成功之路走得比较艰辛，但只有这样的企业才能经历风雨。

轻易得来的东西，总是很容易失去。只有坚持循序渐进，才能获得真正的成功。

2. 示以道理，可使立功

—— 因人因事以谋事

◎**妙语赏析**◎

夫仁人轻货，不可诱以利，可使出费；勇士轻难，不可惧以患，可使据危；智士达于数、明于理，不可欺以诚。可示以道理，可使立功。

◎**原文释义**◎

那些仁人君子必然轻视财货，所以不能用金钱来诱惑他们，反而可以让他们捐出资财；勇敢的壮士自然会轻视危难，所以不能用祸患来恐吓他们，反而可以让他们镇守危地；一个有智慧的人，通达礼教，明于事理，不可假装诚信去欺骗他们，反而可以给他们讲清事理，让他们建功立业。

◎**边读边悟**◎

郑板桥在潍县当县官时，遇到一个大灾之年，为了救济穷苦的老百姓，他不顾个人的身家性命，打开官仓，救济了当地灾民。

事后被皇帝怪罪下来，革了官职，把他放还老家。

郑板桥其实早就厌倦了官场生涯，有归隐之意，当下就雇了一条民船，载着自己的家小和行装，沿着运河向家乡驶去。

有一天，郑板桥见江面上冷冷清清，来往的行船不是停靠在码头，就是搁浅在岸边。后来通过打听才知道，原来是因为有一条官船要在此经过，于是通知所有的民船都要回避。

郑板桥一向孤傲，哪里管这一套，仍是吩咐船工照常行驶，不必理睬。前行了一段路程之后，果然看见迎面来了一艘官船，排场甚是浩大。桅杆上挂着"奉旨上任"的旗子，随风摆动。

郑板桥心想。好汉不吃眼前亏，这条官船大，载量大，一旦让它撞上可就太不值了。但是，又不能畏缩地躲避它。正在紧张地思索如何应付时，他忽然想到了一个办法。让家人赶紧找出一块绸绢，他亲笔写下"奉旨革职"四个字。也让船工高挂到桅杆顶上。

官船的人一见迎面开来的船，不仅不回避，还占据江心主道，照常行驶，顿生疑虑，抬头一看。只见那只船上也挂着一面高高飘扬的旗幡，还以为也是奉旨上任的官船，正好借此机会攀附一番。于是放慢速度，待两船靠近时，官船上出来个大官人，一见是只不起眼的民船。桅杆上挂的是"奉旨革职"的旗帜，便大呼小叫起来。

郑板桥道："你有什么可神气的！你奉旨上任，我奉旨革职，都是'奉旨'，我为什么要给你让路呢？"

这官人气得无话可说，钻回船舱里，几经了解才知对方就是当今名士书威大家郑板桥。于是他立即改变态度，派手下的人携带一点礼物，登船道歉。其实道歉是假，取郑板桥的字画是真。

郑板桥听说此人刚用钱买了个县令，正要上任，而且这个人名叫姚有财，除了吃喝嫖赌，没有别的本事，于是便想借机羞辱他一番，所以佯装答应，手书一诗相赠。派来的人自是十分高兴，乐得不得了，拿到郑板桥的手迹便回到船上交给县官。那县官小心翼翼地展开欣赏，就像什么奇珍异宝似的，但见上面写道："有钱难买竹一根，财多不得绿花盆，缺枝少叶没多笋，德少休要充斯文。"等到县官把每句诗的首字连起来一读——"有财缺德"，不禁气得昏了过去。

"仁人轻货，不可诱以利"，意思是说仁德君子视钱财利益如粪土，这样的人用金钱和好处是无法引诱的，更何况是两袖清风的郑板桥，连当朝权贵尚且不放在眼里，如何又会在乎眼前这个小县令呢？想以小的恩惠收买郑板桥，实在是选错了对象，不但事无所成，还遭到了羞辱！

对于不同的人要用不同方式去接近他、感化他，不能千篇一律。

春秋时期，齐国国君齐景公即位后非常敬重相国晏婴（晏子）。有一天，他问晏子："治理国家最担心的是什么？"晏子回答说："治理国家最担心的是社鼠。"

齐景公觉得很奇怪，愣愣地皱着眉头盯着晏子，好半天才说："这是什么意思呢？"

晏子说："大王，您见过土地庙吗？土地庙就是由许多木头排在一起，而后外面涂上泥土做成的。社鼠最喜欢到那里去做窝了，这样便很不容易捕杀它们。如果我们用火去熏，会担心烧坏了里边的木头；如果用水去灌，又害怕冲坏了泥墙。只好让其逍遥自在地在里边生活了。所以，土地庙里的老鼠是最可怕的。君主左右也常常有类似社鼠的一些人，他们在君主面前夸耀自己，把自己说得天花乱坠，无与伦比，同时又攻击别人，经常说他人的坏话。在百姓那里，他们作威作福，自命不凡，把坏事做尽。如果不除掉他们，他们就会越来越胆大妄为，乃至祸国殃民。惩罚他们吧，又怕有碍于君主的面子。国君，您看这些人不就与土地庙里的老鼠一样吗？"

晏子说完，见齐景公还是似懂非懂的样子，又继续说："曾经有这么一个故事：有一个卖酒的，他酿的酒味道非常醇美，价钱也很公道。而且，酒店前面是一条小河，后面靠着青山，店旁还有绿水环绕，环境十分幽静。店门口挂着长长的酒幌子，酒幌子迎风飘扬，以招揽顾客。酒店的酒十分好，但生意却非常差，没有一个人来这里品尝美酒，店主人非常着急，却又不知道是怎么回事，就跑去问村里的人。有一个老者告诉他：'你门前养的那条狗太凶了，有人拿着酒壶去打酒，你的狗就迎头乱咬，谁还敢再去你的酒店呀？这就是你的酒卖不出去的原因啊！'老板听了，回去后把狗牵走，结果上门买酒的人络绎不绝。一个国家也有这样的恶狗，就是那些不学无术却又野心勃勃，一心想占据高位的人。有道德、有才能的人想要晋见国君，提出好的治国方略，他们恐怕这些人被重用后自己被排斥，就像疯狗似的对这些人迎头乱咬。您想那些占据高位的坏人不就像凶狗一样吗？君主左右藏着那么多土地庙的'老鼠'，又有那些'凶狗'占据着高位堵在门口，有德有才的人怎么能够得到重用呢？国家怎么能兴旺呢？国君得不到贤能之人的辅佐，怎么能不让天下百姓担心呢？"

齐景公听了晏子的谏言，觉得心悦诚服，从此便更加敬重晏子了。

"明于理，不可欺以诚。可示以道理，可使立功"的意思是说对通达事理之人，不能用言行相欺骗，而应该向他们说明道理，以使其建功立业。历史上有很多谏臣，晏子在其中堪称魁首。他的进谏没有一丝不敬，以老鼠和凶狗来比喻那些朝中的庸人和奸臣，把道理讲得极为透彻明白。齐景公既听了故事，又得到了良好的建议，自然心悦诚服，而在政绩上有所作为。

森达集团只不过是位于江苏一个并不富裕地区的小企业，但为什么不过十几年的时间就创造了一个庞大的"森达帝国"，击败了许多原来名声显赫的国有企业，成为中国皮鞋第一品牌，就是因为两个字：人才！"森达"能够用年薪300万元聘用一名人才。全国著名的乡镇企业家、森达总裁朱湘桂偶然得知台湾著名的女鞋设计师蔡科钟先生莅临上海，并有在大陆谋求发展的意向。他听到这个信息后十分高兴，决定效仿当年刘备三顾茅庐，于是他第二天即赶往上海。

经过促膝长谈和多方了解，他确信蔡先生是不可多得的人才，打算聘用他。但蔡科钟先生要求年薪不少于300万元。朱湘桂尽管有足够的思想准备，但还是吃了一惊，聘用一个人，年薪300万元可不是个小数目。但最终他还是下了决心，他认为值！

这一消息传回森达集团总部，顿时掀起轩然大波，上上下下一片反对声。有的说，他是有能力，但年薪太高，我们的员工等于替他挣钱，不合算；有的说，蔡先生是台湾人，以前只是听说很厉害，但到底怎么样，适不适合大陆情况，也不好说，等他的本事显出来再谈年薪也不迟；还有的说，东河取鱼西河放，实在不必要。但朱湘桂认为，要想留住一名人才，必须给他提供有竞争力的薪酬。他向员工解释说，聘请蔡先生这样的国际设计大师，能够不断推出领导消费潮流的新品种，占领更大的国内外市场，使森达品牌在国内、国际"叫"得更响。

蔡先生上任后，以其深厚的技术功底、创新的思维和对世界鞋业流行趋势的敏锐感觉。把意大利、港台和中国内地女鞋融为一体，当年就开发出120多个品种的女单鞋、女凉鞋和高档女鞋等新品种。这些式样各异的产品一投放市场，立刻成为顾客争相购买的"热货"。一年中，蔡先生设计的女单鞋为森达赚回5000万元的利润。一些开始议论蔡先生年薪要价太高的人，在事实面前，连连点头。

员工之间的差异在任何组织或企业内都是存在的，且是任何管理者不可忽视的一项管理认知。如果管理者面对这些客观存在的差异视而不见，而一再强调对员工一视同仁，则有可能在企业内部造成管理层与员工之间的鸿沟，使企业的人力资源白白浪费，丧失企业应有的竞争优势。身为管理者只有真正了解这些差异，分析差异，进而加以取舍和运用，采取对症下药方式予以激励，进而达到事半功倍的效果。

3. 从其所长，避其所短

——精心统筹，难则变易

◎ **妙语赏析** ◎

言其有利者，从其所长也；言其有害者，避其所短也。故介虫之捍也，必以坚厚。螫虫之动也，必以毒螫。故禽兽知用其长，而谈者亦知用其用也。

◎ **原文释义** ◎

说到别人有利的地方，就要顺从其所长，说到别人的短处，就要避其所短。甲虫自卫时，一定是依靠坚硬和厚实的甲壳；螫虫的攻击，一定会用它的毒针去螫对手。所以说，连禽兽都知道用其所长，游说者也应该知道运用其所该运用的一切方法。

◎ **边读边悟** ◎

某年，在睢阳（今河南商丘南）境内开挖汴堤冲积淤田。可是由于上游连日大雨，汴水突然暴涨，大水骤至，堤坝开口处发生了连锁反应，把汴堤冲垮了一大段。河水越来越汹涌，决口越来越大，眼看要发生灾难了。前来指挥堵堤的都水丞侯叔献心中十分着急。他发现上游几十里处有一座废弃的古城，于是灵机一动，马上派人在古城处扒开汴堤，汴水就势向古城中倾去。下游水势减缓后，侯叔献命人抓紧时机堵堤加固。第二天，古城灌满之后，汴水又向下流奔涌，可这时堤坝的缺口已补好并加固完毕。侯叔献又命人来堵古城处扒开的口子。由于口子内外水位一般高，所以很容易就修好了。把废弃不用的古城借为泄洪区，开创了治水史上分洪抢险的先例。

巧借人力、巧用物力的"取长补短术"，有时往往表现为统筹学问题。

宋真宗大中祥符年间，京都（今河南开封）皇宫着火被毁，需重新建设、修葺。右谏议大夫、权三司使丁谓负责此事。皇上限期紧，而挖土烧砖瓦、运送材料、外运旧皇室垃圾却需要花费大量人力、物力，会拖延工期。这可怎么办？丁谓依据《鬼谷子》的"取长补短术"，设计了一套三连环的"取补"方案。他先命人将通往皇宫的大街挖成河沟，把土取出来烧砖烧瓦。又把官堤挖开，将汴水注入这条沟中，再编起木筏来运送砖瓦木石等建筑材料，等皇宫建完，命人排干大沟的水，将建筑垃圾和旧宫室垃圾统统运入沟中填平，又修成街道。这样，不但节省了大量人力、物力，还提前完成了任务。

依据"取长补短术"的精神，在处世中除了要借助别人之力外，还可以借助物力。智者所做，往往是物尽其用，让手中的"物"发挥它的最大效能。

"香港环球玩具集团"能从一个小作坊发展到如今的跨国公司，这和集团主席叶仲午推行的独特战略是分不开的。

叶仲午在创业时资本仅有一万美金，那是1960年代中期的事。他租借了14架缝纫机。雇用了十几个人，缝制洋娃娃小衬衫。那时他只根据客户的订货单生产，一手交货，一手取款，周转迅速顺利，于是第一年底就积累了20万美金。两年后，叶仲午成立了环球机制有限公司，开始制造锌合金玩具。接着又在台湾设立东圆木业有限公司，制造木制玩具，后来又开发了塑胶玩具产品。这是"环球"发展的第一阶段。

叶仲午的玩具事业能够顺利发展，是因为他能认真研究儿童的心理和生理，不断开拓有时代气息的新潮玩具。同时，他又将安全放在第一位。为了确保儿童身心健康，他不惜工本，在厂里设立安全检测站，按国际玩具安全标准，对玩具进行严格的安全测试。由于"环球"的玩具安全可靠，从未出过事，所以深受儿童和家长的信任。

"环球"发展的第二阶段是向国际市场进军。在这一阶段，叶仲午最了不起的壮举是收购英国"火柴盒"玩具公司。这家公司已有39年历史，"火柴盒"商标的玩具举世闻名，原有的销售网络遍及欧美各国。叶仲午收购这家公司后，可以利用它的名牌和原有销售网推销本厂玩具，在这一阶段，叶仲午还收购了美国的两家玩具公司，利用那些公司的技术和设备，设计制造了外星球太空人、卡通人物等现代化玩具，并就地取材，既降低了成本，又提高了质量。"环球"逐渐成为从设计、制造到销售一条龙的大型全能的玩具厂。

环球公司发展的第三阶段是成为全世界生产锌合金玩具最大的公司之一。在欧美、日本、澳大利亚等二十多个国家都有其工厂和销售机构。1984年，环球集团的股票涌入纽约证券交易所，这是第一家在美国上市股票的香港公司，第一天，环球股票就被预购了4倍。每股升值2美金，"环球"公司确实成了"玩具王国"，叶仲午也就随之成为一个传奇式的人物。

"玩具王国"集团主席叶仲午重视借助"外脑"的作用，多方面聘请专家、学者，共商企业战略。在市场竞争中采取的战术是你无我有、你有我优、你优我廉、你廉我转。由于他能在每个环节上及时观察世界玩具的流行趋势，把设计和制造紧跟上去，所以总是能够出奇制胜。当公司发展到一定规模时，他能及时地跨越国界，向各国进行探索、设计、开发和制造产品，并在那里取得原材料，从而争取到优势，打开国际市场。

4. 拥而塞之，乱而惑之

——计谋不成熟时先不要用

◎妙语赏析◎

符而应之，拥而塞之，乱而惑之，是谓计谋。计谋之用，公不如私，私不如结，结而无隙者也。

◎原文释义◎

符验之后加以响应；拥堵之后加以阻塞；搅乱之后加以迷惑。这就叫作"计谋"。至于计谋的运用，公开不如保密，保密不如结党，结成的党内是没有裂痕的。

◎边读边悟◎

战国时期，楚国有王后名为郑袖，美丽聪明而又狠毒，怀王对他十分宠爱。可是，某年魏国为讨好楚国，又给怀王送来一位更加年轻、漂亮的女子，夺去了郑袖之宠。郑袖恨得牙根发痒，决定用计除去此女人，夺回宠爱。

郑袖不像一般女人那样，用找丈夫大吵大闹的做法来解决问题，而是反其道而行之。自从那个新来的女子来了之后，怀王对郑袖有点冷落，于是怀王担心郑袖心怀怨言，对新人发难，让他为难。但郑袖好似一点儿也不放在心上，安排新人在最好的宫室中住，给新人做与自己同样的衣服，分给新人最好的首饰。怀王见状，对郑袖更加信任，觉得她是一位大度、善良的女人。新人也很是感激，于是对郑袖的戒心也放下来。认为她是大好人，她在怀王身边多年，深得怀王喜爱，应多向她学习。郑袖见把二人迷惑住后，便施展第二步"迷乱"之计。

一天，她告诉新人："大王对你太好了，直夸你漂亮，不过——""不过什么？"新人急切地问。"算了吧！一点小毛病。"郑袖假作欲言又止。"不！请告诉我。"新人为了"碧玉无瑕"，缠着郑袖哀求。郑袖看四周无别人，便压低声音说："大王只是嫌你的鼻子稍微尖了些……""那怎么办呢？"新人忧虑地说。郑袖笑了笑，装作轻松地说："这个容易。你再见大王，就把鼻子掩起来。这样，既掩饰了不足，又表现得含蓄，多好啊！不过——"郑袖顿了顿，又看了看四周，说："您千万别说是我说的，别告诉大王是我出的主意。大王这人最讨厌别人传话了。"新人感激地点点头说："你放心吧！"

从此以后，新人见了怀王，便以袖掩鼻。怀王大惑不解，追问原因，新人笑而不答。怀正更加疑惑，某日，见了郑袖，便问原因。郑袖假装迟疑了一下，说："大王，您别生气，这个……""快讲！"怀王性情暴躁，急催道。郑袖又装着迟疑了一番。才说："她说您身上有一股让她厌恶的气味，鼻子嗅到便难受！""岂有此理！"怀王气得一拍桌子，"我身上有味让她的鼻子难受，那好，把鼻子割去，就不难受了！来人——"怀王拖长声音高喊："去把那贱人的鼻子割下来！"新人容貌被毁，自然失宠，郑袖的目的也就达到了。

"符而应之，拥而塞之，乱而惑之"是弱者对付强者、制服强者的"三步制君术"。在这里，郑袖第一步用毫不忌妒的假象迷惑了怀王和新人，为第二步施计打下基础。第二步她用假出主意的方法迷惑住新人，使其按自己授意行事；接着，第三步，她又用假解释迷惑并激怒怀王，终于达到自己的目的。

"三步制君术"在战场上同样适用。

公元756年，安禄山反唐，肆虐华北。颜真卿举兵抗击，把义军队伍集中起来，正准备训练时，清河人李萼代表本郡前来借兵。

他对颜真卿说："您首先倡导大义，号召大家来反抗叛军，河北地区的郡县都把您当作长城依靠。清河是您的西邻，国家平常把江、淮以及河南的金钱布帛都集中在那里供给北方的军队，被人们称为'天下北仓库'。现在那里有布300余万匹，帛80余万匹，钱30余万缗，粮30余万斛。过去征讨突厥默啜可汗时，把兵器盔甲都贮藏在清河郡的武库中，现在还有50余万件。清河郡有户数7万，人口10余万。我估计它的财物可以顶三个平原郡，兵马足可以顶两个平原郡。您如果能够借兵给清河郡，以平原、清河二郡为腹心，那么周围的州郡就会如四肢一样，无不听您的指挥。"

颜真卿说："平原郡的兵是新近才集结的，没有经过训练，自保还恐怕兵力不够，哪里还顾得上邻郡呢！如果我答应了您的请求，那又将怎么样呢？"李萼说："清河郡派我来向您借兵，并不是兵力不足，而是想看一看您这位大贤士是否深明大义。现在看您还没有下定决心，我怎么敢随便说出下一步的计划呢？"颜真卿听后很惊奇，就想把兵借给他。但其他人都认为李萼年轻轻敌，借兵会分散兵力，将会一事无成。颜真卿不得已只好拒绝。

李萼住到馆舍后，又给颜真卿写信，认为："清河郡脱离叛军，归顺朝廷，奉献粮食、布帛和武器来资助官军，您不但拒绝接受，而且还心存怀疑。清河郡不能孤立，必定要有所依靠，我回去复命说您不肯借兵后，清河郡如果投向叛军，就会成为您西面的强敌，您不后悔吗？"颜真卿大为震惊，立刻到馆舍去见李萼，答应借给他6000兵卒，一直把他送到边境，握手而别。颜真卿又问："所借给的兵已经出发。你可以告诉我你下一步的计划吗？"李萼说："听说朝廷派程千里率精兵10万出崞口讨伐叛军，敌人占据险要抵抗，使之不能前进。现在应当先率兵攻打魏郡，抓住安禄山所任命的太守袁知泰，恢复原太守司马垂的职位。让他做西南的主将，分兵打开崞口，让程千里的军队出来，共同讨伐汲郡、邺郡以北。一直到幽陵我方未攻下的郡县。平原与清河二郡率其他的同盟郡兵，合兵10万，向南进逼孟津，然后分兵沿着黄河占领战略要地，控制叛军北逃退路。估计官军向东讨伐的军队不少于20万，河南地区忠于朝廷的义兵不少于10万。您只要上表朝廷请求东征的军队坚守不出战，用不了一个月，叛军必然会发生内乱而互相攻击。"

颜真卿听后点头称是，于是他把这些军队交与平原县令范冬馥，会同清河兵4000及博平兵1000，驻军在堂邑县西南。袁知泰派部将白嗣恭等率兵2万余人来迎战，三郡兵与魏郡兵苦战一天，魏郡兵被打得大败，被杀1万多人，被俘1000多人，缴获战马1000匹，缴获的军用物资也非常多。袁知泰逃往汲郡，于是官军攻克魏郡，军威大振。

"私不如结，结，比而无隙者也"，意为同心相结，之后便可亲密无间，从而做到无懈可击。李萼在此便是运用"私不如结"的方法。由于身处劣势，独木难支，他便在分析双方情势的情况下，以软硬兼施的方法说服颜真卿与之联合作战，才保全自己的势力，并壮大起来，其眼光高远又切合实际，从而把计谋运用得恰到好处。

5. 正不如奇，奇流不止

——关键时刻要拿出奇招

◎**妙语赏析**◎

正不如奇，奇流而不止者也。

◎**原文释义**◎

正规策略不如奇策，奇策实行起来可以无往不胜。

◎**边读边悟**◎

唐宪宗时期，令狐楚被任命为兖州太守。在他上任的时候，兖州正遭受一场严重的旱灾，粮食颗粒无收，民不聊生。兖州到处都是一片凄凉破败的景象：干枯的禾苗，乞讨的百姓，整个兖州没有一丝生机。令狐楚看着，心情十分沉重。

到了兖州城，他看到街市上的粮店却照样挂着招牌，价格奇高。穷人们哪能买得起呢！令狐楚不禁恼怒，心想原来是这帮粮商趁机发不义之财，涨高物价啊！难怪当地百姓背井离乡，乞讨逃荒。于是他决心降低粮价，让百姓吃上廉价的粮食，同时严厉惩处奸商。

令狐楚还没有走到州府，那些官吏就前来迎接，争先恐后地和他打招呼、套近乎，于是令狐楚便趁机同他们寒暄起来。他把话题引到旱灾上，不慌不忙地问："现在兖州城内有多少粮库？大约存了多少粮食？"

一旁的官吏大献殷勤，为了表明自己对州内事务的熟悉，他们毕恭毕敬地回答："粮仓一共有20个，平均一个存粮5万担，应该没有后顾之忧。"

"那粮价多少？"令狐楚接着问。

这次大家都绝口不提，陷入了沉默之中。这时令狐楚已经明白了几分，料定其中肯定有鬼，一定是他们和奸商勾结起来，从中作梗，谋取暴利。

令狐楚仍然不紧不慢地说："现在旱灾把百姓害苦了，这些粮食本来就是取之于民，也应该用之于民。明天就把粮仓打开以最低价出卖，救济百姓，你们觉得这个主意怎么样？”

众官吏见新太守主意已定，都附和着点头。说："大人仁慈，这样不仅可以救灾，还能树立朝廷爱民的形象，好主意！好主意啊！"

令狐楚立即命令随从张贴告示，安抚民心。这个消息一传出，百姓都欢呼雀跃，奔走相告，而那帮趁火打劫的奸商却开始愁肠百结了。如果州里的粮食价格低廉，自己囤积的粮食就会无人问津，时间一长，就会受潮霉烂，岂不是要赔钱？他们索性清仓处理自己的粮食，而且价格比州里定的价格还低。百姓看到粮价一个比一个低，都拍手称快。令狐楚只几句话，一个告示，就轻而易举地安定了民心，稳定了形势，其"手段"可谓高矣！

"正不如奇"。用"奇"贵在出人意料，使人防不胜防，其优点是经常以微小的投入换来巨大的收获。令狐楚在此以小"手段"惩罚了贪官奸商，拯救了一方百姓。

在商场中，"正不如奇"也是必不可少的技巧。

1955年，索尼公司研制出一种小而实用的半导体收音机。为了开辟美国市场，盛田昭夫副总经理带着样机来到纽约。

经过了几轮的洽谈，终于有一家公司愿意销售这种收音机，他们开口就要100000台。盛田昭夫惊呆了，100000台！这个数字远远超出了公司的生产能力。如果接受订单，那么公司就得扩建工厂，添置设备，招收工人，要投入大笔资金，等生产出这100000台收音机之后，如果没有后续订货的话，公司就会落入破产的境地。

盛田昭夫没有为这100000台订货兴奋不已，而是冷静地考虑到公司未来的发展，努力寻求制胜之方。

盛田昭夫仔细思索后，分别开出了5000台、10000台、30000台、50000台和100000台收音机的报价单，然后以5000台的单价为基准，画了一个U字形曲线。当订货达10000台时，其单价最低，到50000台时，其单价反而超过5000台的价格，如果订货达100000台时，单价更高。虽然这个报价方式是罕见的，但盛田昭夫自有道理。他认为如果接受大量订货，就必须在订货有效期内创造足够多的利润，用于扩大再生产。另外，如果100000台的单价报低的话，对方会先按100000台的单价签合同，而只订10000台的货，以后也许就不再订货了。

第二天，盛田昭夫拿着这份罕见的报价单去见该公司的采购部部长。对方惊异地看着报价单说："我干了30年的采购工作，你这种报价还是头一次见到。怎么订货越多，单价反而越高了呢？"

盛田昭夫耐心地解释了报价的道理，这位采购部长终于同意了他的解释，签订了30000台收音机的销售合同，当然是按30000台时的单价。这个数字无论对该公司还是索尼公司，都是最合适的。就这样，索尼公司以这种报价方式开始打入美国市场。

以变应变，立足现实，以异乎寻常的销售方针，出奇制胜，既可力免己方风险，又兼顾了对方利益。巧施奇正之术，敢于标新立异，反其道而行之，往往成为权谋家、商家获取成功的好方法。

6. 阴道而谋，阳道而取
——把柄攥到自己手里才主动

◎妙语赏析◎

人之有好也，学而顺之；人之有恶也，避而讳之。故阴道而阳取之。

◎原文释义◎

如果对方有某种嗜好，就要仿效以迎合他的兴趣；如果对方厌恶什么，就要加以避讳，以免引起反感。所以，要进行隐秘的谋划和公开的夺取。

◎边读边悟◎

明武帝正德年间，宁王朱宸濠谋反，很快就被王守仁擒获。可武宗本有意亲自征伐，以显示其武功，使其名垂青史，所以他对王守仁的所做很不满意；再加上武宗宠臣江彬、张忠等人对王守仁心怀成见，不时向武宗进几句谗言，故王守仁十分担忧。

事过不久，武宗有两名心腹太监到王守仁驻地浙江公干，王守仁亲自出面招待两人。并在有名的镇海楼（今杭州城内吴山东麓）设宴款待两位太监。酒至半酣，王守仁让手下人撤去上下楼的木楼梯，屏退左右，然后取出两箱子书信给两位太监看。太监们一翻，原来是缴获的宫中太监、包括他们两人与朱宸濠的来往信件。其中不乏通风报信的词句。两人见后大惊，心想：王守仁把这些呈给皇上，我们还有命吗？于是脸色蜡黄，瞅着王守仁。王守仁却哈哈大笑，把两箱子书信全送给了两位太监。两位太监当然感激不尽，自此回宫后，明里暗里给王守仁说好话。

后来，王守仁终能逃脱江彬、张忠等政敌的陷害和武宗的猜忌，全靠这两位太监从中斡旋维护。这就是"阴道阳取"权谋术的效力。

"人之有好也，学而顺之；人之有恶也，避而讳之。"顺人之意，迎合别人的心愿去做事，就可以为自己留条后路，多个朋友；别人有所厌恶，就可以加以回避或提前做下"手脚"，以免引起不快，或许会收到公开的回报。这就是"阴道阳取术"，是智谋权术之士常用的方法。

下面来看看关于现代企业的故事。

柏特利出生在美国犹他州的盐湖城，家境困难，一家5口人靠父亲几十元的月薪吃力地维持着生活。当他初小毕业时，父亲便让他找工作，以增加收入，资助家里。

柏特利经朋友介绍，来到一家家庭用品制造厂当了推销员。由于柏特利的口才不错，加上他面孔和善，笑口常开，因而推销成绩很不错，两年中他跑了不少地方。在克利夫兰城，他认识了一家袜子制造厂的老板，名叫查理斯，他很欣赏柏特利的推销才能，千方百计地把他"挖"了过来。

柏特利跟查理斯工作了几个月后，发现老板另有打算：准备待存货卖掉后，结束制袜生意，转入新行业。

"袜子生意不是也很赚钱吗？为什么要结束它？"柏特利提出了疑问。查理斯听了柏特利的话。突然想到：何不把生意整个让给他？这不但对柏特利有好处，自己也可以早一点脱身。

当柏特利了解到查理斯的打算后，笑着说："你别开玩笑了，我哪里有这么多钱？"

"只要你把存货的钱拿出来，我把机器卖给你，你再用机器作抵押，到银行去借钱还给我，问题不就解决了吗？"

这笔生意很快成交，25岁的柏特利拥有了自己的小工厂。

接手之后，柏特利便下决心改变经营方针。经过苦心策划，他制订出两个与以前不同的经营方针：首先，采取"单一多样化"的生产方式——他专做女人的袜子。他想，凡是女人穿的袜子，应该做到应有尽有，式样、配色要不断变化更新，要经常研究新产品，领先于同行业，这样才能搞出名气来。其次，是设立门市部，直接经营。这样可以节省一部分推销费，也可以主动向各地扩展。

于是，柏特利在克利夫兰设立了第一个门市部，专门销售女袜。口号是：凡是女人想买的女袜，我这里都有；如果我现有的袜子你都不喜欢，那么，只要你能把你喜欢的样子、花色说出来，我就能满足你的要求，专门为你定做。

柏特利认识到，这一口号是与众不同的"绝招"，也是他经营的特色。因此，他买了几部小型针织机，请了几位手艺很好的家庭主妇作为他的特邀工人。有人定做，就请她们立即加工，论件计酬，两边都不吃亏。虽说这种定做的生意不多，但却是一个很好的经营方式。因此，不到半年时间，柏特利的女袜就在克利夫兰轰动一时，随之名声大噪。

为了增强公司在市场上的竞争力和树立起不同凡响的形象，柏特利采取了与众不同的经营原则：首先，重用女性人才，使每个分公司都由女性来经营；其次，选择适当地点，设立分厂，设置仓储中心，以方便货物的供应；第三，配合时令，推出自己特制的产品，以加强消费者的印象。

柏特利亲自奔赴各地设立分公司，并挑选经理人才。在一年内，他就在克利夫兰等大城市成立了5家分公司。柏特利在美国工商界的崛起，被认为是轰动一时的奇迹。

"人之有好也，学而顺之"就是说别人有所喜爱，就可以学习并迎合顺从他。柏特利接手制袜厂后，确立了迎合女人的经营方针：即采取"单一多样化"的生产和销售方式，专做女人的袜子，专销女人的袜子，还可以根据其所好为她们专门定做，甚至还重用女性人才，使每个分公司都由女性来经营，从而一步步赢得客户，取得成功。

7. 圣人之道阴，愚人之道阳

—— 智慧是深藏在心中的

◎妙语赏析◎

故圣人之道阴，愚人之道阳……智用于众人之所不能知，用于众人之所不能见。

◎原文释义◎

所以圣人运用谋略的原则是隐而不露，而愚人运用谋略的原则是大肆张扬。……智慧是用在众人所不知道的地方，用在众人所看不见的地方。

◎边读边悟◎

秦朝末年，匈奴内部政权变动，人心不稳。邻近有一个强大的民族——东胡，借机向匈奴勒索，要匈奴献上国宝千里马。匈奴的将领们都反对，单于冒顿却决定："给他们吧！不能因为一匹马与邻国失和嘛。"匈奴将领们都不服气，冒顿却若无其事。东胡见匈奴软弱可欺，竟然向冒顿要一名妻妾。众将见东胡得寸进尺，个个义愤填膺，冒顿却说："给他们吧，不能因为一个女子与邻国失和嘛！"东胡连连得手，料定匈奴软弱，根本不把匈奴放在眼里。不久，东胡看中了匈奴的一片荒原，派使臣去向匈奴索要。匈奴众将认为冒顿一再忍让，这荒原又是杳无人烟之地，恐怕只得答应割让了。谁知冒顿断然说道："此乃我匈奴的国土，怎可随便让人？"于是，下令集合部队进攻东胡。匈奴将士受够了东胡的气，这次人人奋勇争先，锐不可当。东胡做梦也没想到那个"软弱"的冒顿会突然发兵攻打自己，所以毫无准备，仓促应战。结果，东胡王被杀于乱军之中，东胡被灭。

成大事者都能刚柔并济。俗话说："咬人的狗不叫，爱叫的狗不咬人。"整天夸夸其谈聪明外露的人难成大事。赵括纸上谈兵无人能敌，却只能败兵疆场；

宋朝的张浚组织"花腿军"，大言扫敌，却一事无成。而刘备在曹操面前唯唯诺诺，尽掩英雄之气，所以能安全离开曹营，重振汉室基业，三分天下。智慧是深藏在心中的，很多流露在脸上的聪明不是智慧，而是浅薄。一个才德兼备的人，很容易招致旁人的忌恨，总会处于危险的境地。因此，保护自己的最好方法是深藏不露，像老子所说的那样"大智若愚"，如此才能成就大事。

在商业竞争中，更应多想一些别人想不到的方法，多使用一些别人思索不出的招数去打败对手。

香港有一家小食品厂，专为一家大企业员工提供工作餐，两家合作多年，另几家小食品厂也想抢这一"肥肉"，但总抢不过去。原因何在？原来这家小食品厂善于暗中用计谋，那家大企业近千名员工的生日，这家小食品厂都掌握着，到某人生日那天，保准有份"生日工作餐"送到那个人面前。这样，谁还愿意放弃这家小食品厂供应的工作餐呢？

克罗克原先是美国的一个穷人，没读完中学就出来做工以养家糊口。后来，他在一家工厂当上了推销员，一方面收入有了一定的提高，生活有了明显的改善；另一方面，也是更主要的，他在推销产品过程中走南闯北，结识了不少人，交了许多朋友，增长了见识，积累了大量有关经营管理方面的宝贵经验。一段时间后，他开始越来越不满足于给别人当雇员了，一心想创办自己的公司。可选择哪一行呢？"民以食为天"，随着人们工作、生活节奏的加快，他通过市场调查，发现当时美国的餐饮业已远远不能满足已变化了的时代要求，亟须改革，以适应亿万美国人的快餐需求。想归想，要将其变成现实就不是那么容易的事情了，必须为之付出一定的代价。克罗克面临的首要问题就是资金问题，要实现鸿鹄之志没有启动资本就如同"水中月""镜中花"，可望而不可即。"一分钱难倒英雄汉"这话一点不假。对于一贫如洗的克罗克来说，自己开办餐馆又谈何容易呢？思来想去，他终于想出了一个好办法，他在做推销员工作时，认识了开餐馆的麦克唐纳兄弟，自己倒不如凭双方交情先打入其内部学习，以最终实现自己的伟大抱负。主意已定，他找到麦氏兄弟，对其进行了一番赞美后，话锋一转，开始讲述自己目前的窘境，待博得对方的同情后，便不失时机地恳请麦氏兄弟无论如何要帮他这个忙——答应留他在餐馆做工，哪怕是做一名跑堂的小伙计也行，否则，他的日常生活将面临危机。在过去一段时间的接触中，克罗克深知这两位老板的心理特点。为尽早实现自己的远大目标，他又主动提出在当店员期间兼做原来的推销工作，并把推销收入的5%让利给老板，麦氏兄弟见有利可图且又考虑到眼下店里确实人手不足，便十分爽快地答应了他的要求。

克罗克进入快餐店后，很快就掌握了快餐店的运作方式。为取得老板的信任，他工作异常勤奋，起早贪黑，任劳任怨。他曾多次建议麦克兄弟改善营业环境，以吸引更多的顾客，并提出配制份饭、轻便包装、送饭上门等一系列经营方法，以扩大业务范围，增加服务种类，获取更多的营业收入。他的每一项改革都使老板感到满意，因为，他的言谈举止总是表现得那么坦诚，那么可信赖，给人留下谦虚谨慎的极好印象。由于他提出的经营之道，为店里招徕了不少顾客。生意越做越好，老板对他更是言听计从、百依百顺了。餐馆名义上仍是麦氏兄弟的，但实际上餐馆的经营管理、决策权完全掌握在克罗克的手中。这一切正是其通向其最终目的的铺路石，可怜的两位老板一直被蒙在鼓里，对此并无丝毫戒心，甚至还在暗自庆幸当时留下克罗克的决定是对的，多亏他的有效管理和辛勤治店，餐馆的生意才这么兴隆，财源滚滚而来，大有"伯乐相识千里马"之自豪与快慰。

不知不觉，克罗克已在店里干了6个年头。他的羽翼渐渐丰满。翅膀越来越硬，展翅腾飞的时机日趋成熟，于是克罗克暗暗加快了行动步伐，他通过各种途径筹集到了一大笔贷款。该与麦氏兄弟摊牌了，他想事到临头，不容再难为情继续拖延下去了，他谙熟两位老板素来喜欢贪图眼前利益，为一时的需要常常会忘记原来最基本的要求。为此，克罗克充分做好了谈判前的思想准备。1961年的一个晚上，克罗克与麦氏兄弟进行了一次很艰难的谈判。起初，克罗克先提出较为苛刻的条件，对方坚决不答应，克罗克稍做让步后，双方又经过激烈的讨价还价，最终克罗克以270万美元的现金，买下麦氏餐馆，由他独自经营。麦氏兄弟尽管有种种忧虑与不安，但面对如此诱人的价格，他们终于动心了。

第二天，该餐馆里发生了引人注目的主仆易位事件。店员居然炒了老板的鱿鱼，这在当时可以说是当地一特大爆炸性新闻，引起了巨大的轰动，而快餐馆也借众人之口，深入人心，大大提高了其在美国的知名度。到此为止，克罗克的"瞒天过海"之计也基本达到了预期目的。克罗克入主快餐馆后，经营管理更加出色，很快就以崭新的面貌享誉全美，在不长的时间内，270万美元就全部捞了回来。又经过20多年的苦心经营，其总资产已达42亿美元，成为国际十大知名餐馆之一。

克罗克实施"瞒天过海"计的成功，就在于他了解麦氏兄弟的脾气、性格。仅以让利5％就轻易打入了麦氏快餐馆。随后通过长时间的努力，换取了两位老板的信赖，使兄弟俩认为克罗克处处替自己着想，并感到他们双方的利益是一致的，于是愉快地接受了他的多种建议。经过逐步渗透、架空，"老板"本已"名存实亡"，最后一场交易全部吃掉了麦克唐纳快餐馆，双方谈判以克罗克的"瞒天过海"计大功告成而宣告结束。

"尼西奇尿布"是日本福冈市一家名叫尼西奇的公司生产的。

尼西奇公司原来是一家生产雨衣、游泳帽、防雨篷等橡胶制品的综合性企业。第二次世界大战后，尼西奇公司面对越来越激烈的市场竞争，自身深感无所适从，由于订货不足，公司面临倒闭的危险。

尼西奇公司的老板多川博在一个偶然的机会，从日本政府发布的人口普查资料中获悉，日本每年大约出生250万名婴儿。由这条不显眼的信息，多川博突发奇想，如果每个婴儿每一年要用两块尿布，那么全日本一年就要500万条。此外，再加上国际潜在市场，数量一定非常可观！

接着，多川博进一步考察了国内生产尿布的厂家，发现大企业根本不屑生产这类产品，连小企业也嫌弃，转产尿布一定大有可为！

多川博立即行动，他首先将公司更名为尼西奇公司，在生产上不断采用新技术、新材料、新设备，推出深受怀孕妇女欢迎的多模式的"尼西奇"尿垫。到了20世纪80年代，该企业年产尿布已达1000多万条，老板多川博更博得了"尿布大王"的美誉。

尼西奇公司在雨衣市场竞争激烈的情况下，毅然转产尚无人生产的婴儿尿布。可谓是有战略眼光的。这说明虽然是小产品，只要有广阔的潜在市场，也是可以赚大钱的。

要发现商机，就要在小、新、奇等几个方面去开动脑筋。跟在别人后面是发现不了机会的，也很难掘得人生的第一桶金，对于一些创业有成的人来说，要想在竞争中立于不败之地，也得靠不断地发现、挖掘，才能在财富之都更上一层楼。

哈默是美国著名的企业家，曾经营着一个药厂，然而，一次小小的发现让哈默以壮士断腕的气概将自己的药厂卖掉，向新的财富领域进军。1921年，哈默在莫斯科的报纸上看到当时的苏联将进行一次全国扫盲运动，当时他并没有往心里去。但当他准备回国的时候，意外发现商店中的铅笔很少，而且价格很贵。哈默产生了一个大胆的想法，在当时的苏联办一个铅笔生产厂。他的举动令朋友们大惑不解，他们都不明白哈默怎么会想到去生产只需2美分一支的铅笔。但哈默认准了这是一个极好的机会，他从德国法伯铅笔公司高薪聘请了技术人员，很快就生产出了铅笔。第一年他就获得了250万美元的纯利润，第二年达到了400万美元。哈默名声大振，并积累了最初的资本。

小商品可以赚大钱。尼西奇公司选择尿布这一小商品作为生产目标，主要是看准了日本每年新出生的250万婴儿；哈默选择生产铅笔，主要是看到了苏联的巨大市场。这正是应用了"用于众人之所不能见"的思想，因为一般企业对这些小商品是不太注意的。此外，单一的小商品生产也有本身的优势：第一，由于是单一化经营，厂家可以获得技术优势和规模效益，有利于降低成本；第二，由于小商品一般为生活必需品，需求相对稳定，市场较为广阔，商品虽小，市场并不小；第三，由于是小商品，竞争者一般为小工厂，大公司一般不愿涉足，只要产品质量、管理过硬，就容易在竞争中克敌制胜。

"舍博求微"，即舍弃博大、流行、引人注目的产品市场，选择微不足道、易被人忽视及用途独特的那部分产品市场。它是一种利用人们见大不见小、忽视小商品心理的市场开发策略。

决断术：
关键时候进行正确的抉择

　　"决"，指的是决疑，决断，决策。鬼谷子提出"决情定疑，万事之机"，从谋士的角度出发，论述如何帮助统帅进行决断。决的形式，或是对疑点进行分析，或是对利弊进行权衡，或是对方案进行取舍，其目的都是为了廓清思路，以展开下一步的行动。决的前提是认清事物的性质，杜绝偏见，以使决断无误。一个善于决断的人，在慎重的原则之下，应能做到当机立断，绝不拖延。

1. 善至于诱，终无惑之

——善于把握决断的技巧

◎妙语赏析◎

善其用福，恶其有患，善至于诱也，终无惑。偏有利焉，去其利则不受也，奇之所托。

◎原文释义◎

一般说来，人们都希望遇到有利的事，不希望碰上祸患和被骗诱，希望最终能排除疑惑。在为人做决断时，如果只对一方有利，那么没有利的一方就不会接受，这是因为依托的基础不平衡。

◎边读边悟◎

秦军攻打赵国，平原君去楚国求援，虽然楚王答应了出兵救援，但援兵迟迟不到。赵国都城邯郸的形势迫在眉睫。秦军攻势日甚一日，步步紧逼，赵国军民奋力抵抗，终因寡不敌众，不得不收缩防线。邯郸城外尸横遍野，赵军战死者不计其数，负伤者得不到及时治疗。百姓倾家荡产，涕泣哀告，全城笼罩在一片哀伤、忧郁的气氛中。久战不决对赵国十分不利：在内乏粮草、外援未到的情况下，不出几日，赵国就得投降。国人忧心如焚，可又无计可施。

危急之际，平原君的门客李谈对平原君说："赵国也是公子之国，赵国将亡，公子不为之忧虑吗？"

平原君说："赵亡，我也不能独存，就要做秦人的俘虏了，我怎么能不忧虑呢？我曾往楚国搬救兵。可至今援兵未到，我正为此忧心忡忡呢！"

李谈说："现在邯郸的百姓，易子而食，濒临绝境；而公子的后宫累金积银，嫔妃婢妾衣食有余。前线将士刀剑用钝，削木为矛；而公子府库里钟磬如山，秋毫无损。如果邯郸失守，公子还能拥有这些东西吗？而如果邯郸解围，赵国保全，公子还担心得不到这些东西吗？现在公子若能把家人编入士卒。与百姓共同抗敌，把家中财物拿出来供应血战将士，前线将士会大受鼓舞，必誓死保卫邯郸，与敌军血战到底，公子以为然否？"

平原君本是慷慨之人。当即对李谈说："先生所言极是！为救邯郸，我愿尽遣家人为军，尽散家财助战。"

平原君听从李谈的建议，很快组织起3000人的"敢死队"，李谈也在其中。这支由男女老少组成的队伍，在与秦军作战中，不怕牺牲，奋勇拼杀，大乱秦军，使秦军不得不后退30里。秦军后撤，为赵国赢得了喘息的机会。

平原君又数次写信请求魏国援助。魏国公子信陵君率8万精兵侧击秦军。楚国公子春申君也派大将景阳领兵杀到。赵、魏、楚三国联军内外夹击，秦军大败。秦将郑安平被围困数日，最后带两万人投降赵国。秦国统一天下的进程由此而减慢。

邯郸解围，赵王封赏将士。由于平原君功勋卓著，策士虞卿为平原君向赵王请赏。他面见赵王说："公子平原君国难之际，出使不辱使命，搬来楚、魏援兵，解邯郸之围；又编家人入伍，散私财助战，击退秦军进攻。其心耿耿，其功无量，大王不可用其力而忘其功。请大王为赵公子加封。"

赵王听从虞卿之言，打算封平原君为相，赐给东武城。

平原君的门客公孙龙听说此事，对平原君说："舍下听说赵王要赐封公子，舍下以为公子不宜受封。"

平原君说："愿听先生细说。"

公孙龙说："在保卫邯郸的战役中，赵国将士伤亡惨重，连一些王公大臣都参加了战斗。公子为赵王出使楚、魏，不辱使命，当然功不可没。但论功行赏，许多人都应当受封赏，论才能也有像公子这样智勇双全的人。而赵王封公子为相，赐封公子土地，外人则会认为您是沾了王室的光。您若受封，必然损害您在赵国人心中的形象；您不受封，其他人也不好请求加封。这对大战后赵国的复兴有利，所以我认为公子还是不受封为好。"

平原君高兴地说："先生说得极有道理，就依你之言吧。"

平原君辞功谢赏的仁义之举赢得了国人的尊重，从而使自己的威望得到了进一步提高。

"善其用福，恶其有患"可以看作替人出谋划策的评定标准，因为每个人都是趋利避害的，平原君也不例外。他之所以接纳了李谈的建议，就是看到了赵国被灭自己也不能独活。如果舍财救赵成功，自己就可以获得更多的好处，所以才接受了李谈的建议。保卫邯郸成功后，平原君又依公孙龙之言拒绝受封，那是为了更长远的利益，暂时地放弃也是为了更长久地拥有，吃点小亏却能在以后得到更多的便宜。

当我们处于两难境地时，要善于做出有利于自己的决断。

战国时，楚国上柱国昭阳带兵攻打魏国，在襄陵打败魏军，得到八座城池。昭阳大喜之下又欲移兵攻打齐国，齐王得到消息后，召群臣商议。

当时齐国的军队战斗力还很薄弱，若与楚兵交战，必是惨败，但固守城池不出，也不是长久之计，所以齐王为此很担心。群臣也没什么好办法来阻挡楚兵的进犯。

齐王正在一筹莫展之时，忽有人报说秦国使臣陈轸前来拜见。

陈轸上殿后见齐国君臣皆面有难色，问其原因，才知道楚国上柱国昭阳在得了魏国八座城池后，又来攻打齐国，他便对齐王说道："大王不必担忧，待我去叫他罢兵回国。"

齐王无法，只好抱着试一试的态度让陈轸去见昭阳。

陈轸见到昭阳后开口问道："请问按楚国的赏制，对那些击败敌军、杀死敌将而得城池的人，应给予什么奖赏呢？"

昭阳回答说："官封上柱国、爵封上执。"

陈轸又问道："还有比这更高的奖赏吗？"

"那要数令尹了。"

"您回国后，能封令尹吗？"

昭阳哈哈笑道："当然没问题了！因为我马上就能当令尹了。"

陈轸也仰头哈哈大笑。

昭阳奇怪地问："您笑什么呢？难道您认为我在说谎吗？"

陈轸摇头道："我没有丝毫怀疑之心，只是我觉得您既已是令尹了，又何必自取降职杀身之祸呢？"

昭阳听了，气愤地问道："您这是什么话？"

"将军请莫动怒，让我给您讲这样一个故事：有个人送给他的门客一杯酒，门客们商量说：'一杯酒，这么多人饮用，毫无趣味可言。不如我们每人画一条蛇，谁先画成，那杯酒就让他一人饮用如何？'众人皆称好，于是取来笔墨即画起来。有一个人顷刻便画完了，于是便拿起酒杯欲喝，他见众人还没有画完，便自以为是地给蛇画起脚来。另一人画完，抢过酒杯一饮而尽，讥笑那人道：'你见过有脚的蛇吗？它穿不穿鞋呢？'"先画完的人后悔不已。

"现在您攻打魏国取城八座已是画成蛇了，若再进攻齐国，打下来，你的官职还是令尹，若打不下来，身死爵位被夺，不亦悲乎？况且还有损于楚国的威望。两下皆不讨好，与那个画蛇添足的人有什么区别呢？您不如带兵回国，功德圆满。得楚王及全民的欣赏和赞颂，何乐而不为呢？"

昭阳仔细地想了想，觉得陈轸说得有理，果真连夜撤兵回楚国了。

陈轸在此的游说之法中并不显其高明之处，却能够达到最终的目的，其原因也不外乎陈说利弊。陈轸从昭阳的角度仔细分析其所处的位置，指出其伐齐纯属多此一举，并用寓言的形式点明其利弊，使昭阳不得不服。打了胜仗，自己已身居显位，也不会得到更高的地位了；打了败仗，还可能会受到惩罚，更何况自己又没有必胜的把握，权衡利弊，当然择利己者而从之。

对于企业的管理，领导人的决断尤为重要。

亨利·福特不但首创了福特T型车，还首创了大批量生产方式，所以，他制造的汽车价廉物美。

福特有他独特的经营思想。他认为，浪费和贪求利润妨碍了买方的切身利益。浪费是指在完成某一工作时花费了多于这项工作所需的精力，而贪求则是由于目光短浅。应该以最小的物力和人力的损耗来进行生产，并以最小的利润将货销出。以达到整个销售额的增加，即"薄利多销"。

为了实现这一经营理念，福特运用不同的经营手段，对产品的标准化、生产过程、劳资关系、成本核算等进行了一系列改革，开辟了一个独特的"薄利多销"的经营途径。而大规模装配线是实现大批量生产的主要手段。

福特的构想是：建立一条输送带。把装配汽车的零件和敞口的箱子装好，放到转动的输送带上。送到技工的面前。换言之，负责装配汽车的工人，只要站在输送带的两边，所需要的零件就会自动送到面前，用不着自己再费事去拿。

这一设计非常好，节省了技工们来往取零件的时间，装配速度自然加快了。可是，实际使用之后，他却发现了一个很大的缺陷。由于输送带是自动运输的，在前半段比较简单的装配手续上非常适用，可到了后半段，向车身上安装零件时，由于手续比较麻烦，技工们赶不上输送的速度，往往把送过来的零件错过了。而这些在输送带上没有来得及取下的零件，都堆积在后面的地板上，妨碍了输送带的转动。

没有多久，福特想出了改进这一局面的办法，建立了一种新的生产线。

他挑选一批年轻力壮的人，拖着待装配的汽车底盘，准备装配那预先排列好的一堆堆零件。负责装配的工人就跟在底盘的两边，当他们经过堆放的零件前面时，就分别把零件装到汽车底盘上。

这一改进使装配速度大大地提高。以前要12个半小时才能装配好一部车，现在则只需要83分钟就完成了。福特被誉为"把美国带到轮子上的人"就是从这时候开始的。他改进了汽车的装配速度，降低了成本，各公司的廉价车不久都纷纷出笼。这是造成美国汽车工业真正起飞的重要因素。

输送带的设立，使任何一个负责装配的工人都没有偷懒的机会。因为经过多次的试验，福特把输送带转动的速度固定好了，在两边的工人，每人只负责一件工作，只要不停手地做，一定可以做得好。可是你稍微一偷懒，要用的零件就转过去了，只好等下一个。如果你负责的零件与下一个人的工作有关联性，由于你没有装上零件，下面的人也就无法工作。在这种情形下。走上生产线的人都要全神贯注，所以他们都自称"机械人"。实际上，他们也真像输送带两边的机器，配合转动的节奏，把零件装到车上，动作是千篇一律的，时间快慢也是一定的。

"善其用福，恶其有患，善至于诱也，终无惑。"就是说人之常情是有了福祉就高兴，有了祸患就厌恶。善于决断的人，首先诱得实情，然后加以定夺，自然不会产生困惑而只会使其受益。福特认为，浪费和贪求利润妨碍了买方的切身利益，应该以最小的物力和人力的损耗来进行生产，并以最小的利润将货销出，以达到整个销售额的增加，即"薄利多销"。正是在这种经营思想的指导下，他才下决断建立一条输送带，首创了大批量生产方式，实现了汽车的价廉物美。

2. 有使失利者，其有使害者

——全面考虑，权衡利弊

◎妙语赏析◎

若有利于善者，隐托于恶，则不受矣，致疏远。故其有使失利者，其有使害者，此事之失。

◎原文释义◎

任何决断本来都应有利于决断者的，但是如果在其中隐含着不利的因素，那么决断者就不会接受，彼此之间的关系也会疏远，这样对为人决断的人就不利了，甚至还会遭到灾难，这样决断是失误的。

◎边读边悟◎

宋仁宗当政时期，朝廷腐败，官员贪婪，群盗并起，百姓苦不堪言，大臣富弼请求宋仁宗惩治匪徒。

仁宗皇帝叹息道："各地盗匪多如蚁群，一时蜂拥而至，我哪有这么多的财力、兵力来对付他们呢？"

富弼说道："难道就任他们在各个州郡横行霸道、涂炭生灵吗？百姓本来就难以生存，现在又遭此厄运，天理何在啊？皇上您尊贵，岂能任他们胡作非为？应该替天行道啊！"

宋仁宗满脸愁容地对富弼说："我的臣民受苦，我怎么能不心痛呢！你有什么好的计策，不妨告诉我，替我分担忧愁啊！"

富弼想了想回答道："世间的凶恶险诈之徒，并不是天生如此。起初他们也是寒窗苦读，胸中有一番抱负的。他们期待参加科举考试，大展宏图。怎奈长大后，却发现自己并未学业有成，最后名落孙山，仕途之路原是南柯一梦！于是他们开始眼中厌世，胸中嫉俗，郁郁不得志，彻底毁了自己。这种人往往学富五车，经史子集兵书无所不通、无所不融。他们略微知道一些朝代兴亡的缘由，于是便转而习武，潜心钻研兵法，由此寻找出路。于是他们结党成群，煽动民众，扯起大旗，占山为王，行事狡诈。这些人虽然成不了什么气候，却给朝廷带来了危害。"

仁宗皇帝见富弼分析得非常有道理，便试探地问道："你既然分析得如此透彻，一定有平定他们的好办法吧？"

富弼摇头道："对待这样逆天而行的人，不能强行消灭他们，只能采取亲和的办法。"

"什么是亲和的办法？"仁宗皇帝问道。

"所谓亲和的办法即以柔克刚。水乃天下之至柔，看似无力，却可以冲刷万物，遇山绕山，逢石避石，而山石都作为它的陪衬存在。所以，臣请求皇上命令有关官员以朝廷的名义拜访这些人，把他们当作被朝廷遗忘的草泽英雄，重新推荐给朝廷。然后根据这些人的能力，适当地给予官职任用。"

宋仁宗半信半疑道："他们肯为朝廷效力吗？"

富弼笑道："他们之所以落草为寇，还不是为了让自己有权有势！既然给他们封官，哪有不效力的道理？"

于是宋仁宗依照富弼的办法通令全国。

不久，朝廷发出了数千份招降的书信，不到半年，盗寇竟消失了大半。

"善至于诱也，终无惑"，人人都喜欢做对自己有利的事，更何况是匪徒呢。由此可知，只要是朝政腐败，吏路不畅，有才能的人无用武之地，只得聚众生事，另谋出路。这些人多半是为了自己的私利，并没有什么报国爱民的理想，只要有当官发财的机会，他们就会放下"替天行道"的大旗。富弼建议采用招安的方法，以利诱之，可谓对症下药。

当我们面前只有一条路的时候，可以毫不犹豫地走下去。然而，人生难免要走到三岔路口或十字路口，从而面临一系列新的选择，我们该何去何从？这个问题，是对我们每一个人的最大考验。

夏天天气炎热，池塘里干得一滴水也没有了。有两只住在池塘里的青蛙不得不离开那里，寻找新的住处。它们走啊走，终于来到一口井边。它们小心地趴在井口，探头往井下看。井水清澈见底，清凉的气息一股股地涌上来。其中一只青蛙没有细想，就高兴地跳了下去，对他的伙伴说："喂，朋友，快下来吧。这口井水多好啊，我们就住这里吧。"另一只青蛙回答说："这井这么深，如果它里面的水也干了，我们怎样爬上来呢？"

在做出决定之前，必须权衡利弊，否则就会像第一只青蛙那样，只图一时痛快而换来终身痛苦。

公元1115年，女真族首领阿骨打建立金国。辽国皇帝非常愤怒，立即亲率70万大军前往讨伐，阿骨打率领两万人前去迎战。当金军进至瓦剌时，阿骨打亲自带领骑兵去侦察，却发现敌军已经撤走。为防止中计，他又进一步调查，得知辽国发生内乱，辽主迫不得已撤回军队。阿骨打探知这些情况后，决定变守为攻，日夜兼程，不久就追上了辽军。阿骨打没有立即下令进攻，而是细心观察敌军阵式，看到中军队伍整齐，士兵威武，从而判断出辽主必在中军。于是他断然决定调整兵力，集中力量攻击辽军所在的中军。几十万大军顿时乱作一团，首尾不能相顾。就这样，阿骨打以两万人马大败70万辽军，真正达到了"敌虽众，可使无斗"的境界。

在现代企业经营中，领导人也经常会遇到需要决断的事情。决断得好，就会获得良好的经济效益，使企业赢得腾飞的良机；决断得不好，就有可能给企业带来损失，甚至带来生存危机，所以不可不慎重。

20世纪60年代初，日本的日立公司为扩大企业规模，发展生产，投入了大量资金，购买新建厂房的建筑材料，添置一些新设备。这时，正赶上整个日本经济萧条时期，现有产品滞销，扩大企业规模的后果就可想而知了。面对这一严峻情况，日立公司有两条路可供选择：一条路是继续投资；另一条路是停止投资。日立公司经过认真讨论、分析、研究，最后果断决定走后一条路，停止投资，实行战略目标转移，把资金投放到其他方面，积蓄财力，待机发展。实践证明，日立公司的决策是正确的。从1962年开始，日本三大电器公司中的东芝和三菱的营业额都有明显下降，但是日立则一直到1964年仍在继续上升。进入60年代后半期，一个新的经营繁荣时期来到了，蓄势已久的日立公司不失时机地积极投资，取得了经营上的巨大成功。

处事时多方权衡利弊，是"谋"；做出最终的决定，是"断"。"谋"与"断"相辅相成，缺一不可，都是人生的"大功课"。

3. 圣人所能，成事者五
——在千头万绪中找到死结

◎**妙语赏析**◎

圣人所以能成其事者有五：有以阳德之者，有以阴贼之者，有以信诚之者，有以藏匿之者，有以平素之者。

◎**原文释义**◎

圣人所以能完成大业，主要有五个途径：有用阳道来感化的；有用阴道来惩治的；有用信义来教化的；有用爱心来庇护的；有用廉洁来净化的。

◎**边读边悟**◎

春秋战国时期，齐国的宰相管仲深谋远虑，富有远见。在他的辅佐下，齐桓公获得了军事上的巨大胜利，陆续消灭了散布在各个地方的割据势力，只有强硬的楚国还没有臣服齐桓公。

连战皆捷的几位大将建议齐桓公："您为什么不一鼓作气，出兵讨伐楚国，一统江山呢？我们随时为您效劳！"

这番话说到了桓公的心上，他看着手下将领主动请战，心中甚是欢喜，于是决定出兵。管仲得知齐王要出兵，马上前去阻止，劝道："现在不是攻打楚国的好时机，大王您千万不要草率行事！"

"为什么？你没有看到现在士气大振吗？而且我国粮草充足，我实在找不出时机不成熟的理由！"齐桓公有些不解。

"我们连续征战数次，兵马早已疲惫不堪。再说楚国和其他诸侯国不一样，它实力雄厚，国力强盛，现在进攻实在很危险！"

"那我们就眼看楚国继续强盛下去吗？难道等着它把我们消灭了不成！"齐桓公急了。

管仲笑着说："我自有办法，而且保证您一年之内不动一刀一枪，不伤一兵一卒，就让他降服！"

齐桓公半信半疑，但看着管仲胸有成竹的样子，便放手让他实施既定的计划了。于是管仲命人铸造不计其数的铜币，然后派一百名商人去楚国买鹿，临走时嘱咐他们说："齐桓公特别喜欢观赏鹿，愿以重金购买活鹿。"

商人们到了楚国后，四处悬赏购买活鹿。梅花鹿在楚国很普遍，不值钱，两枚铜币就能买到一头，人们大都把它们宰杀了吃肉。楚国人一听有人重金购买活鹿，于是纷纷到山上捕获。随着猎鹿人的增多，鹿越来越少，而鹿的价格也一涨再涨，从开始的5枚铜币到10枚铜币。几个月之后，商人又抬高了价格，40枚铜币一头。在当时，40枚铜币可不是小数目，能买2000斤粮食。楚国上下见有利可图，都放弃自己的行当去寻找野鹿。农民变成了猎人，战士也不顾纪律，上山捕鹿。

不知不觉，一年就快到了。管仲对齐桓公说："您现在可以召集人马，出兵楚国了。现在楚国只有数之不尽的铜币！农民因为猎鹿荒废了田地，没有充足的粮草供应；士兵因为猎鹿而无心操练，丧失了作战的技巧和能力，成熟的时机已经到了！"

齐桓公听从管仲的意见，放出发兵的消息。楚王见粮源短缺，人民因为饥荒而四处逃亡，士兵也都无心恋战，如果自己勉强打下去，只有死路一条。他连忙派使臣向桓公求和，心甘情愿地归顺了齐国。

齐桓公在成其霸业中，征服楚国的方式就是利用的"阴贼术"。他采用管仲的诡计，以"买鹿之谋"让楚国在不知不觉中受到削弱。楚国人多势众，楚王绝不会料到一年后，竟没有人愿意种粮，使曾经号称铁甲雄狮的军队变成了病猫。

大到一个国家，小到一个团体，都会有一些战略性的规划。在制定决策的时候，必须要服从于整体战略。用战略的眼光去看待问题，才能做出正确的决断。

五代时期，后蜀国国君孟昶于公元934年即位。他在危机四伏、烽烟迭起的混乱年代里做了三十多年的"偏安之王"，实属不易。

孟昶即位时才16岁，将相大臣都是老臣旧将。这些人自恃资历深厚，并不把这个年幼的皇帝放在眼里。他们骄恣放肆，为所欲为，公然逾越国家制定的法律。建造豪华房舍，规模巨大，靡费钱财，引起了人们的不满。其中以李仁罕、李肇、张业、赵廷隐最为过分。

孟昶刚继帝位，大将李仁罕便提出要主管六军的要求，他的言词充满了威胁。他不但派人到枢密院提出明确的要求，还到学士院让人按照他的要求起草命令，根本就不通过孟昶，这不仅是目无幼主，实际上是犯上作乱。

这一咄咄逼人的举动深深地刺激了孟昶，他知道这样下去的后果是什么。他当然不愿意就此受到别人的摆布，可是他又怕张扬出去会引起叛乱，无法控制局面。于是，他隐忍不发，请李仁罕吃饭，表面上接受了他的条件，任命李仁罕为中书令，主管六军。然后，等李仁罕进宫朝见时，孟昶命令武士将他捉住，当场处死。

李仁罕一死，曾假称有病不跪的侍中李肇才知道新君的厉害。他吓得魂不附体。当再次见孟昶时，他扔掉拐杖便跪了下去。孟昶因为他过去对自己十分倨傲。勒令他退官隐居，李肇便由此徙居邛州（今四川省邛崃市）。

李仁罕的外甥张业在李仁罕被杀时，正执掌禁军。禁军的军队虽然不多，但直接掌管皇帝宫廷的守卫，如果他以替舅报仇为名而造反，那后果将不堪设想。所以，孟昶怕他反叛，当时不敢动手处置他，而是千方百计加以笼络。他甚至把这个武夫任用为宰相，又兼判度支。

张业在家里私设监狱，关押欠债的人。他滥施酷刑，制订了一种"盗税法"，规定税官吞没赋税的，照吞没的数目十倍罚款。税官受了罚，无处筹钱，自然如数从百姓身上勒索。这种苛刻的税法使得百姓难以承受，都怨声载道。身为一国之君的孟昶闻知后，当即废除此法。

到了后蜀广政十一年（公元948年），孟昶觉得自己已经积聚了一定的势力，认为诛杀奸臣的时机已到，就与禁军将领官思廉密谋，用诛灭李仁罕的办法，把张业在都堂上捉住处死。

卫圣都指挥使兼中书令赵廷隐见势不妙，急忙以老为由还乡。至此，故将旧臣基本上被除尽，剩下的也都不敢藐视这位新主，孟昶这才真正掌握了蜀国的大权。

孟昶在稳固自己政权的过程中运用的多是"蔽匿术"。先以请李仁罕吃饭将其铲除，对其他大臣起到了一定的震慑作用，后来又对张业进行笼络。当时机成熟时，再故技重施，在都堂上又将其处死。所有的这一切，都施展得滴水不漏，让人防不胜防，这也正是"蔽匿术"的独到之处。

俗话说："站得高，看得远。"要想持续地获得成功，必须更上一层楼，以战略性的眼光来俯瞰社会与人生。

4. 决情定疑，以正治乱

—— 当机立断，不断必乱

◎ **妙语赏析** ◎

故夫决情定疑万事之机，以正治乱、决成败，难为者。

◎ **原文释义** ◎

澄清动乱，预知成败，这是一件很难做到的事。

◎ **边读边悟** ◎

刘邦的军队驻扎在灞上，没有能跟项羽相见。刘邦的左司马曹无伤就派人去告诉项羽说："刘邦想占领关中称王，让子婴做他的国相，珍珠宝器都归为自己所有。"项羽听了非常生气地说："明天用酒肉犒劳士兵，要让他们打败刘邦的军队。"在这时，项羽的军队有40万人，驻扎在新丰县鸿门；刘邦的军队有10万人，驻扎在灞上。范增劝告项羽说："刘邦在山东时，贪图财物，喜爱美女。现在进入关中，财物一点都不要，妇女一个也不亲近，这表现他的志向不小。我叫人去看过他那里的云气，都是龙虎形状，成为五彩的颜色，这是天子的云气啊。你赶快攻打他，不要失掉时机！"

楚国的左君项伯，平时和留侯张良友好，张良这时候跟随着刘邦。项伯就连夜骑马赶到刘邦军中，私下会见了张良，详细把事情告诉张良，想叫张良和他一起离开刘邦，说："不跟我走将会一起被项羽所杀。"张良说："我替韩王护送沛公入关，沛公现在有急难，我逃跑离开是不讲道义的，我不能不告诉他。"

于是张良进入刘邦的营帐，把情况详细告诉了刘邦。刘邦听后大吃一惊，说："那怎样应付这件事呢？"张良说："是谁替大王献出这个计策的？"刘邦回答说："浅陋无知的人劝我说：'把守住函谷关，不要让诸侯进来，秦国所有的地盘都可以由你称王了。'所以我听信了他的话。"张良说："大王估计自己的军队能够抵挡住项王的军队吗？"刘邦沉默了一会儿说："本来不如对方的军队，那该怎么办呢？"张良说："请让我去告诉项伯，说沛公不敢背叛项王。"刘邦说："你怎么和项伯有交情的？"张良说："在秦朝的时候，项伯和我有交往，项伯杀了人，我救活了他；现在有了紧急的情况，所以他来告诉我。"刘邦说："他和你谁大谁小？"张良说："他比我大。"刘邦说："你替我把他请进来，我得用对待兄长的礼节待他。"张良出去，邀请项伯。项伯立即进来见刘邦。刘邦奉上一杯酒为项伯祝福，并约定为亲家，说："我进入关中，极小的财物都不沾染，我会登记官吏、人民，然后封闭收藏财物的府库，以等待将军的到来。所以派遣官兵去把守函谷关的原因，是为了防备其他盗贼的进出和意外变故。我日日夜夜盼望着将军的到来，怎么敢反叛呢！希望你对项王详细地说明，我是不敢忘恩负义的。"项伯答应后，跟刘邦说："明天你不能不早些来亲自向项王谢罪。"刘邦说："好。"于是项伯又连夜离开，回到项羽军营里，详细地把刘邦的话报告给项羽，还趁机说："刘邦不先攻破关中，您怎么能进来呢？现在人家有大功你却要打人家，这是不仁义的。不如就趁机友好地款待他。"于是项羽答应了。

刘邦第二天带领一百多人马来见项羽，到达鸿门，谢罪说："我和将军合力攻打秦国，将军在黄河以北作战。我在黄河以南作战，然而自己没有料想到能够先入关攻破秦国，能够在这里再看到将军您。现在有小人的流言，使将军和我有了隔阂……"项羽说："这是你左司马曹无伤说的，不然的话，我怎么会这样呢？"于是项羽留刘邦同他饮酒。项羽、项伯面向东坐；亚父范增面向南坐；刘邦面向北坐；张良面向西陪坐。范增多次使眼色给项羽，举起他所佩带的玉玦向项羽示意多次，可项羽默默地没有反应。范增站起来，出去召来项庄，对项庄说："君王为人心肠太软，不忍下手。你进去上前祝酒，祝酒完了，请求舞剑助兴，顺便把刘邦击倒在座位上，杀掉他。不然的话，你们都将被他所俘虏！"项庄答应后就进去祝酒。祝酒后，随即说："君王和沛公饮酒，军营里没有什么可以用来娱乐，请让我舞剑助兴吧。"项羽说："好。"项庄就拔出剑舞起来。项伯也拔出剑舞起来，并常常用自己的身体，掩护刘邦，项庄始终得不到机会刺杀刘邦。

于是张良到军门外去见樊哙。樊哙说："今天的事情怎样？"张良说："非常危急！现在项庄拔剑起舞，他的用意常常在沛公身上。"樊哙说："这太紧迫了！让我进去和他们拼命！"于是樊哙带着剑拿着盾牌进入军门。樊哙揭开帷幕面向西站立，瞪眼看着项羽，项羽手握剑柄跪直身子说："来者是干什么的？"张良说："他是沛公的卫士樊哙。"项羽说："壮士！——赏他一杯酒。"其左右的人就给他一大杯酒。樊哙拜谢，立起，站着一口气把酒喝了。项羽说："赏给他一只猪腿。"其左右的人就给了他一只半生的猪腿。樊哙把盾牌反扣在地上，把猪腿放在盾牌上，拔出剑切着吃起来。项羽说："壮士！能再喝点酒吗？"樊哙说："我死尚且不怕，一杯酒又哪里值得推辞！秦王有像虎狼一样凶狠的心肠，杀人唯恐不能杀尽，处罚人唯恐不能用尽酷刑，因此天下老百姓都背叛了他。沛公进入咸阳，一丝一毫财物都不敢占有动用，封闭了官室，退军驻扎在灞上，以等待大王到来，特意派遣将士把守函谷关，是为了防备其他盗贼的出入和发生意外的事变。像沛公这样劳苦功高的人。您没有封侯的赏赐，反而听信小人谗言，要杀有功劳的人，这是灭亡的秦国的后续者啊！我自己认为大王不应该采取这样的做法。"项羽听后无话可答，只得说："坐吧。"樊哙便挨着张良坐下。

坐了一会儿，刘邦起身上厕所。顺便招呼樊哙一道出去。刘邦出来后对樊哙说："刚才出来没有告辞，这怎么办呢？"樊哙说："做大事情不必顾虑细枝末节，讲大礼不必讲究小的礼让。现在人家正像切肉的刀和砧板，我们是鱼和肉，为什么还要告辞呢？"于是就走了。沛公叫张良留下向项羽辞谢。张良问道："大王来时带些什么礼物？"刘邦说："我拿一对白玉璧，准备献给项王，一对玉酒杯，要送给范增。正赶上他们发怒，不敢献上去，你替我献吧。"张良说："遵命。"于是刘邦丢下随从的车辆、人马，离开了那里。刘邦独自一人骑马，同持剑拿盾徒步跑着的樊哙、夏侯婴、靳强、纪信等4人一起。顺着骊山脚下，取道芷阳，抄小路逃走。刘邦行前对张良说："从这条路到我军营不过20里罢了。请你估计我到了军营，你再进去见项王。"

待张良估计刘邦已抄小道回到军中，于是张良进入项羽账中辞谢，说："沛公不能多喝酒，已经醉了，不能前来亲自向大王告辞。谨叫我奉上白玉璧一对，敬献给大王；玉杯一对，敬献给大将军。"项羽说："沛公在哪里？"张良说："听说大王有意责备他，他离开鸿门，已经回到了军中。"项羽只得接受了白玉璧，放到座位上。范增接过玉杯便丢在地上，拔出剑砍碎了它，说："唉！夺走项王天下的一定是沛公。我们这些人就要被他俘虏了！"

刘邦回到军营，立即杀掉了曹无伤。

项羽鸿门宴错失除掉刘邦的最佳时机，可以说是当断未断，以致最终让刘邦逃走，而自己最后却落得个四面楚歌、垓下自杀的结果。刘邦逃走之后，首先便是杀掉了曹无伤，与项羽形成了鲜明对比。观鸿门宴的整个过程，项羽有许多杀掉刘邦的机会，但都一一错过，这与他的优柔寡断是分不开的；刘邦回营立即杀掉曹无伤，展现了其果敢的作风，这其中无不显露出些许他们各自成败的原因。

决情定疑对于现代企业的成长和发展也有着相当重要的意义。

一提起芬兰的诺基亚，许多人都非常熟悉，当年它与美国的摩托罗拉、瑞典的爱立信同为世界移动电话的三巨头。然而就在1997年，当新任总经理鲁玛·奥里拉刚上任时，诺基亚还是债台高筑，业务混乱，其经营状况尚陷于空前的困境之中。

由于传统大市场快速崩溃，芬兰的经济深受打击，诺基亚公司也一落千丈。从1991—1993年，该公司仅电子工业一个部门就亏损27亿美元。面对残酷的现实，奥里拉痛下决心，作出了"最无情的决断"：舍弃公司的其他产业，全力投入以移动电话为主的通信市场。

这一明智的决策让他们抓住了千载难逢的好机会。那几年正是世界移动电话通信市场发展势头迅猛的年代，而性能卓越的数字式移动通信电话正取代固有的蜂窝式便携电话，这恰恰是诺基亚的技术优势所在。

事实证明奥里拉的决策是对的。

诺基亚公司首先被调整的是家电产业，诺基亚卖掉了长期亏损的显像管厂，一下子就辞退了2000名员工。接下来奥里拉又拿设在赫尔辛基的总部开了刀，那些上了年纪而又业绩平庸的老职员全部被请走，取而代之以充满活力的年轻人。奥里拉还积极采纳了年轻职员的革新建议，使诺基亚公司迅速摆脱了困境。

"决情定疑万事之机，以正治乱、决成败，难为者。"就是说决情定疑，是一切问题的解决起点，用它可以来整顿朝纲，治理百姓，可以来决定成败、断定疑难。面对残酷的现实，诺基亚公司痛下决心，作出了"最无情的决断"：舍弃公司的其他产业，全力投入以移动电话为主的通信市场，终于抓住时机获得了迅猛的发展。

5. 用蓍龟者决，弗如自决也

——冷静是最有效的智慧

◎妙语赏析◎

故先王乃用蓍龟者，以自决也。

◎原文释义◎

所以古代先王就用筮草和龟甲来决定一些大事。

◎边读边悟◎

隋朝末年，李渊起兵反隋，终于推翻了隋炀帝的统治。随着战争的结束。李渊之子李世民被封为秦王，他的地位已不同往日，而李建成则利用太子的优越地位，频频向李世民发难。

武德九年（公元622年）某日晚，李世民应邀到太子府赴宴，饮酒数杯。突然感到心口剧痛，连连吐血，他连忙命人把自己扶回府中，总算保住了性命。还有一次皇家打猎时，太子让部下给秦王备马，结果，秦王骑马差点被摔死。

秦王频频遇险，王府上下极为震骇。房玄龄觉察到事态的严重，他认为，太子与秦王的嫌隙已经形成，公开的较量在所难免。一旦两人兵戎相见，刚刚统一的国家又要陷于战祸之中，这与他治国安民的理想是相违背的。他希望李世民能先发制人，力挽狂澜，从而达到天下的长治久安。于是他劝李世民："事势如此，不如向周公学习，对外安抚周围各国，对内安抚社稷，先下手为强。否则国家沦亡，身名俱灭，您应早做决断，绝不能再迟疑！"

此时的朝中，太子与秦王两派已是剑拔弩张。为了打击李世民，李建成想方设法瓦解他的谋士勇将。他告诉李元吉，秦府中最有谋略的人是房玄龄和杜如晦。因此，他们在李渊面前极力中伤房玄龄、杜如晦二人，并最终通过李渊的圣旨把他俩逐出了秦王府。接着，他们又利用调兵遣将的机会，设法调动秦王的部将。程咬金原是秦王府统军，是秦王的得力干将，李建成奏请父皇让程咬金出任康州刺史。程咬金却借故拖延，滞留长安。

李世民看到这种情况，知道再等下去，只有死路一条，于是他决定按房玄龄的计谋，先下手为强，发动政变，杀掉太子，逼父禅位。于是，他派长孙无忌秘密召见房玄龄、杜如晦。房玄龄、杜如晦二人不清楚秦王究竟是否下定决心，他俩故意激将，对长孙无忌说道："皇上敕旨命令我们不再为大王办事，我们如果私自见大王，就是死罪，不敢奉召。"

李世民得知后大怒："怎么连你们都不愿忠诚于我！"当即取下佩刀，对尉迟敬德说："你再去一次，如果他们无心见我，就拿他俩的人头来见我！"

尉迟敬德和长孙无忌又秘密召见房玄龄、杜如晦二人，对他俩说："大王决心已下，你们快来谋划大事吧。"房玄龄和杜如晦便穿上道袍，乔装打扮，秘密进入秦王府，同秦王密谋对策。

武德九年六月三日，李世民进宫密奏太子李建成、齐王李元吉淫乱后宫以及试图谋害自己的事情。李渊听了，便命令他们明日一同进宫对质。次日清晨，李世民率领尉迟敬德等人在宫城北门玄武门事先设下埋伏，趁李建成、李元吉入朝没有防备的时候，将他们射死，这就是历史上有名的"玄武门之变"。

政变后，李渊被迫以秦王李世民为太子，并交出大权，李世民成为实际上的皇帝。两个月后，全国局势稳定，李渊便把皇位传给了李世民，自己退为太上皇。李世民终于登上皇帝的宝座，改年号为贞观，从此，翻开了唐朝历史新的一页。

"决情定疑万事之机"，意思是说判断实情、解决疑难是成就万事的关键，直接关系着事业的兴衰与成败。正所谓当断则断，否则就会反受其乱。李世民抓住时机，当断则断，才成功登上了帝王的宝座。

其实在面临重大选择的关口，任何人都不可避免会出现焦虑或紧张情绪，这就要看是否能够自我调节、自我克制了。淝水之战时，谢安和谢玄下棋时神闲气定，其心中未必不忐忑或激动。这一点在客人告辞后他的反应中便可看出：当时的谢安抑制不住心头的喜悦，舞跃入室，把木屐底上的屐齿都碰断了。由此看来，危急时刻自我调节，使自己保持果敢、沉着、镇定的态度，才能最终走出危机，尽显英雄本色。

符言术：
善于借用别人的智慧

　　符，本指我国古代朝廷调兵遣将所用的特殊凭证，具有很高的权威。这里的"符言"，可引申为执政者明察秋毫、奖惩分明必须奉行的准则。这些准则大致包括：对事物做充分的考察；充分听取别人的意见；赏罚要讲求信用和公正；要多方询问以免偏听偏信；遵循天理和人情；要做到名实相符等。这些准则也可为现代管理者所遵循和借鉴。

1. 虚心平意，以待倾损

——温和能产生凝聚力和亲和力

◎**妙语赏析**◎

安、徐、正、静，其柔节先定。善予而不争，虚心平意，以待倾损。

◎**原文释义**◎

如果身居君位的人能做到安详、从容、正派、沉静，既会顺又能节制，愿意给予并与世无争，这样就可以心平气和地面对天下纷争。

◎**边读边悟**◎

乾隆皇帝当政时，以宽仁为本，对南部新疆问题，他一直抱以和平解决的愿望，但最后他不得不使用军事力量来解决。

在平定准噶尔后，回部何去何从？起初，清朝希望和平解决，采取措施，减轻贡赋，给予其较大自治权力和优惠政策。但后来的发展事与愿违，由于和卓兄弟发动叛乱，阴谋分裂，清廷不得不诉诸武力。

乾隆二十三年，朝廷以雅尔哈善为靖逆将军，率满汉官兵一万余人，向库车进发。征讨之前，乾隆下谕宣示大小和卓的罪状，其文至情至理，赢得了老百姓的拥护和支持。

谕旨中这样对维吾尔族百姓说，"布拉尼敦、霍集占兄弟在噶尔丹策动时被拘禁，我们第一次平定伊犁时，放出二人，并命令他们做了你们的首领。朝廷正要对和卓二兄弟加恩赐爵、授予良田时，没料到二人乘厄鲁特变乱之机，率领伊犁人逃往叶尔羌、喀什噶尔，拥兵自重。朕原以为他二人或许是惧怕厄鲁特的骚扰，暂时避开，休养生息，因此没有发兵责难。后来见他二人仍然没有回归之意，就派遣使节前去招抚，没想到二人竟戕杀使臣，僭称巴图尔汗，情节尤其可恶。"

　　乾隆帝在谕旨中还说："朕以为，倘若朝廷听之任之，不擒拿主犯，那么回族百姓终不得安生。因此，特发大兵，声罪致讨。这次兴师，只为霍集占一人。因朕听说霍集占起义倡乱，布拉尼敦是被迫从行的，所以朕已命分别处理。像大小和卓兄弟至亲，朕尚且视其情节轻重，加以处理，更何况你们全无涉及，岂有被株连之理？朕是不会将尔等无罪之人与叛逆之徒一并诛戮的。"

　　谕旨最后说："你等若将霍集占缚获献上，自会安居乐业，永享殊恩。若执迷不悟，听从逆贼指使，大兵所至，即不再分善恶，全被剿除，悔之晚矣！希望你们熟思利害，不要贻误终生。"

　　从这道谕旨中，可以清楚地看出乾隆顺应民意的基本策略。在谕旨中，乾隆帝依据情理，对准极少数，保护大多数。一方面指责和卓兄弟忘恩负义，尤其是霍集占，申明这次征伐的正当理由；一方面解除各方面的忧虑，说明平回的矛头只对准霍集占一人，绝不株连扰害维吾尔族一般人民，连大和卓布拉尼敦也会宽大处理。

　　这道谕旨的发布，有利于瓦解叛军的意志，分化了叛军内部的凝聚力，为最后平定回部大、小和卓叛乱的胜利打下了坚实的基础。

　　乾隆在平定大、小和卓叛乱的过程中，以审时度势的眼光分析其利弊关系。为了趋利避害，不但以宽容之心对待叛逆者，还以最小的投入取得了最佳的效果，真可谓事半功倍。其成功之处与乾隆帝敏锐的观察力、正确的判断力和英明的决断力是分不开的。

　　乾隆下达的谕旨既解除了百姓的顾虑和担忧，又大大鼓舞了受压迫百姓反抗的决心，达到了分化敌军营垒，争取维吾尔族群众，减轻进军阻力的目的。可以说，这道谕旨的作用绝不亚于单纯的军事进军，为最终的胜利奠定了基础。

　　领导者的人格魅力实际上是领导者的一种吸引力和凝聚力，领导者的人格魅力是通过领导者的美德表现出来的，领导者的人格魅力是非权力影响力，高尚的品格是领导者人格魅力的核心。领导者有比较强的人格魅力，就会赢得组织成员的敬重和信任，从而增强团队的凝聚力和战斗力，同心同德为实现组织目标而努力奋斗。

　　日本本田技研工业总公司的创始人本田宗一郎每当遇到棘手的事情时，总是自己率先去干。因此，公司里的年轻人非常佩服他的这种身先士卒的作风。

　　1950年的一天，为了谈一宗出口的生意，本田和藤泽在一家餐馆里招待外国商人。

外国商人兴致挺高，喝了许多酒，不久便跑到卧室呕吐起来。

过了一会儿，服务员满脸沮丧地报告说："本田先生，我不小心，把客人的金假牙倒进厕所里了，您说怎么办？"

本田一听。二话没说，跑到楼下，掀开粪池石板，脱掉衣服，纵身跳入了粪池，并用一双筷子打捞起来。那些粪便、便纸在水面上浮着，臭气熏天，令人作呕，但本田却像没事人一般，用筷子拨弄粪便、纸屑，细心寻找，找了好一阵才把那颗金假牙找到。

本田回到卧室卫生间，冲洗干净身子，穿上衣服，再将假牙冲洗干净，并对假牙消了毒。然后悄悄地放到外商的床边。

"您是怎么找到的？"服务员惊奇地问。

"是本田先生亲自跳下粪池寻回来的。"不待本田回答，藤泽激动地抢着说。

"啊？"服务员的嘴巴张得很大，"本田先生，真是太谢谢您了！您真伟大！您帮了我大忙，我一辈子也不会忘记。"服务员深受感动。

这件事让那位外国商人也很受感动，生意自然获得了圆满的成功。藤泽武夫目睹了这一切，感慨不已，认为自己可以一辈子和本田宗一郎合作下去。

后来，他们并肩"战斗"几十年，在几十年中，他们把其他人用来内斗的精力都用于各自领域内的"对外战斗"，战胜了技术、经营上的敌手。

老话说：上行则下效。又说：上梁不正下梁歪。作为领导，只有自我严格要求，并以身作则，作出表率，才具有号召力。

一个优秀的领导，要执行、贯彻自己提出的政策方案，必须愿意吃苦耐劳，要能急人所急，组织内部有了困难要能身先士卒，一马当先，解决问题。

人们因为很多理由跟随一个领导。越是野心勃勃想成为领导的人反而越不能成为合格的领导者，真正的领导者会谦卑温和，富有自我牺牲精神。一句话，优秀和杰出的领导基于自身的人格而赢得人们对他们的尊重。人们跟随某位领导往往是因为该领导的人格和其所代表的价值观。

2. 辐辏并进，明不可塞

——借用别人的耳朵和眼睛

◎妙语赏析◎

目贵明，耳贵聪，心贵智。以天下之目视者。则无不见；以天下之耳听者，则无不闻；以天下之心虑者，则无不知。辐辏并进，则明不可塞。

◎原文释义◎

对眼睛来说，最重要的就是明亮；对耳朵来说，最重要的就是灵敏；对心灵来说，最重要的就是智慧。人君如果能用全天下的眼睛去观看，就不会有什么看不见的；如果用全天下的耳朵去听，就不会有什么听不到的；如果用全天下的心去思考，就不会有什么不知道的。如果全天下的人都能像车辐条集辏于毂上一样，齐心协力，就可明察一切，无可阻塞。

◎边读边悟◎

汉武帝去世的时候，他所立的太子即后来的汉昭帝，年龄才8岁。汉武帝并不放心，就把他托付给霍光、金日蝉、上官桀、桑弘羊四位大臣，让四人辅佐昭帝。四人之中，霍光是大司马、大将军，掌握着朝廷军政大权，地位最高。

霍光为人正直，又忠心耿耿辅佐汉昭帝，把国家大事处理得有条不紊，因此，威望日益增高。但是霍光为人耿直，做事不讲情面，得罪了不少人，其中就有上官桀、桑弘羊、盖长公主等人。

当时燕王刘旦（汉昭帝的哥哥）因为自己没有做成皇帝，一心想废掉昭帝，但又畏惧霍光，于是他便和上官桀勾结起来，想设计除掉霍光。

于是，在汉昭帝14岁那年，上官桀趁朝廷让霍光休假的机会，伪造了一封刘旦的亲笔书信，又派人冒充刘旦的使者，把这封信送给了汉昭帝。

汉昭帝打开信一看，只见上面写道："霍光外出检阅御林军时，擅自使用皇上专用的仪仗。而且他经常不守法度，不经皇上批准，擅自向大将军府增调武官，这都有据可查。他简直是独断专行，根本不把皇上放在眼里！我担心他有阴谋，对皇上不利，因此我愿意辞去王位，到宫里保护皇上，以提防奸臣作乱。"

送完信后，上官桀等人做好一切准备，只等汉昭帝发布命令。就把霍光捉拿起来，谁知汉昭帝看完信后毫无动静。

第二天，霍光前去上朝，听说了这件事，就坐在偏殿中等候发落。

汉昭帝在朝堂上没有看见霍光，便问道："大将军在哪里？"

上官桀回答道："大将军因为被燕王告发，所以不敢进来。"

于是，汉昭帝派人请霍光上殿。霍光来到殿前，摘掉帽子，磕头请罪。

汉昭帝说："大将军只管戴上帽子。我知道那封信是假的，你没有罪。"

霍光既高兴又迷惑不解，问："皇上是怎么知道的啊？"

汉昭帝说："大将军检阅御林军只是最近几天的事情，增调武官校尉到现在也不过10天，燕王远在北方，他怎么知道得如此之快啊？如果将军要作乱，也不必依靠校尉。"

上官桀等人和文武百官听了都大吃一惊。

汉昭帝又说："这件事只需问问送信人就可以弄明白！不过，我想他肯定早已逃跑了。"

左右下属连忙命人去找送信人，送信人果然逃跑了。

一计不成，上官桀等人又生一计，他们经常在汉昭帝面前说霍光的坏话。最后，汉昭帝大怒，对他们说："大将军是忠臣，先帝嘱托他辅佐我，以后谁敢再诬蔑大将军，我就治谁的罪！"

上官桀等人看到这个方法不行，就密谋让盖长公主出面请霍光喝酒，然后借机杀掉他，废掉汉昭帝，立燕王刘旦为帝。但他们的阴谋还没来得及施行，就被汉昭帝和霍光发觉，将其蓄谋之人全部杀死。

"主明术"说的就是君主只有耳聪、目明、心智，才能做到明察秋毫，而不至于被事物的外在假象蒙蔽了眼睛。霍光如果碰上一个昏庸的皇上，恐怕早已被斩首了。而昭帝从信中的时间准确地推算出燕王不可能知道近期发生的事，而且又令人去追查送信之人，他这样做的目的只是想给诬陷霍光的人一个威吓，上官桀果然吓得半死。更为可悲的是，上官桀等人仍不死心，意图谋反，最终落得身首异处的下场。

没有人不愿意听到赞美之词，所以很多人容易被过多的赞美所蒙蔽，看不到隐藏的真相。因此一个富有智慧的领导者，要善于听取各方面的意见和建议。

康熙和乾隆掌政时期，国家呈现出太平盛世的局面。康熙时期的繁荣得益于康熙治理天下有方，然而康熙晚期，国家却一直走下坡路。一方面是他晚年多病，不能勤政；另一方面是确立皇储的问题搅得朝中一片混乱。因此，在他统治晚年，朝中官员渐渐疏于政事，因循敷衍、懒散拖沓、贪污行贿，把官场弄得乌烟瘴气，一直蔓延到雍正初年。

雍正登基后，决心全面整顿，改变朝廷大臣玩忽职守的态度和消极懒散的作风。他清楚这种作风已经有很长时间了，彻底废掉不是轻而易举的事情。但如果对他们仅仅宣传一些大道理，恐怕收不到较好的效果。雍正想来想去，觉得不如来个杀鸡儆猴，说不定能产生大的影响，震住其他大臣。但是，到哪儿去找这只"鸡"呢？不久，雍正就找到了突破口。

一天，雍正让手下趁别人不注意时，把刑部大门上的匾额拿回来，藏在屏风后面。然后雍正耐心地等待，看看刑部有什么反应。

一天过去了，刑部没有什么异常。两天过去了，刑部依然像什么事都没有发生一样。第七天，雍正再也沉不住气了。他命令召见刑部主管官员。一见面，雍正突然问道："你们主管衙门外的大匾额还在吗？"

官员不知雍正有何用意，毕恭毕敬地回答说："在！"

可是当他们抬头看皇上时，只见雍正脸色阴沉，不知自己说错了什么，慌忙补充说："应该在吧！"说罢，不敢言语。

雍正向近旁的侍从招招手，两个内侍便把刑部大门外的匾额从屏风后抬出来。刑部主管官员一看，吓得直哆嗦，一时不明白究竟怎么回事。

雍正指着放在大殿中央的匾，厉声说道："这块匾额已经放在这里七天了，可你们却没有任何人发现！这么大的缺陷你们居然都没有注意到，不知你们平日会疏忽多少事务！堂堂一部之首尚且玩忽职守到如此地步，又怎么能以身作则、教导下面的人勤于公务呢？"

雍正大发脾气，刑部主管吓得双腿发软，连连叩头，俯首请罪。他在皇上面前立下誓言，决心痛改前非，整顿吏治，提高效率。

雍正对其他部门什么都没说，但自从这件事传开后，朝廷六部拖拖拉拉的办事作风很快就有了改观。

面对因循敷衍、懒散拖沓、贪污行贿等劣行，雍正帝心知肚明，一时难以解决。于是便想到了杀鸡儆猴的招数，这也是历来古代官吏乐此不疲的行事策略。为什么呢？因为与各个击破相比，杀一儆百的影响更为深远，而且要省时省力得多。可见，雍正帝的高明之处贵在其心智。

大到一个国家，小到一个企业，在做一件事情需要决断的时候，都必须充分发挥其成员的能量，集思广益。

当全美短帮皮靴成为一种流行时尚的时候，每个从事皮靴业的企业几乎都趋之若鹜地抢着制造短皮靴，以供应给各个百货商店，他们认为赶着大潮流走要省力得多。

罗宾当时经营着一家小规模皮鞋工场，只有十几个雇工。他深知自己的工场规模小，要挣到大笔的钱诚非易事。自己薄弱的资本、微小的规模，根本不足以和强大的同行相抗衡。而如何在市场竞争中获得主动权，争取有利地位呢？

罗宾考虑了两条道路：一是在皮鞋的用料上着眼，就是尽量提高鞋料成本。使自己工场的皮鞋在质量上胜人一筹。然而，这条道路在白热化的市场竞争中行走起来是很困难的，因为自己的产品本来就比别人少得多，成本自然就比别人高了，如果再提高成本，那么获利有减无增。显然，这条道路是行不通的。二是着手皮鞋款式改革，以新领先。罗宾认为这个方法不失妥当，只要自己能够推出新花样、新款式，不断变换，不断创新，招招占人之先，就可以打开一条出路，如果自己创造设计的新款式为顾客所钟爱，那么利润就会接踵而至。

经过一番深思熟虑，罗宾决定走第二条道路。他立即召开了一个皮鞋款式改革会议。要求工场的十几个工人各竭其能，设计新款式鞋样。为了激发工人的创新积极性，罗宾规定了一个奖励办法：凡是所设计的新款鞋样被工场采用的设计者。可立即获得1000美元的奖金，所设计的鞋样通过改良可以被采用，设计者可获500美元奖金，即使设计的鞋样不能被采用，只要其设计别出心裁，均可获100美元奖金。同时，他即席设立了一个设计委员会，由五名熟练的造鞋工人任委员，每个委员每月额外可取得100美元作为报酬。

这样一来，这家袖珍皮鞋工场里马上掀起了一阵皮鞋款式设计热潮，不到一个月，设计委员会就收到40多种设计草样，采用了其中3种款式较别致的鞋样。罗宾立即召集全体人员召开大会，给这三名设计者颁发了奖金。

罗宾的皮鞋工场就根据这3个新款式来试行生产。第一次出品是每种新款式各制皮鞋1000双，立即将其送往各大城市推销。顾客见到这些款式新颖的皮鞋。立即掀起了购买热潮。两星期后，罗宾的皮鞋工场收到2700多份数量庞大的订单，这使得罗宾终日忙于出入于各大百货公司经理室大门，跟他们签订合约。

因为订货的公司多了，罗宾的皮鞋工场逐渐扩大起来，3年之后，他已经拥有18间规模庞大的皮鞋工场了。不久，危机又出现了，当皮鞋工场一多起来。做皮鞋的技工便显得供不应求了。最令罗宾头疼的情形是，别的皮鞋工场尽可能地把工资提高，挽留自己的工人，即便罗宾出重资，也难以把其他工场的工人拉出来。缺乏工人对罗宾来说是一道致命的难关，因为他接到了不少订单。如果无法给买主及时供货，将意味着他得赔偿巨额的违约损失，罗宾忧心忡忡。

他又召集18家皮鞋工场的工人召开了一次会议。他始终相信，集思广益，可以解决一切棘手的问题。罗宾把没有工人可雇用的难题告诉大家，要求大家各尽其力地寻找解决途径，并且重新宣布了以前那个动脑筋有奖的办法。会场一片沉默，与会者都陷入思考之中，搜索枯肠想办法。过了一会儿，有一个小工举起右手请求发言，罗宾嘉许之后，他站起来怯生生地说："罗宾先生，我以为雇请不到工人无关紧要，我们可用机器来制造皮鞋。"

罗宾还来不及表示意见，就有人嘲笑那个小工："孩子，用什么机器来造鞋呀？你是不是可以造一种这样的机器呢？"那小工被其他人的嘲笑窘得满面通红，悄悄不安地坐了下去。罗宾却走到他身边，请他站起来，然后挽着他的手走到主席台上，朗声说道："诸位，这孩子没有说错，虽然他还没有造出一种造皮鞋的机器，但他这个办法很重要，大有用处，只要我们围绕这个概念想办法，问题定会迎刃而解。我们永远不能安于现状，思维不要局限于一定的桎梏中，这才是我们永远能够不断创新的动力。现在，我宣告这个孩子可获得500美元的奖金。"

经过四个多月的研究和实验，罗宾的皮鞋工场的大量工作就已被机器取而代之了。

集思广益的做法表明：个人的认识总是有限的，再高明的领导也不能单靠自己的智慧，他必须集中众人的智慧，遍采众人之长方可成事。

3. 许之则防守，拒之则闭塞

——虚心听取他人意见

◎妙语赏析◎

许之则防守，拒之则闭塞。

◎原文释义◎

如果能听信人言，就使自己多了一层保护，如果拒绝别人进言就使自己受到了封闭。

◎边读边悟◎

公元前636年，晋公子回国当上国君，是为晋文公。他当上国君后，开始征发百姓，组织军队，训练作战。两年后，晋文公便准备用训练的百姓称霸诸侯。

大臣子犯劝阻说："百姓虽然经过训练，身体强健，但还不懂得义，还没能各居其位，不能用。"

晋文公觉得有道理，他便想办法让百姓懂得义。正在这时，周朝发生了"昭叔之难"。

昭叔是周惠王的儿子，他和他的哥哥襄王之后狄隗密谋叛乱。襄王知道后，便将狄隗废掉。这件事触怒了狄隗的娘家，他们派重兵进攻周朝，周襄王被迫逃到郑国。

周朝在当时名义上是各诸侯国的宗主，晋文公决定帮助周襄王返回周朝并用此事教育晋国的百姓什么是义。

他派出左右两军，右军攻打昭叔，左军去郑国迎接周襄王返国。事成后，周襄王为表彰晋文公的功劳，以天子的礼仪迎接文公。

晋文公却推辞说："这是臣下分内之事。"

晋文公帮助襄王返国后，又回国致力于便利百姓，使百姓安居乐业。这时他认为可以使用百姓了。可子犯又出来阻拦说："百姓虽然懂得了义，但还不知道信是什么，还不能用。"晋文公听后，觉得有道理。于是他率领军队攻打原国，命令士兵携带三天的口粮。军队围困原国城池整整三天，士兵们的粮食全部吃完了，而原国还坚守城池不出。于是晋文公下令退兵，正当晋军刚退兵时，间谍从城里出来报告说："原国已经准备投降了。"有人主张再坚持一下，等待原国投降。晋文公坚决地说："当初带三天军粮，就是准备攻打三天的；如今已下令退兵，就应该说话算数。如果不退兵，即使得到原国，也会失去信用，得失相比哪个多呢？"

由于晋文公利用攻打原国教育百姓懂得何为信，所以国内民风大变，凡事以信为本。晋国百姓做生意不求暴利，不贪不骗。

做完这些后。晋文公问子犯："这回行了吧？"子犯回答："百姓虽知信、义，还不知道礼，还没有养成恭谦礼让。"

于是，晋文公又再让百姓在知礼方面下苦功。他举行盛大的阅兵仪式，每个环节都依照军礼执行。使百姓看到礼仪；他又规定百官的等级及职责，使百姓知道对什么职官行什么礼仪。百姓们不但如此，还知道根据礼来判断一件事的是非。这时，子犯笑着说："可以用民了。"

于是，晋文公开始伐曹、攻卫，取得齐国之地，大败楚军于城濮，成为春秋五霸之一。

"主听术"中说的就是君主如何在明察秋毫的基础之上去听取、采纳臣子的劝谏。春秋五霸之一的晋文公，虽时刻想着称霸，但他并不冒进，而是虚心三次听从子犯的建议，并且不遗余力地去完成。其结果不但教化百姓明白了信、义，还使百姓懂得了礼仪，最终使之成为春秋五霸之一。

做事时要向有经验的人虚心请教，不听忠言，最终会自食恶果。

西晋末年，南北分裂。南方司马睿在建康称帝，建立东晋王朝；在北方，匈奴、鲜卑、羯、氐、羌等少数民族首领也纷纷称王称帝，占据关中一带的氐族统治者以长安为都城，建立了前秦政权。公元357年，苻坚即位，他重用汉族知识分子，推行一系列改革措施，在一定程度上使前秦国实现了兵强国富的局面。

在这基础上，苻坚积极向外扩张势力，初步统一了北方地区。接着攻打江南，企图统一南北。东晋太元八年（383年）八月，苻坚亲率百万大军，水陆并进，南下攻晋。东晋王朝在强敌压境、面临生死存亡的紧急关头，决意奋起抵抗。他们一方面缓解内部矛盾，另一方面积极部署兵力，制订正确的战略战术，以抗击前秦军队的进犯。

十月十八日，苻融率领前秦军前锋攻占寿阳，幕容垂部攻占了郧城，接着攻打硖石。胡彬困守硖石，粮草乏绝，难以支撑，便写信请求谢石驰援。可是此信却被前秦军所截获，苻坚决定迅速开进，以防晋军逃遁，便把大部队留在坎城，亲率骑兵八千驰抵寿阳，并派遣原东晋襄阳守将朱序到晋军中劝降。朱序到了晋军营阵后，不但没有劝降，反而向谢石等人密告了前秦军的情况，并建议谢石乘前秦军各路人马尚未集中的机会，主动出击。

谢石及时改变作战方针，决定转守为攻，派刘牢之率精兵5000迅速奔赴洛涧，与前秦梁成军相遇。刘牢之大败梁成，取得洛涧遭遇战的胜利，这挫抑了前秦军的兵锋，极大地鼓舞了晋军的士气。谢石乘机命诸军水陆并进，直逼前秦军。苻坚站在寿阳城上，看到晋军布阵严整，又望见淝水东面八公山上的草和树木，以为也是晋兵，心中顿生惧意，对苻融说："这明明是强敌，你怎么说他们弱不堪击呢？"

前秦军洛涧之战失利后，沿淝水西岸布阵，企图从容与晋军交战。谢玄知己方兵力较弱，利于速决而不利于持久，于是便派遣使者激将说："将军率领军队深入晋地，却沿着淝水布阵，这是想打持久战，不是速战速决的方法。如果您能让前秦兵稍稍后撤，空出一块地方，使晋军能够渡过淝水，两军一决胜负，这不是很好吗？"

前秦军诸将都认为这是晋军的诡计，劝苻坚不可上当。但苻坚却说："只引兵略微后退，待他们一半渡河，一半未渡之际，再用精锐骑兵冲杀，便可以取得胜利。"于是苻融便答应了谢玄的要求，指挥前秦军后撤。前秦军本来就士气低落，内部不稳，阵势混乱，指挥不灵，这一撤更造成阵脚大乱。朱序乘机在前秦军阵后大喊："秦军败了！秦军败了！"前秦军听了信以为真，遂纷纷狂跑，争相逃命。

东晋军队在谢玄的指挥下，乘势抢渡淝水，展开猛烈的攻击。苻融被杀，前秦军全线崩溃，完全丧失了战斗力，晋军乘胜追击，一直到达青冈。前秦军人马相踏而死者，满山遍野，堵塞大河。活着的人听到喊杀声，以为是晋兵追来，更没命地拔脚向北逃窜。淝水之战，前秦军被歼灭的十有八九，苻坚本人也中箭负伤，仓皇逃至淮北。

　　苻坚在位时励精图治，不但开创了前秦的盛世，还统一了北方，是少数民族政权中较为有实力的。然而使人遗憾的是他过于好大喜功、崇尚武力，由于刚愎自用，不能虚心听取群臣的建议，而最终导致了兵败淝水，遗恨千古。

　　善于倾听不同的意见，也就是善于从不同的人那里"借脑"，对具有采纳价值的意见进行必要的吸收，没有采纳价值的也不会影响最终的决策，何乐而不为呢？

4. 用赏贵信，用刑贵必

——赏罚一定要分明

◎妙语赏析◎

用赏贵信，用刑贵必，刑赏信必，验于耳目之所见闻……

◎原文释义◎

运用奖赏时，最重要的是守信用。运用刑罚时，贵在坚决。处罚与赏赐的信誉和坚决，应验证于臣民所见所闻的事情……

◎边读边悟◎

"信"与"正"是赏与罚的关键所在。有功不赏，则无人思进取；有过不罚，则恶人将肆虐。赏、罚都要取信于民，使社会形成良好的风气。

战国时期，一到冬天，鲁国都城南门附近的人们就会到芦苇荡子里打猎。由于那里湿度适宜，生长着肥美的野草，数不清的鱼虾在嬉戏。许多飞禽猛兽也栖息在这块风水宝地，过着惬意的生活。

人们都说这里动物的肉鲜嫩，不仅肉好吃，而且皮毛还能卖钱，所以来这里打猎的人络绎不绝。一天，不知谁为了一时之利，竟然放了一把火来捕杀猎物。火借风势，很快蔓延开来，马上要烧到鲁国都城了，但却没有一个人救火，大家仍然兴高采烈地追逐着四处逃窜的动物。

鲁哀公在宫中听到火灾的消息，大吃一惊，赶忙派人去救火。但是被派去的人也跟着众人追逐火海中逃出来的猎物。看到这乱糟糟的情形，鲁哀公不知所措，担心再延误下去，都城就要化为灰烬了。

这时，宫中一位大臣说："在这样危急的情况下，我们没有设置任何奖赏和惩罚，人们当然不愿意冒险去灭火。更何况趁机捕杀猎物不仅有利可图，也有趣味，人们自然就趋之若鹜。出现这种情况也是在所难免的。"

鲁哀公心中十分焦急，听到这句话后，突然茅塞顿开，于是传令下去，凡是救火的人就是为挽救都城立下功劳的人，一定会得到重重赏赐的！

那位大臣赶忙说："这样也不太好，现在一团糟，不清楚谁在救火，谁在追逐猎物。至于谁的功劳大、谁的功劳小，也没有办法评定。况且还有一个重要的问题，现在人这么多，用这么多的财富赏赐实在是不划算啊！"

鲁哀公想想觉得也对，又开始发愁，说："那该怎么办呢？"

大臣回答道："既然奖赏不行，那为什么不惩罚呢？我们可以规定，捕杀猎物者视同玩忽职守，不救火的人等同于战场上的逃兵。如果被发现，不管是谁，都要以军纪处罚，不留半点情面！这样不用花一分钱，就能达到目的。您觉得怎么样？"鲁哀公一听赞不绝口，立即传令下去。在场的人听到传令都害怕了，纷纷救火。有的脱下自己的衣服扑灭火苗，有的拿工具切断向四周蔓延的火，有的铲土掩盖即将复燃的灰烬。不一会儿，大火就被扑灭了。

"主赏术"说的就是君主如何运用赏罚的手段来激励他人为自己服务。鲁哀公采用宫中大臣的赏罚之法，其成功之处就在于时机得当，通过对运用对象的分析，抓住了人们害怕受到惩罚的心理，以法治事，灵活地制订赏罚策略，最终团结人心，扑灭了大火。可见，赏罚分明不仅可以作为制度来遵循，还可以通过变通的手段为自己所利用。

说起"赏"的艺术，其实并不像赏功那么简单。有时候，为了招贤纳士，即便无功也要赏。

燕国被齐国打败后，不久国君就死去了，太子继位，是为燕昭王。他在收拾残破燕国的时候，决定用厚礼聘请有才能的人，准备报败齐之仇。他对谋士郭隗说："齐国趁着我国内乱而打败了我们，现在，我们燕国势单力薄，无力复仇。所以，我要得到贤明之人与我共商国是，以雪先王的耻辱，那是我最大心愿。您觉得如何才能招到贤能的人呢？如何才能让燕国繁荣昌盛，打败齐国呢？"

郭隗说："成就帝业的君主以贤者为师，成就王业的君主以贤者为友，成就霸业的君主则以贤者为臣，而亡国的君主就以低贱的小人为臣。"

"您如果能恭敬地对待贤者，那么就能招来超过自己才能百倍的人才；您如果先于别人劳动，后于别人休息，先去请教别人，然后再深思默想，那么就能招来超过自己才能十倍的人才；您如果与别人一样辛勤劳动，并且能够平等地对待别人，那么就能招来和自己才能差不多的人才；您如果对人态度蛮横，随便发怒，任意呵斥，那就只能招来奴隶那样的人。这就是自古以来的经验和教训啊！大王如果真想广泛选任贤者，就应该亲自去拜访，让天下人知道大王亲自拜访自己的贤臣，那么天下的贤士，一定都会到燕国来。"

燕昭王听了郭隗话，问道："我应该首先去拜访谁呢？"

郭隗说："我先给您讲个故事。古代有个国君，想用千金买千里马，三年也没买到。宫中有个侍者对国君说：'请让我去买千里马！'国君就派他去了。三个月后，这个人找到了千里马，但那匹马已经死了。于是他就用五百金买了马骨，回来向国君报告。国君大怒：'我要买的是活马，哪能用五百金买个死马呢？'侍者镇定地回答：'买死马尚且用五百金，何况活马呢？天下的人都以为大王真要买马，千里马很快就会送来。'果然，不到一年，就有三匹千里马送上门来。"

郭隗接着对燕昭王说："如今大王要想招揽人才，就请从我开始。我尚且被任用，更何况比我更有才能的人呢？"

燕昭王听从了郭隗的话，筑起高台，拜郭隗为师，并筑黄金之台以待贤者。一时间，乐毅、邹衍、剧辛这些人才纷纷从自己的国家奔向燕国。

经过许多贤人智者20多年的努力，燕国终于强大起来，军队的战斗力也大大加强。于是燕昭王拜乐毅为上将军，与秦、楚及三晋联合谋划进攻齐国。经过几场大战，齐军大败，齐闵王逃到国外，燕昭王终于报了败齐之仇。

重赏之下，必有勇夫。燕昭王运用金钱招贤纳士，最终使燕强盛起来，报了败齐之仇。总结其成功的原因有三：一是会用人，他首先想到的是以厚礼招请人才；二是善纳谏，听从了郭隗的建议并重用他；三是不惜财，以高筑黄金台招贤纳士，使人才都能够各尽其用。

要正确运用赏罚之术，赏罚有度，才能使人信服。

郭子仪是唐代的中兴名将，当朝重臣。因平定安史之乱有功，被朝廷封为汾阳王，其子郭暖被代宗招为驸马，可谓权倾朝野，显赫一时。

不久，郭子仪过寿，家人和亲朋好友纷纷拜贺，唯有儿媳升平公主仗着自己是当朝公主，不肯给公公拜寿。郭暖不由得勃然大怒，与升平公主发生争吵，大打出手，给了公主一记耳光。他盛怒之下，指着升平公主的鼻子说："你如此无礼，不就是仗着你父亲是天子吗？我的父亲功高盖世，他根本不愿意做天子！"这句话，无疑可能招致杀身灭门之祸。

　　升平公主本是唐代宗的掌上明珠，做丈夫的不但没有把自己放在眼里，而且也不把自己的父亲、当朝天子放在眼里，这还了得！公主万分恼怒地跑回皇宫。向父亲告状，痛斥郭暧的"犯上作乱"罪行。

　　唐代宗听完女儿的哭诉后，却一团和气地说："郭暧说的话，不是你能懂得的。他父亲确实是不想做天子，否则的话，天下哪里会归到我们家所有呢？"说完，他就叫公主赶快回家去，并要她向公公赔罪。

　　此时，郭子仪听说儿子打了升平公主并口出狂言一事后，不禁大惊失色，早已把郭暧囚禁起来，随后自己入朝请求皇上治罪。

　　唐代宗见到前来谢罪的郭子仪后哈哈一笑，说："俗话说'不痴不聋，不做家翁'，小两口在闺房中吵架时说的气话，怎么能当真呢？你这样做也太小题大做了！"

　　就这样，一件本来可能酿成大祸的事情，最后不了了之。

　　赏罚的尺度要灵活把握，且不可一概而论。在这件事中，唐代宗显示了十分高明的御臣手段和处世谋略。他以和气浑圆的容忍态度对待郭暧的口出狂言，并没有给予惩罚。因为作为君主的唐代宗深知郭子仪对自己忠心耿耿。而且事发之后又绑着儿子前来请罪，实在不必小题大做。唐代宗此举不但保全了郭子仪一家的性命，更使郭子仪一家对他感激不尽，今后会更加忠于代宗皇帝，为国家效力。

5. 实事求是，名实相生

——做人做事要名副其实

◎妙语赏析◎

循名而为，按实而定；名实相生，反相为情。名实当则治，不当则乱。实生于德，德生于理，理生于智，智生于当。

◎原文释义◎

依照名分去考察实际，根据实际来确定名分。名分与实际互为产生的条件，反过来又互相表现。名分与实际相符就能得以治理，不相符则易产生动乱。名分产生于实际，实际产生于意愿，意愿产生于分析，分析产生于智慧，智慧则产生于适当。

◎边读边悟◎

著名的世界十大名牌之一的奔驰汽车，其创始人卡尔·奔驰生于1844年，他是世界上最早的汽车发明人之一。

1866年7月3日，他发明的汽车第一次开上马路，1893年起正式投入生产与销售。一百多年来，奔驰汽车以无可匹敌的质量优势，成为地位、权力的象征。奔驰车的质量体现在奔驰车的方方面面，甚至每一颗螺钉。以其座椅用料为例，用来制造该车座椅的羊毛是专门从新西兰进口的，其粗细必须在23~25微米之间，细的羊毛用来织造高档车的座椅面料，以保持柔软舒适；粗的羊毛则用来织造中档车的座椅面料。纺织时，根据各种面料的不同要求，还要掺入从中国进口的真丝以及从印度进口的羊绒。而制造皮革座椅则选用全世界最好的皮子。为此，他们先后到世界各地考察、选择。最后，认为南德地区的公牛皮质最好。确定皮革供应点后，奔驰公司又要求该处饲养的牛应在饲养过程中防止出现外伤和寄生虫，既要保持饲养场地良好的卫生状况，又要防止牛皮受到伤害。座椅制成后，还要由工人用红外线照射器把皮椅上的皱纹熨平。

管中窥豹，奔驰公司为了保持其长盛不衰的世界名牌地位，真是煞费苦心，一丝不苟。

"循名而为，按实而定"就是说圣智之人若遵循名分去行事，按照事实来采取行动，一切就会安好无恙。奔驰公司采取的种种举措，使得产品质量与其名牌地位名副其实，确保了其优秀的企业品质，展现了世界名车的风范，从而保持了其长盛不衰的世界名车地位。

民众是历史前进的推动力，是国家稳定、社会和谐的基础。同样的，在现代商业领域中，一个企业的管理者如果管理手段简单粗暴，不注重企业和品牌在社会公众当中的形象，也会导致管理的混乱和失控，从而影响企业的生存和发展。

中国香港地区著名实业家曾宪梓先生创造了"金利来"领带这一著名品牌。但鲜为人知的是，这一品牌开始并不叫"金利来"，而是叫"金狮"。一次，曾宪梓拿出两条"金狮"领带送给他的一位亲戚。不料，亲戚非但不领情，反而满脸不高兴地说："我才不戴你的领带呢，金输、金输，什么都输掉了。"原来。香港话"狮"与"输"读音相近，加上香港参与赌博的人多，很忌讳"输"字。亲戚的不满给曾宪梓以极大的启迪。经过一夜绞尽脑汁的思考，他终于巧妙地将"金狮"的英文GOLDLION改为意译与音译结合，即GOLD意译为"金"，LION谐音读为"利来"，便成为今天无人不知的"金利来"。这个名字一上市就为消费者认同、接受，竟一叫即响。如今，"金利来"不仅成了领带大王，而且陆续推出了皮带、皮包、钱夹、衬衫、运动套装、西装、袜子以及领结、领带夹、钥匙链等男士服装及饰品、用品，甚至还推出了男士皮鞋。

正如曾宪梓先生所言："事实上，'金利来'不需要为每一个品种开设一间工厂，从而投入大批资金。我们有一大部分品种是委托欧洲名厂生产的，出了名的牌子再加上名厂的精工制作，照样受到市场的欢迎。创了一个名牌，不论你推出何种品种，只要你保证质量，就会同样受到欢迎。一个名牌的价值，真是难以衡量。"这便是经营无形资产的硕果。

"名实相生，反相为情"就是说当名实相互助长之后，就会因合乎情理而做大做强。许多世界著名企业深谙"名实相生"之理，都善于经营自身以品牌、包装、企业形象为主要内容的无形资产。这样，不但提高了企业及其产品的知名度、美誉度，而且以事半功倍之效使市场份额不断扩大。

附一　本经阴符七篇

　　《本经阴符七篇》依次为：一、盛神法五龙；二、养志法灵龟；三、实意法螣蛇；四、分威法伏熊；五、散势法鸷鸟；六、转圆法猛兽；七、损兑法灵蓍。前三篇是内养项目，后四篇是外练项目，如能做好这七点，便可成为一个进退自如、来去自如的好谋士。

○盛神法五龙

　　盛神中有五气，神为之长，心为之舍，德为之人。养神之所，归诸道。道者，天地之始，一其纪也。物之所造，天之所生。包宏无形化气，先天地而成，莫见其形，莫知其名，谓之"神灵"。故道者，神明之源，一其化端。是以德养五气，心能得一，乃有其术。术者，心气之道所由；舍者，神乃为之使。九窍、十二舍者，气之门户，心之总摄也。生受之天，谓之真人。真人者，与天为一。而知之者，内修炼而知之，谓之圣人。圣人者，以类知之。故人与生一，出于化物。知类在窍，有所疑惑，通于心术，术必有不通。其通也，五气得养，务在舍神，此之谓化。化，有五气者：志也，思也，神也，心也，德也，神其一长也。静和者养气，养气得其和。四者不衰，四边威势，无不为，存而舍之，是谓神化归于身，谓之真人。真人者，同天而合道，执一而养产万类，怀天心、施德养，无为以包志虑、思意，而行威势者也。士者，通达之，神盛乃能养志。

○养志法灵龟

　　养志者，则心气之思不达也。有所欲，志存而思之。志者，欲之使也。欲多则心散。心散则志衰。志衰则思不达也。故心气一则欲不惶，欲不惶则志意不衰。志意不衰则思理达矣。理达则和通。和通则乱气不烦于胸中。故内以养志，外以知人；养志则心通矣，知人则分职明矣。将欲用之于人，必先知养其气志。知人气盛衰，而养其气志；察其所安，以知其所能。志不养，心气不固；心气不固，则思虑不达；思虑不达，则志意不实；志意不实，则应对不猛；应对不猛，则失志而心气虚；志失而心气虚，则丧其神矣；神丧则仿佛，仿佛则参会不一。养志之始，务在安己；己安则志意实坚；志意实坚则威势不分。神明常固守，乃能分之。

○实意法螣蛇

实意者，气之虑也。心欲安静，虑欲深远；心安静则神明荣，虑深远则计谋成；神明荣则志不可乱，计谋成则功不可间。意虑定则心遂安，心遂安则其所行不错，神者得则凝。识气寄，奸邪得而倚之，诈谋得而惑之，言无由心矣。故信心术，守真一而不化，待人意虑之交会，听之候之也。计谋者，存亡枢机。虑不会，则听不审矣，候之不得。计谋失矣，则意无所信，虚而无实。故计谋之虑务在实意，实意必从心术始。无为而求安静，五脏和通六腑。精神魂魄固守不动，乃能内视、反听、定志，思之太虚，待神往来，以观天地开闭，知万物所造化，见阴阳之终始，原人事之政理。不出户而知天下，不窥牖而见天道。不见而命，不行而至，是谓道。知以通神明，应于无方而神宿矣。

○分威法伏熊

分威者，神之覆也。故静固志意，神归其舍，则威覆盛矣。威覆盛，则内实坚；内实坚，则莫当；莫当，则能以分人之威，而动其势，如其天。以实取虚，以有取无，若以镒称铢。故动者必随，唱者必和，挠其一指，观其馀次，动变见形，无能间者。审于唱和，以间见间，动变明，而威可分。将欲动变，必先养志，伏意以视间。知其固实者，自养也。让己者，养人也。故神存兵亡，乃为之形势。

○散势法鸷鸟

散势者，神之使也。用之，必循间而动。威肃、内盛，推间而行之，则势散。夫散势者，心虚志溢。意失威势，精神不专，其言外而多变。故观其志意为度数，乃以揣说图事，尽圆方、齐长短。无间则不散势；散势者，待间而动，动而势分矣。故善思间者，必内精五气，外视虚实，动而不失分散之实；动则随其志意，知其计谋。势者，利害之决，权变之威。势散者，不以神肃察也。

○转圆法猛兽

转圆者，无穷之计也。无穷者，必有圣人之心，以原不测之智，以不测之智而通心术，而神道混沌为一，以变论万义类，说义无穷。智略计谋，各有形容，或圆或方、或阴或阳、或吉或凶、事类不同。故圣人怀此之用。转圆而求其合。故与造化者为始，动作无不包大道，以观神明之域。天地无极，人事无穷，各以成其类，见其计谋。必知其吉凶、成败之所终也。转圆者，或转而吉，或转而凶。圣人以道先知存亡，乃知转圆而从方。圆者，所以合语；方者，所以错事。转化者，所以观计谋；接物者，所以观进退之意。皆见其会，乃为要结，以接其说也。

○损兑法灵蓍

损兑者，几危之决也。事有适然，物有成败。几危之动，不可不察。故圣人以无为待有德，言察辞合于事。兑者，知之也。损者，行之也。损之说之，物有不可者，圣人不为辞也。故智者不以言失人之言。故辞不烦而心不虚，志不乱而意不邪。当其难易，而后为之谋，自然之道以为实。圆者不行，方者不止，是谓大功。益之损之，皆为之辞。用分威散势之权，以见其兑威其机危，乃为之决。故善损兑者，譬若决水于千仞之堤，转圆石于万仞之溪。而能行此者，形势不得不然也。

温峤是东晋人，以有胆有识、博学多闻著称于世。皇帝司马绍见他文采风流，又善谋善断，很是信任温峤，便让他参与朝廷的机密大事。

当时掌握朝中军事大权的将军名叫王敦，企图谋反，他见温峤有才，便请求皇上调他去给自己当左司马，以便使皇上失去一只臂膀。

温峤调到王敦那里后，觉察到王敦已有反心，便常常为他出谋划策。王敦渐渐地对他产生了好感，于是常把一些很重要的事务交给温峤去办。

温峤见钱凤是王敦的心腹干将，便积极地同钱凤交往。经常在别人面前称赞钱凤满腹经纶，文韬武略，天下无出其右者。钱凤听说后，非常高兴，把温峤当成自己的知己。

公元324年，宰相去世后，朝廷让王敦另指定人选。温峤得知此事后，认为这是一个逃回京城的最好机会，但为了不让王敦知道自己的意图，温峤故意几天不上将军府，在家喝酒玩乐。

王敦知道后，便去征求温峤的意见。温峤醉醺醺地说："非钱凤莫属！"

王敦觉得有理，便去征求钱凤的意见。钱凤原本就和温峤要好，又听说是温峤推荐自己，感激地说："温峤比我强，还是让他去吧！"

王敦又回到温峤那里，温峤再三推辞，可他越是推辞，王敦就越觉得温峤对自己忠诚，便非让他去不可。于是王敦立即上表，说人选已定，三日内即可到任。他告诉温峤要严密监视朝廷的一举一动。

温峤得到消息后，高兴之余又想到钱凤，因为此人诡计多端，心机周密又多疑。若被他识破，突然阻挡，岂不前功尽弃，功亏一篑？

于是在饯行会上，温峤故意装成醉鬼，走到钱凤面前，趁他喝酒时洒出一滴，把他的帽子打落在地，并大骂道："什么东西，温大爷给你敬酒，竟敢倒掉！"王敦见温峤醉了，忙命人分开两人。

临行前，温峤泪流满面，对王敦依依不舍。温峤刚走，钱凤便赶来对王敦说："温峤曾做过太子庶子，和当今皇上司马绍关系还很密切，这个人未必靠得住！"

王敦哈哈大笑道："看来你的胸襟也太狭窄了点！他昨日只是喝多了，虽然对你有点失礼，但从前他对你也是赞赏有加啊！"

温峤回去后，将王敦的大逆不道告诉了皇上，司马绍便命人剿灭了王敦。

温峤在此用计逃脱王敦的"魔掌"运用的便是"转圆"之术，其策划谋略的速度和高明实在让人难以想象。转圆虽有成凶者，但只要把握要领，便能像温峤这样转圆成吉。如果不能直中取，便向曲中求，温峤对付王敦之法，称得上智慧中的经典。他先为王敦出谋划策，再反过来曲意协助王敦造反，并拉拢关系，相机脱身。尤其难得的是，当他有脱身机会时，并未喜形于色，而是小心谨慎，相机而动，预先消除隐患。由此可见，他把转圆之术发挥得淋漓尽致。

我们要善于把握机会，机会总是青睐于有准备的人。

艾特是一家中等规模厨具公司的老板，在各类新产品风起云涌的时候，他的产品似乎失去了原来的销售旺势，他希望能尽快将这问题解决。

他分派了一部分人到市场上做了半个月的调查，发现别的同类公司并不比他的产品质量好，而是靠新型号走俏的。

于是，他在本市内又加设了4个专销点，又去郊区甚至远一点的农村推销产品，分派了很多人去，总部里每个办公室只留下一个人。另一方面，艾特开始占用黄金时间进行大力宣传。经过两个月的努力，销售总额开始回升，并呈直线上升趋势。

艾特并不满足于这一点，他又向社会招聘了一大批专业维修人员，实行送货上门、修理免费的服务。他这一新招果然更加奏效，他的销售量不仅得到了恢复，而且还远超过了原来的数量。

在众多厨具公司的竞争中，艾特将每一个人都派上用场，并实行"撒天网"的办法，在郊区和农村地带，人们渐渐熟悉了他的产品，他的产品就像暴风一样刮遍了每个有能力购置的家庭。

就这样，艾特以"分威伏熊"的老办法渡过了低谷期，走上了大展宏图的康庄大道。

当今商场中，"分威伏熊术"是常用的制人手段。使用"分威伏熊术"，有以智谋增己之威而压倒对手威势以令其服者；也有借别人的威势来增加自己的威势吓唬对手者；又有使用妙计使对手中了圈套自分其威势者，还有使用"釜底抽薪术"，除掉对手之威所凭恃之物者。只要肯动脑筋，就会有办法。

早在20世纪40年代，威尔逊就从父亲的手里继承了美国塞洛克斯公司。一天，一位德国籍发明家约翰·罗梭来访问威尔逊，谈到了自己还在研究的干式复印机。于是两人一拍即合，同意双方合作。

经过反复研制，塞洛克斯公司终于研制出干式复印机成品——塞洛克斯914型复印机。当时市面上所有的复印机都是湿式的，用起来麻烦极了。对比之下，干式复印机则便利多了。

威尔逊决定把此产品作为"主力产品"推出。起初，威尔逊打算把首批复印机以成本价推销，以图开拓市场，但他的律师提醒他：这是倾销，是法律不允许的。于是威尔逊矫枉过正，反其道而行，将卖价定为2.95万美元。其实，干式复印机的成本仅2400美元，他却喊出了相当于其成本价10多倍的高价。这可把副总经理罗梭吓呆了。

当时，法律是禁止高价出售商品的，威尔逊却信心百倍，他解释道："我不出售成品，而是出售品质和服务。

不出威尔逊所料，这种新型复印机因定价过高被禁止出售。但由于展销期间已经向人们展现了它独特的性能。消费者都渴望能用这种奇特的机器。

由于威尔逊早已获得了新型复印机的专利权，所以他的复印机对外人来说是"只此一家，别无分店"。当威尔逊把新型复印机以出租服务的形式重新推出时，顾客顿时蜂拥而至。尽管租金不低。可由于受以前定价很高的潜意识的影响，所以人们仍然认为值得。

到了1960年，威尔逊的黄金时代到了。干式复印机一下子流行起来，虽然公司拼命生产，产品仍然供不应求。

由于产品被塞洛克斯公司独家垄断，加上原有的高额税金，所以塞洛克斯914型复印机为威尔逊赚了大量的利润。1960年，该公司营业额就高达3300万美元，而市场占有率已达15%；5年以后，该公司营业额上升到4亿美元，市场占有率达到66%；到了1966年，其营业额上升到5亿多美元，塞洛克斯公司也被美国的《财富》杂志评为10年内发展最快的公司，从此迈入了巨型企业行列。

威尔逊的成功在于他成功运用了"分威伏熊术"。表面上是法律禁止了威尔逊高价出售复印机，实际上是威尔逊借法律威势，封死了消费者的购买之门，把他们逼向租借之路。同时，威尔逊还定了超出平常的高租金，断了消费者廉价租用的念头，并为以后高价出售做好了准备。

附二　中经

在本篇里，作者先后讲述了"见形为容、象体为貌"，"闻声和音"，"解仇斗郄"，"缀去"，"却语"，"摄心"，"守义"等为人处世的秘诀。这些立身处世的方法，从古到今被无数有名的说客和权力场上的政客所使用，并取得了很好的成效，所以对后人具有十分重要的借鉴意义。

中经，谓振穷趋急，施之能言、厚德之人。救拘执，穷者不忘恩也。能言者，俦善博惠；施德者，依道；民而救拘执者，养使小人。盖士当世异时，或当因免阗坑，或当伐害能言，或当破德为雄，或当抑拘成罪，或当戚戚自善，或当败败自立。故道贵制人，不贵制于人也。制人者，握权；制于人者，失命。是以见形为容，象体为貌，闻声和音，解仇斗郄，缀去，却语，摄心，守义。

为人处世，要刚柔并济，难得糊涂

海瑞是明朝有名的清官，他为官清正廉明，为人坦荡无私，深得众人爱戴。

在他刚刚担任县令的时候，因为盗贼经常抢劫财物，甚至杀人，所以百姓生活不安定，每天太阳一落山，家家户户便紧闭院门，街上很少有人。

海瑞为了肃清盗贼，明察暗访，最后发现这都是当地豪强、地主们干的。他表面装作不知，把豪强、地主们请到县衙里，并用酒菜招待他们。众豪强们见海瑞如此，一时摸不着头脑，索性大吃大喝起来。一个时辰过去了，等众人都酒足饭饱后。海瑞便站起来拱拱手说道："我来此地已很久了，一直没拜访过各位，心中实有愧意，今日略备薄酒招待大家，实在是因为有一件小事想请各位帮忙！"

豪强、地主们面面相觑，不知他要做什么。

海瑞见无人说话，便指着一个平时欺软怕硬、作威作福的地主说道："你今天既然来了，又吃了我的酒食，就请为此地尽一份绵薄之力吧。现在盗贼猖獗，屡犯百姓，我知道你熟悉当地情形，所以命你抓捕盗贼，一个月内，须有十个。如果办不到，我便把你当成强盗，告你放纵盗贼，严加惩处。"

接着他又给每人划分管辖范围，又警告道："你们所抓的犯人，如果发现不是强盗，那你们就罪加一等。"

众人听到这里，早已心惊胆战，大气都不敢出。

海瑞见这些人似乎已觉察出自己知道他们所做的事情，担心他们狗急跳墙，他想了想，又向众人说道："诸位不要过于紧张。我让你们管理一方治安，是造福百姓的好事。如果一个月完不成捕捉盗贼的数目，我可以放宽些，只要你们所管范围内太平无事，没有百姓告状，便算完成任务了。"

众人一听这话，都松了一口气，高兴地向海瑞保证一定能做到。

回去之后，由于他们惧怕海瑞，又见他对自己如此信任，把一方的治安交给自己，心里有些悔恨，从此再也没有派人做过鸡鸣狗盗之事。不久，当地治安大为好转，路不拾遗，夜不闭户，人民重新过上安宁的生活。

海瑞在此巧治地头蛇，运用的便是"见形为容、相体为貌"的观人法，先用强硬的态度观察豪强、地主的变化，见收到一定效果后便由强转弱，既防止了他们狗急跳墙，又使他们感恩戴德地治理各自的管辖范围，从而安定了一方百姓的生活。一刚一柔，圆而不失其正，滑而不失其缓，这就是海瑞成功的为人治世之道。

北宋年间，宋太宗赵光义在宫中设宴，让殿前都御侯孔守正与左骁卫大将军王荣前来陪同饮酒。酒过三巡，菜过五味，孔守正和王荣二人很快便喝得大醉。

言谈之间，他们在皇帝面前争论起各自在边境建立的战功，双方各执己见，分别强调自己所发挥的作用，互不相让，唇枪舌剑，终于争吵起来。

最后，他们二人竟然在皇帝面前互相破口大骂，污言秽语不堪入耳。这种行为严重违反了宫廷礼仪，冒犯了皇帝。侍臣们惊诧之际，纷纷请求将他们送刑部按法律规定予以惩处。赵光义却没有同意，他命人送他们各自回家休息。

第二天，孔守正和王荣酒醒后，忽然想起昨天陪皇上饮酒的事，他俩知道严重违反了律条和宫廷礼节。于是，他们急忙赴金殿承认罪过，自请处分。

不料，赵光义却轻描淡写地说："两位爱卿所说的事情，我现在已经想不起来了。当时，我也已经喝醉酒，大概不比你们醉得轻呀！"

赵光义对前一天的事情矢口否认。对孔守正、王荣二人不遵守礼法的行为也不予追究。这种表现，既让二人感到意外，更让他们对皇上感激涕零。从那以后，他们誓死忠心报答君王，毕生为国效劳。群臣眼见皇上如此宽宏大量，爱护臣僚，在内心也更加钦佩、尊敬赵光义。

赵光义在此所运用的立身处世法便是"摄心"术，知臣下酒后失言，并非故意胡言乱语，所以便在假装糊涂中不予追究。

郑板桥曾说："聪明难，糊涂难，由聪明转糊涂更难。"如果没有对人情世事的深刻感悟、体察，欠缺丰富的人生阅历，郑板桥恐怕说不出这样智慧的语言。人人都会做错事，甚至好人也会办坏事，所以为人处世，待人理事，在很多时候都不要太认真，所以在适当的时机装装糊涂，反而更好。赵光义贵为一国之君，对待臣下都能做到"难得糊涂"，一般人又有什么理由不这样做呢？因为这是赢得人心的一个好方法啊！

出奇制胜，将危机扼杀在摇篮里

可抵而塞，可抵而却。可抵而息，可抵而匿，可抵而得，此谓抵巇之理也。

当危机刚出现苗头的时候，智者就能敏锐地察知，而愚者还蒙在鼓里，往往对智者的忠告不屑一顾。

春秋战国时期，齐威王聪明刚察，天下闻名。但有的时候也不免糊涂，坠入他人计中，为渊驱鱼。

当时，邹忌为相，田忌为将，二人不和，互相猜忌，倾轧不已。后来，一位名叫公孙阅的人给邹忌出了一个主意。公孙阅说：

"大人何不向齐王建议讨伐魏国？如果胜了，是您谋划高明，可以领功受赏；如果败了，则是田忌指挥不力，不肯舍命。即使他不死在战场上，也可以找个罪名除掉他。"

邹忌认为这个主意甚为巧妙，于是劝说齐威王讨伐魏国。

于是，田忌督师伐魏，三战三捷。邹忌不悦，又去找公孙阅讨教计策。

公孙阅于是派人携带二百两黄金，到闹市上去卜卦，对卜者称："我是田忌派来的人。将军三战三捷，威震天下，想推翻齐王，自以为王，请先生算一下前景如何？"

公孙阅派去的人走后，邹忌立即向齐威王告密。齐威王捉来卜者审问，果然如此。铁证如山，田忌无奈，只得弃职，逃奔其他国家。田忌从齐国逃出后，来到了楚国。邹忌独揽大权，更加得势，但又担心田忌借楚国的力量重返齐国执政，心中不安。

杜赫对他说："大人放心，我会使田忌留在楚国。"

于是，杜赫南下到达楚国，对楚王说："齐国的邹忌，之所以仇恨楚国，就是因为担心田忌会借楚国的力量卷土重来。大王您为何不把田忌封于江南，向邹忌表示田忌绝不会返回齐国呢？这样，邹忌就会与楚国睦邻友好，和睦相处。再说，田忌亡命楚国，得到江南的封地。必然对大王感恩戴德。如果他将来有机会归国，也会尽心竭力，报答大王。这就是一箭双雕之计，使田忌与邹忌同时为大王所用。"

楚王点头同意，于是把田忌封在江南。

邹忌与田忌有"蛾"，公孙阅和杜赫便为邹忌出谋划策，想方设法驱逐田忌. 运用的便是"抵而得之"的方法。其最终结果不但把田忌逐出了齐国，还使他在楚国没有得到重用，让田忌没有东山再起的机会。

古人的"抵城术"，被现代军事家所借用，便出现了"突入敌后方""钻入敌内部"的战术。

第二次世界大战末期，希特勒命一德国军官挑选了两千名会讲英语的士兵穿上美军制服，驾着缴获的美军坦克，乘着美制卡车和吉普，趁德军突破美军防线的机会，钻入美军后方，切断交通，割断电线，制造交通事故。攻击美军零散人员，杀掉美军指挥交通的士兵，代其指挥车辆，把美军运输搞得一团糟，给美军带来了巨大损失。

1973年10月爆发的第四次中东战争中，以色列突击部队进行反击战，也采用此法混过运河，在西岸潜伏下来，然后配合进攻部队建立桥头堡，扭转了战争局势。

第二次世界大战中，苏军突击到离柏林60公里的奥得河时，后方补给跟不上来，坦克和步兵大量掉队。这时，朱可夫元帅记起了大战初期，德军攻到离莫斯科30公里处时，补给线太长，侧翼出现了空隙，自己就利用这一空隙从侧翼反击，一举挫敌，扭转了战局。但是此时情况倒过来了，敌人也会利用空隙，从侧翼包抄苏军的。于是，他一边下令部队集结，一边向侧翼派出坦克部队。果然，坦克部队遇上了敌人包抄的反击部队。这样，由于苏军及时弥补了侧翼缝隙，才得以顺利地攻入柏林。

精明的军事家懂得了"抵巇之理"，就可以利用敌方缝隙，突入敌后方，克敌制胜。但同时也要设法弥补自己的漏洞。"可抵而塞"，就是塞起自己的漏洞。让敌人难以下手。

联合还是对抗

凡趋合倍反，计有适合。化转环属，各有形势。反复相求，因事为制。

周桓王三年（公元前715年），郑庄公假托周天子之命，纠合齐鲁两国攻打宋国。宋殇公听说此事，大惊失色，急忙召司马孔父嘉问计。孔父嘉奏道："我已派人打听清楚，周天子并无讨伐宋国之命，齐鲁两国是受郑庄公的欺骗才出兵的。现在三国合兵而来，其锋甚锐，不可与它正面争战。但其国内防守必然空虚，只要我们以重金收买卫国，要卫国联合蔡国，以轻兵袭击郑国本土，威胁郑都荥阳，这样，郑庄公就自然会退兵。而郑兵一退，便群龙无首，齐鲁两国也必退"。

宋殇公听从了孔父嘉的献策，卫宣公果真派右宰丑领兵与孔父嘉会合，经由间道，出其不意，直逼郑都荥阳城下。郑世子忽和大夫祭足急忙守城，右宰丑便要趁势攻城，孔父嘉说："我们袭击荥阳得手，只是乘其不备，如果继续攻城，万一郑庄公回兵救援，将会对我形成内外夹攻之势，那是很危险的，不如就此借道戴国，胜利回师。我估计当我军离开时，郑庄公的兵马也该从宋国撤退了。"于是，按照孔父嘉的布置，宋卫两国向戴国进发，想从戴国假道。不料，戴国国君以为宋卫是来攻打戴国的，便关上城门死守。孔父嘉大怒之下，多次攻城。但总也攻不下来。

郑庄公领兵攻打宋国。忽然听说宋卫两国正进逼郑都，便传令班师。当大军回到半路时，又接到国内送来的军报，说是宋卫已撤离荥阳，转向戴国，庄公便命令军队向戴国进发。

孔父嘉正率联军攻打戴国，听说郑国领兵救戴，已在离城50里处下寨。接着，又听说戴君得知郑兵来救，已打开城门将郑军接到城内。孔父嘉和右宰丑出来观战，忽然见城楼上竟遍插郑军旗号，郑将站在城楼上，大声说多谢二位将军。我们已经取得戴城了。

原来郑庄公设"偷梁换柱"计，假说救戴，一进城，便吞并戴军。孔父嘉在城外见庄公不费吹灰之力便占了戴城，义愤填膺，决心要与庄公决一死战。

第二天，他刚把寨营安好，忽听寨后一声炮响，火光冲天，都说是郑兵到了。孔父嘉刚要出寨迎战，火光却熄了。方要回营，左边炮声又响，又是火光不绝。刚要看个究竟，左边火光已灭，右边火光又起。孔父嘉认为这是庄公的疑兵计，命令全军不许动乱。

不一会儿，左边火光又起，而且喊声震天。孔父嘉正想前往营救，忽然右边火光再起，一时分不清是谁的人马，孔父嘉只挥军向左，慌忙间迷失方向，遇上一队兵马便互相厮杀起来，结果发现竟是卫国的人马！于是两军合在一起，赶回中营，却发现中营已被郑将占领，孔父嘉无心恋战，夺路而走，遇上伏兵，只得弃车徒步，逃回宋国。跟随的只有20多人，右宰丑阵亡，三国兵马辎重，也全被郑军俘获。

有些事反其道而行之比按部就班去做倒能得到更佳的效果，也就是所说的"忤合之而转化之"，其成功运用的关键在于灵活变通地把握，才可找到克敌制胜的办法。

宋卫两国只是想从戴国借道而行，本无"忤"意，却被戴国误解。发展到兵戎相见；郑庄公表面打着救戴的"合"意，实际上利用了宋卫两国攻宋的机会灭掉了戴国，其"合"是假，其"忤"才是最终目的。郑庄公成功的原因就是适时利，用了忤合相互转化的条件。

在纷繁复杂的社会生活中，当彼此对立的各方都邀请自己加入的时候，应该接近谁？远离谁？弄清这一点是很重要的。鬼谷子给出的答案是"因事为制"，也就是根据事态的发展来决定。

春秋时期，鲁国是一个弱小的国家，经常受到其他大国的威胁。鲁国国君为了巩固统治，想和晋、楚两个大国结交，就准备把自己的几个儿子派到晋、楚两国去，名义上是当官，其实是当作人质。鲁国大夫犁钮不同意这样做，他对鲁君说："大王，如果您的儿子落水了，您到越国去求人救他，越国的人虽然善于游泳，但也救不活您的儿子；如果鲁国失火了，您到海里去取水，海水虽多，也不能及时扑灭大火，这是因为远水难救近火啊！现在晋国和楚国虽然强大，但距离鲁国很远。离我们最近的大国是齐国，如果让公子去齐国，我们和齐国结交，当鲁国有难时，齐国能不来相救吗？"鲁君认为他说得很有道理。

鲁国国君舍近而求远，准备结交一些根本帮不上忙的盟友，这种做法违背了常理，显然是错误的。但是他联合大国，寻求安全保障的做法是正确的。有时候，当我们面临共同的威胁时，单打独斗是很难有胜算的，此时应该建立一个统一战线，团结一切可以团结的力量以克服困难。古语云："人心齐，泰山移。"只要有足够的力量联合，即使是泰山挡道，也可以将它移开。

历史上许多有远见的政治家都因做到了这一点，而改变了敌我力量的对比，使自己走出了困境。比如三国时期，蜀军败于夷陵，被吴国陆逊火烧七百里连营，损兵折将，导致刘备悲愧交加，病死于白帝城。此时，蜀国内部政权不稳，外部魏国大兵压境。其危急情形正如诸葛亮在《出师表》中所说："先帝创业未半，而中道崩殂；今天下三分，益州疲敝，此诚危急存亡之秋也。"在这国难当头之时，诸葛亮没有盲目决定向东吴复仇，而是首先考虑建立统一战线，恢复与东吴的联盟关系。由于统一战线的建立，进攻蜀国的曹真大军被吴将徐盛打得大败，而诸葛亮由于再无后顾之忧，得以放手南征，七擒孟获，北伐中原，六出祁山，取得了一系列的胜利，为蜀国又赢得了几十年的生存空间。

站在一起的盟友，并非各方面都完全一致，因此必须异中求同。这需要有人积极主动，才可以很快地找到共同点，来解决共同面对的问题。如果双方或多方都自顾矜持，不去主动解决问题，寻找共同点，只是盯着别人与自己不同的地方，那无论到什么时候，都不可能找到彼此的共同点。

在现代商业领域，一个企业要发展壮大，也必须善于选择最佳的盟友。比如，现代电气高科技的迅速发展，对电气材料不断提出新的要求，大量的新材料应运而生。制造节能变压器铁芯的新型低铁矽钢片就是其中一种。一开始，执美国电气行业牛耳的美国通用电气公司和西屋电气公可以及实力不很强的阿姆卡公司都在研制新型低铁矽钢片，而竞争的结果却是让阿姆卡公司拔了头筹。阿姆卡公司十分重视信息情报工作。在研制矽钢片的过程中，发现"通用"和"西屋"也在从事同类产品的研制，远在地球另一端的日本钢厂也有此意，而且准备采用最先进的激光囊处理技术。阿姆卡公司分析形势后认为，以自己的实力继续独立研制，极可能落在"通用""西屋"之后，风险极大。若要走合作研制之路，就必须选择合作者。与"通用""西屋"联手，未必有利于加快研制过程，而且将来只能与之分享美国市场，同时还得考虑崛起的日本钢厂。而与日本钢厂并肩合作，研制过程自然会加快，将来的市场之大不可限量。于是阿姆卡公司选择了日本钢厂为合作者，结果比预定计划提前半年研制成功，战胜了"通用""西屋"两大强劲对手。

要成大事，必须下大赌注

非至圣达奥，不能御世；非劳心苦思，不能原事；不悉心见情，不能成名；材质不惠，不能用兵；……故忤合之道，己必自度材能、知睿。量长短，远近、孰不如，乃可以进，乃可以退，乃可以纵，乃可以横。

东汉末年，王莽篡权，统治腐朽，天下大乱。各地农民纷纷起义，南阳蔡阳（今湖北省枣阳西南）人刘演、刘秀兄弟乘机起兵，以重建汉朝为旗帜，四处招兵买马。

两人后来率领自己的队伍加入了绿林军。他们的同族人刘玄，起初参加平林兵，被推为更始将军，后来也与绿林军合并。

公元23年。刘玄称帝，年号更始。随着王莽统治的灭亡，他迁都长安，很快就背叛绿林军起义，调转矛头杀戮农民军。刘秀的兄长刘演，就在这时被刘玄杀害。

刘玄知道，刘秀肯定不会放过自己，一定会找他报杀兄之仇，所以他心里一直希望刘秀尽快替兄报仇，他自己便可以找到理由杀掉刘秀。

可是他一直未能如愿。因为刘秀有自己的考虑，他不但没有找刘玄算账，反而表面上不动声色，若无其事。当他朝见刘玄时，表情如平时，低声相应，从来没有提过关于兄长的一句话。而且他不穿孝服，不举丧事，言谈饮食也犹如平日。所以刘玄一直没有找到借口除掉刘秀。

刘秀心中当然清楚，他的哥哥本是有功之臣，只因争权被杀，他内心一直愤愤不平。深为兄长难过。他虽然白天淡如平常，但夜晚却常常泪流不止，心中发誓一定要完成兄长未完成的事业。

可是刘秀知道目前他毕竟是刘玄的属臣，如果不能克制自己，质问刘玄，以自己现在的实力，还不是刘玄的对手。如果贸然行事，很可能就会失败被杀，落得与兄长一样的下场。那样更没有什么大业可图了！为兄报仇的目的又怎能实现？

同时他也知道自己是有功之臣，在昆阳大战中，他亲率13人突围求援，为刘玄建立奇功。刘玄也很清楚这一点，不会贸然杀掉自己。此时如果重提那段历史．或许会讨好刘玄，增加他对自己的信任程度，但刘秀却只字不提。这正是一种无为无不为的策略。

刘玄见刘秀如此宽宏大量，深感惭愧，于是下令任命刘秀为破虏大将军，加封琥信侯。

刘秀见此，趁机扩充自己的军事势力。公元23年，刘秀到河北一带活动，废除王莽苛政，释放囚徒，深得民心。接着，他以恢复汉家天下为号召，取得当地官僚、地主的支持，势力越来越强。他同时镇压并收编铜马等农民起义军。力量不断壮大。刘秀觉得实现自己宏图大志的时机已到，便与刘玄决裂，起兵讨伐刘玄。

经过长期斗争，刘秀终于打败刘玄，替兄长报仇并最终取得天下，建立东汉王朝，是为光武帝。

"材质不惠，不能用兵"，就是要有聪明灵活、明于事理的素质，能够抓住关键，不拘小节。刘秀深知自己势单力孤，如果立即向刘玄报杀兄之仇，只会性命难保，于是便忍辱负重，坐待有利时机。这不仅保全了性命，还给了自己积蓄力量的时间，从而最终杀掉刘玄，登上帝位。

做人一定要脚踏实地，只有练就真本领，才能使自己立于不败之地。而且，要成大事，还要敢于拼搏。

秦末，刘邦和项羽相争时，项羽兵有四十万，刘邦兵只有十万，项羽占有优势。刘邦因善于运用外交战取得各方的援助，结成刘邦、韩信、彭越、黥布等联合反项的统一战线，垓下一战，终于迫使项羽自杀。 做一件事情，要正确估计自己的力量，在能够放手一搏的时候敢想敢干。对于项羽，刘邦不畏惧他多于自己数倍的人马放手一搏，终于取得了最终的胜利。

"用实力说话"，这是现代社会的一句流行语。确实，在决定成功的内、外因素之中，内因发挥最关键的作用。只有不断增强自己的实力，才能在激烈的竞争中立于不败之地。而具备了实力的同时，放手一搏的勇气也是必不可少的法宝。

暂避锋芒，蓄势而发

常有事于人，人莫先事而至，此最难为。

战国末年，大政治家吕不韦堪称是这样一位精通"隐己成事术"的权谋术士。吕不韦，阳翟（今河南禹县）人，善于把握时机，贱买贵卖，积蓄了不少钱财。但他并不仅仅满足物质追求，还想凭借自己的智谋和金钱，在政治上试试身手。

某年，他到赵都邯郸（今河北邯郸）经商，遇到一年轻公子，仪表堂堂，举止文雅有礼。一派贵胄之气，却衣着寒酸，不觉暗暗称奇。

暗中询问，才知此人原是秦王太子安国君的次子，名日异人，委质于赵。因如今秦赵交恶，故赵王不供他车马仆从及生活费用，落到这般地步。吕不韦眼睛一亮。心里说："机会来了！此奇货可居以生利千百倍！"他在心中如此这般，制定了一套"隐己成事"、需暗中活动数年才能实现目的的长远计划。

于是，他先利用自己的金钱和巴结逢迎的商人看家本领，去结交赵王派来监视异人的大夫公孙乾，直至把公孙乾收买得如同亲兄弟，才在一次公孙乾招待他的家宴上问起秦王孙异人的情况，求公孙乾让异人同饮酒。席间，吕不韦又瞅公孙乾上厕所的机会，问异人："当今秦王老，作为继承人，您的父亲有二十几位儿子。而您的父亲又未选定继人，您不心动吗？"异人叹了口气，说："'我远拘异国。有何办法。"

吕不韦表示自己愿帮忙。异人大喜，许诺："若得王位，我与你富与共。"话虽这么说，但狡猾的吕不韦并不十分相信，于是施展第二计谋。

他设下家宴，请来公孙乾和秦王孙异人，让自己最宠信而又刚怀孕的美妾赵姬出来陪酒。异人正在情心萌动之年，对赵姬当然频频注目。

赵姬又受了吕不韦指使，使出浑身手段，把异人勾得心动神摇，魂魄皆失。吕不韦看在眼里，喜在心里，赶忙把公孙乾灌醉，亲口把赵姬许给异人。异人喜不自禁，等二人共同使手段买得公孙乾答应后，便正式在公孙乾府上与赵姬成亲。吕不韦见拴住了异人，便给异人两口子留下五百金作花费，自己带上珠宝玉器。到秦国实施第三步计谋。到了秦国。他在安国君宠姬、自己无亲生儿子的华阳夫人身上用功夫，花费了若干金银珠宝，终于买通这位安国君的"内当家"。她便在安国君那里吹了"枕头风"，让安国君把异人收为她的嗣子，正式立为安国君的继承人。

三步计谋已妥，吕不韦便"隐"在赵国等待时机。不久，赵姬生下一个"不足月"的孩子，异人满面喜色，吕不韦更是暗中高兴，当这位孩子三岁时，机会来了，秦兵围困赵都邯郸，一出城门便是"秦人的天下"。于是吕不韦出三百金活动好南城门守门将士，说自己思家心切，想回家看看，求个方便。将士们见钱眼开。答应乘夜色放吕不韦出城。吕不韦又到公孙乾处辞行，把公孙乾及其亲近之人灌得大醉不醒，借机让异人化装成他的仆人，载上赵姬、婴儿及珠宝，从南门出了城。等公孙乾醒后不见了人质异人时，吕不韦已与异人、赵姬、婴儿到达了秦营中，辗转回到秦国，正赶上秦昭襄王驾崩，安国君即位，异人于是被封为太子，成了国君的继承人。

这时，吕不韦又"快马加鞭"，实施起第四步计谋，在四年之内先后设计害死了秦昭襄王的继承人秦孝文王（安国君）和秦孝文王的继承人秦庄襄王（异人），把幼小的赵姬之子（秦王嬴政）扶上王位，而自己独揽秦国大权，实现了自己"居奇货以生利千万倍"的夙愿，成了"不在位的君王"。

谋得秦国大权是吕不韦的内心愿望，但他并没有公开招兵买马，起事夺权。在当时的社会背景下，这样做是肯定不会成功的。他采取了"偷梁换柱"手法，运用"隐己成事"权术，把自己"隐"在幕后，看准时机，操纵、拨动秦国继承人选取问题，经过长期的幕后活动，终于达到目的。这是我国历史上成功地使用"隐己成事术"的突出事例之一。

我们再看一个"隐己成事术"的事例。

明朝宣德年间，苏州（今江苏苏州）以难治闻名，于是杨溥、杨士奇，杨荣三位辅国大臣推荐足智多谋的况钟任苏州太守。

赴任前，宣德皇帝鉴于苏州难治的现状，赐给况钟"便宜行事"，自作主张以治之的圣旨。况钟揣旨前去赴任，到了苏州，却装出一副懵懵懂懂的样子，属吏送来文书，不加细审，一律照准。那些奸猾吏员见状，更加肆无忌惮，无法无天．把苏州搅得乌烟瘴气。过了月余，况钟对属员的忠奸摸了个了如指掌，便突然宣布摆好香烛，命司礼官当众宣读圣旨。众属吏闻知有圣旨，心中大惊，当听到圣旨中"若僚属行为不法，可径自拿问治罪"等词句时，不法属吏们吓得面如土色。圣旨读完，况钟当众升堂，拿出判笔，一一列数不法属吏们一个月来的不法罪行，并命手下人将他们脱去衣服，当众摔死在大堂之前。

自此，苏州吏员洗心革面，痛改前非，境内大治。

有时候，"隐己"是为了摸清情况，查明虚实，以便分别对待。但"人莫先事而至，此最难为"，所以成功的关键在于筹划好切实可行的实施措施，而不被人看破。况钟揣旨前去苏州赴任，却装出一副懵懵懂懂的样子，就是为了麻痹对手，然后在暗中摸清了实情。

俗话说"商场如战场"，一个精明的商人，同样需要具备古代良将"料敌如神"的素养，这样才能在激烈的商业竞争中立于不败之地。

在美国西部的某城，有两家专卖廉价商品的商店，一家名叫美国廉价商店，而另一家则称纽约廉价商店。这两家的店面相邻，但店主却是死对头。长期以来，一直就各自商店的销售进行着激烈的"战斗"。

一天，纽约廉价商店的橱窗中挂出一幅广告，上书：出售亚麻布被单，瑕微疵小，价格低廉，每床售价6.50美元。

居民们看到这则消息，纷纷奔走相告，趋之若鹜。但同往常一样，没过多久。隔壁美国廉价商店的橱窗里赫然出现了这样一则广告：我店的被单与隔壁的相比，犹如罗密欧与朱丽叶的亲密关系一样，注意价格：每床5.95美元。

这样一来，拥向纽约廉价商店的人们看到隔壁卖得比这里更便宜，马上放弃了这里的交易，转而拥向美国廉价商店，一齐挤进店内，只消片刻，被单就被蜂拥而至的人们抢买一空。

像这样的竞争在这两家商店之间可以说从未间断过。忽而东风压倒西风，忽而西风压倒东风，无尽无休。而当地的居民也总在盼望他们之间的竞争。因为他们的竞争会给人们带来好处，可以用很少的钱就买到十分"便宜"的商品。

除了利用广告相互压价竞争外。两家商店的老板还常常站在各自的商店门口，相互指责对骂，甚至拳脚相加，场面十分激烈，但最终总有一方败下阵来。才能停止这场残酷的"战斗"。这时等待已久的市民们则好比在比赛场上听到起跑令一般拥向胜利一方的商店，将店内的商品一抢而空，不论能买到什么样的商品。他们都感到很惬意。

就这样，两家商店的矛盾在当地最为著名、最为紧张，也最为持久。而附近的居民却从中获得了巨大的利益。买到了各种物美价廉的商品。他们总在盼望着两家商店的"战斗"再起，好使自己从中获益。这已经成了他们生活中不可缺少的一部分。

一晃几十年过去了，两家商店的主人也老了。突然有一天，美国廉价商店的老板失踪了，铺面上了锁。大家再也看不到他们相互竞争的精彩场面了。大家突然感到很茫然，心里好像缺点什么。每一天都在盼望出现奇迹：铺面又开张了，两家店主人开始"战斗"，但奇迹没有出现。

　　过了一段时间，纽约廉价商店的老板也将自己的商店拍卖了，随后也搬走了。从此，附近的居民再也没有见到过这两个带给他们刺激和利益的怪人。

　　终于有一天，商店的新主人前来清理财产时，发现了一桩令人费解的事情：两家商店间有一条秘密通道相连，在楼上，还有一道门连接两家老板的卧室。

　　这是怎么回事？大家都有些惊讶。猜不透昔日"仇敌"的卧室为什么会相通。

　　经过调查得出了一个让人哗然的结果：这两个死敌原来竟是一对亲兄弟，他们平时的咒骂、威胁、互相攻击都是特意扮演的。所有的"战斗"都是骗局。因为在他们两个人的"战斗"中，不论哪一方胜利了，只不过是由胜利一方把失败一方的货物一齐卖掉罢了。

　　几十年来．他们利用了人们的求廉心理，通过不间断地"战斗"蒙蔽了当地的消费者。

　　"隐已成事术"用于商业经营之中常常是经营者为了掩盖自己的企图，常以假痴来迷惑众人，宁可有为示无为，聪明装糊涂；无为示有为，糊涂装聪明。上述两位经营廉价商店的兄弟，就是借激烈的"战斗"给想占小便宜的消费者造成一种错觉来促销商品的。

善摩者如操钓而临深渊，饵而投之必得鱼

　　古之善摩者，如操钓而临深渊，饵而投之，必得鱼焉。故曰：主事日成而人不知，主兵日胜而人不畏也。

　　战国时，齐湣王是一个恃强好战的君主。他仗着齐国兵力强大，四处征讨。三十年的征战，使齐国钝兵拙锐，国力日衰，兵弱将寡，将士离心。这时，燕昭王采取了乐毅的建议，统率燕、秦、楚、韩、赵、魏的军队一起攻齐，一举而拔城七十余座。齐湣王本人死于逃亡途中。齐湣王连年征战，导致国力衰弱，反胜为败的史实，正是对战争的危害认识不清的恶果。

　　能真正做到"不战而屈人之兵"，才是真正的雄才大略。这一原则的基础，就是自己的国家要强大，军事、经济实力足以压倒对方，这样才能在政治上处于主动地位，通过外交途径达到不战而胜的目的。

三国时代，蜀将关羽围困魏地樊城、襄阳时，曹操想迁都，避开关羽的锋芒。司马懿和蒋济力劝道："刘备和孙权表面上是亲戚，其实疏远。关羽得意，是孙权不愿意看到的。可以派人劝孙权攻击关羽的后方，并答应把江南地方分给孙权，则樊城的包围自然可以解除。"曹操用了他们的计谋，关羽终于兵败麦城，被东吴俘虏。

同样的一件事情，有多种多样的解决方法。有的方法能够成功，有的方法却注定会失败。很多时候，即使多种方法都能够获得成功，其中也总有最便捷的一个。比如要想放倒一棵大树，可以有多种方法。想通过自己的力气把树推倒的人是一个愚蠢的人，用斧头一下一下把树砍倒的人也能够达到目的，但耗时费力。而使用电锯的人最聪明，最快最省力地解决了问题。世界上的任何事情都是这样，恰当的方法常常可以起到事半功倍的效果。所以，做事情之前，思考一个最恰当的方法是十分必要的。

公元339年，东晋大将桓温举兵讨伐燕国。燕王慕容玮力量不支，于是派使臣到秦国，提出将虎牢关以西地区送给秦国，以此为条件，请求秦国出兵援助。秦王苻坚与群臣商议此事。大多数人都不同意发兵救燕，因为当初桓温攻打秦国时，燕国只是袖手旁观。但是，大臣王猛的意见与众不同，他分析说："如果我们不救燕国，桓温势必会占领燕国，那他的力量会更加强大，这对秦国极为不利。如果我们与燕国合兵一处攻打桓温，桓温必然败退而去。这样一来，燕国的力量会在战争中大大削弱，那时我们就可占领燕国。"苻坚听从了王猛的计谋，派兵两万去救燕。在燕秦联军的顽强抵抗下，桓温被迫退出燕国。在从燕国撤退之前，秦军向燕王索要虎牢关以西地区。燕王此时有意抵赖，这正中苻坚的下怀，他以燕王不守信用为由，一举吞并了燕国。苻坚先救燕后灭燕，虽然不是兵不血刃，但毕竟比直接攻打要省事许多。

有时我们要善于设置"诱饵"，这样在付出很大代价才能取得成功。

曾经有一场严重的事故：一辆高级轿车把一个行人的一条腿撞断了。肇事的是丹麦一家著名啤酒厂老板，受害者是一个远道而来的日本人。

受害者被送进医院后，丹麦老板说："你身居异地，很对不起啊！以后怎么办呢？"

这位日本人说："等我好了之后，就让我到你的啤酒厂看门，混碗饭吃吧。"

丹麦老板一听他不找麻烦，高兴极了，赶紧说："你快养伤吧，好了就给我看门。"

于是这个日本人养好伤后就当上了这家啤酒厂警卫。

日本人工作非常认真，对进出厂的货物检查十分仔细，赢得了高级职员们的信任。他对职工非常谦和，人们经常和警卫闲谈。

三年后，日本人攒了些钱，便辞职回国，丹麦人从未对他有过怀疑。

其实这个日本人是日本的一位大老板，来丹麦的目的便是想弄到世界第一的该厂的酿酒技术。但啤酒厂保密程度很高，是不允许随便参观的。他在啤酒厂外周旋了三天也没有办法。后来他看到每天早晨都有一部黑色小轿车进出，一打听，车上坐的正是这家啤酒厂的老板，于是他便导演了那起交通事故。

三年来，他利用工作之便，想尽一切办法，终于掌握了该厂的原料、设备和技术的情况。

他牺牲了一条腿，换来了新技术，回国后成功地开设了一家颇具规模的啤酒厂。

"主事日成而人不知，主兵日胜而人不畏"。当你设置诱饵之后，只有在对方无从知晓、无所顾忌的情况下，他才会吞下你设置的诱饵，被你钓着。但有时，你作出的牺牲也许很大，甚至是像"断腿""断臂"这样的"苦肉计"。